“兴义民族师范学院博士科研启动基金项目资助”项目编号 21XYBS05

新时代小学教育专业师范生

教师职业能力高质量发展研究影响因素

岳军祥　著

陕西新華出版
陕西科学技术出版社
Shaanxi Science and Technology Press

图书在版编目（CIP）数据

新时代小学教育专业师范生教师职业能力高质量发展研究影响因素 / 岳军祥著. -- 西安 : 陕西科学技术出版社, 2024. 8. -- ISBN 978-7-5369-8969-6

Ⅰ. G625.1

中国国家版本馆CIP数据核字第2024DT6372号

新时代小学教育专业师范生教师职业能力高质量发展研究影响因素

XINSHIDAI XIAOXUE JIAOYU ZHUANYE SHIFANSHENG JIAOSHI ZHIYE NENGLI GAOZHIL FAZHAN YANJIU YINGXIANG YINSU

岳军祥　著

责任编辑　郭　勇　张　戳
封面设计　梁宇琛
版式设计　建明文化

出 版 者　陕西科学技术出版社
西安市曲江新区登高路 1388 号陕西新华出版传媒产业大厦 B 座
电话（029）81205187　传真（029）81205155　邮编 710061
http://www.snstp.com
发 行 者　陕西科学技术出版社
电话（029）81205180　81205178
印　　刷　西安市建明工贸有限责任公司
规　　格　787mm × 1092mm　16 开本
印　　张　22.25
字　　数　428 千字
版　　次　2024 年 10 月第 1 版
2024 年 10 月第 1 次印刷
书　　号　ISBN 978-7-5369-8969-6
定　　价　78.00 元

前 言

小学教育专业的诞生顺应了新时代国际国内教师教育发展“双循环”的潮流，满足了中国式现代化基础教育发展的需求，深受广大师生家长的热烈欢迎与深切关注。为了加强小学教育专业的师范性与职业性，增强小学教育专业师范生职业竞争力、社会公信力、公众认可度与岗位胜任力，国家颁布了一系列政策文件与法律制度予以保障。从1985年“素质教育”到2014年“核心素养”，从2010年“卓越教师计划”到2011年“教师专业标准”，从2007年“免费师范生”到2018年“公费师范生”再到2021年“优师计划”，从2017年“师范类专业认证”到2021年“师范生教师职业能力标准”，从2022年4月“义务教育课程方案”与“义务教育各学科课程标准”到2022年10月党二十大“共同富裕”与“高质量发展”，这些针对性、实效性、精准化的有关教育的纲领性文件给我们小学教育专业师范生的教育教学实践与理论工作铺平了道路、指明了方向。那么，在新时代“共同富裕”与“高质量发展”等背景下，小学教育专业师范生教师职业能力发展现状如何、影响因素是什么、存在哪些问题、提升路径与对策有哪些，诸如此类问题均是本课题探索和研究的重点。

研究中“新时代小学教育专业师范生教师职业能力高质量发展”是指自2000年小学教育专业设立以来，小学教育专业师范生为适应未来社会发展需要和自身发展需要所应具备的正确价值观、必备品格与关键能力等核心素养协同育人的达成度。根据党的二十大“共同富裕”与“高质量发展”精神，依据“小学教育专业认证标准”与“小学教育专业师范生教师职业能力标准”等政策文件，综合文献研究与教育教学实践，本研究将从4层面（师德践行、教学实践、综合育人、自主发展）10个领域（师德规范、教育情怀；专业知识、教学设计、实施课程教学；班级指导、课程育人、活动育人；专业成长、交流合作）对“新时代小学教育专业师范生教师职业能力高质量发展”展开理论建构与实证探索。

一、研究框架与内容

专著《新时代小学教育专业师范生教师职业能力高质量发展研究》分为文献研究、研究设计、实证研究3个部分。具体内容包括：①师德规范能力（理想信念、立德树人、坚守准则、角色认同、政治自信、师德实践）；②专业知识（教育教学知识、学科知识、实践知识、通识性知识）；③教育情怀（认同之感、热爱之情、坚守之志）；④教学设计能力（设计认知、设计依据、设计技术、学情分析、教学过程、设计评价）；⑤课程教学能力（课程教学认知、教学情境创设、课程教学组织、课堂学习指导、课堂教学评价）；⑥班级管理能力（集体建设、发展指导、沟通合作、活动组织、综合评价）；⑦课程育人能力（育人理念、育人实践、育人机智、育人原则和育人方法）；⑧活动育人能力（活动育人理念，课堂学科育人，课外活动育人）；⑨专业能力（协同成长、发展规划、反思改进、自主研究、开拓创新）⑩交流合作能力（交流合作认知、理念、素养、态度、效果）。

二、研究对象与方法

本专著结合文献研究与教育教学实践建构研究理论框架，编制信效度较高的调查问卷与访谈提纲，分别对G大学小学教育专业4个年级2300人/次师范生进行问卷调查和访谈，运用SPSS和Excel进行数据统计分析，通过各维度百分比、均值比较及其与人口学变量相关的独立样本t检验、单因素方差分析、线性回归、聚类分析及对开放式问题和访谈结果进行总结，在定量与定性分析的基础上得出研究结论，通过原因探析提出与之相对应的策略建议。

三、研究结论

本研究采用理克特五点式量表进行计算比较，高质量发展百分比=完全符合百分比+比较符合百分比+基本符合百分比。总体研究发现，93.78%的师范生认为其教师职业能力得到了高质量发展，其在4个维度上的表现为，教学实践能力89.93%＜自主发展能力92.8%＜综合育人能力94.77%＜师德践行能力96.65%。具体情况如下，教学实践能力89.93%（掌握专业知识93%、学会教学设计87.8%、实施课程教学89%）＜自主发展能力92.8%（注重专业成长89.6%、主动交流合作96%）＜综合育人能力94.77%（开展班级指导93.4%、实施课程育人92.6%、组织活动育人98.3%）＜师德践行能力96.65%（遵守师德规范96.3%、涵养教育情怀97%）。10个领域由低到高依次排列为，教师职业能力高质量发展由低到高依次为：②教学设计87.8%＜③课程教学89%＜④专业成长89.6%＜⑥课程育人92.6%＜⑤专业知识93%＜⑦班级指导93.4%＜⑨交流合作96%＜①师德规范96.3%＜⑧教育情怀97%＜⑩活动育人98.3%。

1. 新时代小学教育专业师范生师德规范能力高质量发展研究

主要发现：96.3%的同学认为师德规范能力得到高质量发展。其中，坚守准则95% < 理想信念96%=立德树人96%=角色认同96% < 政治自信97% < 师德实践98%。

2. 新时代小学教育专业师范生专业知识高质量发展研究

主要发现：93%的同学认为其学科专业知识得到高质量发展。其中，教育教学知识94%<学科知识91%<实践知识94%<通识性知识93%。

3. 新时代小学教育专业师范生教育情怀高质量发展研究

主要发现：97%的同学认为其教育情怀得到高质量发展。其中，认同之感96%<坚守之志97%<热爱之情98%。

4. 新时代小学教育专业师范生教学设计能力高质量发展研究

主要发现：87.8%的同学认为其教学设计能力得到高质量发展。其中，设计依据82%=设计技术82%<教学过程88%<学情分析89%=设计评价89%<设计认知97%。

5. 新时代小学教育专业师范生课程教学能力高质量发展研究

主要发现：89%的同学认为其课程教学能力得到高质量发展。其中，课程教学认知85%<课堂情景创设87%<课堂教学组织88%<课堂学习指导90%=课堂教学评价90%。

6. 新时代小学教育专业师范生班级管理能力高质量发展研究

主要发现：93.4%的同学认为其班级管理能力得到高质量发展。其中，沟通合作93%=组织活动93%=综合评价<93%班集体建设94%=发展指导94%。

7. 新时代小学教育专业师范生课程育人能力高质量发展研究

主要发现：92.6%的同学认为其课程育人能力得到高质量发展。其中，育人实践91%<育人理念92%<育人机智93%=育人原则93%<育人方法94%。

8. 小学教育专业师范生活动育人能力高质量发展研究

主要发现：98.3%的同学认为其活动育人能力得到高质量发展。其中，课堂学科活动育人98%=课外主题活动育人98%<知识与理念99%。

9. 新时代小学教育专业师范生专业能力高质量发展研究

主要发现：89.6%的同学认为其专业能力得到高质量发展。其中，发展规划86%=自主研究86%<开拓创新90%<反思改进93%=协同成长93%。

10. 新时代小学教育专业师范生交流合作能力高质量发展研究

主要发现：96%的同学认为其交流合作能力得到高质量发展。其中，交流合作认知95%<交流合作理念96%=交流合作态度96%=交流合作效果96%<交流合作素养97%。

四、研究价值与展望

研究建构和编制了新时代小学教育专业师范生教师职业能力高质量发展研究的理论框架与研究工具，调查研究了新时代小学教育专业师范生教师职业能力高质量发展现状与存在问题，并提出了对应的策略与建议，为后续新时代小学教育专业师范生教师职业能力高质量发展研究的教学实践与理论科研提供一定的理论参考，也为小学教育专业师范生择业、就业、创业提供一定的理论参考。后续研究将以G省所有大学的小学教育专业在读师范生作为研究对象，并对G省所有大学的新时代小学教育专业师范生教师职业能力高质量发展研究内涵、现状、影响因素及其保障机制等进行进一步精细化研究。

五、致谢

本研究在撰写过程中采用了大量的参考文献，在此向各位作者表示诚挚的感谢。感谢支持和关心本研究的所有单位组织与个人。感谢课题组魏宏智、杨予倩、许双成、刘琼、刘勤、高艳、杨文超、张海钰、李洋、郭纪昌、龙欢、曹长智、王选平、杨雯博、徐晓明、张任之、黄玉林、郑建炯等博士、教授与老师的亲情参与和热情帮助。感谢陈万英、李会飞、潘木杉、安德松、张恒、杨丽、马宁园、方敏、高嘉红、唐阳等同学的研究实践，感谢李艳子、唐春、龙宏义、肖贵平、曹丽芬、刘红梅、欧德燕、吴新美、张春婷、雷茜云、汪益欢、谢玉梅、曹楠楠等同学的校对与编辑，感谢2019—2023级全体本科生与硕士研究生给予的配合与帮助。再次感谢兴义民族师范学院2020高层次人才及博士科研启动项目（编号21XYBS05）的资助。感谢吕国富、廖坤和、丁湘梅、彭光明、张贵祥、张翔、岑家靠、徐瑞龙等领导的大力支持与帮助。感谢出版社所有工作人员的辛勤付出。专著研究内容约80多万字，为便于出版装订美观精致，专著将分上册（前五章）与下册（后五章）分别出版。由于作者经验不足，能力水平有限，研究中不妥与错误之处在所难免，敬请各位专家、学者和读者批评指正。

岳军祥

2024年5月7日

目 录
CONTENTS

第一章　文献研究

第一节　新时代小学教育专业师范生师德规范能力高质量发展文献研究

一、绪论

（一）选题背景

1. 新时代教育现代化的新征程

随着中国特色社会主义新时代的到来，教育不断地发展变革，逐步迈上教育现代化发展的新征程。教师队伍师德规范能力的培养，不仅促进加快建设高质量发展教育体系，落实好立德树人的根本任务，培养好德智体美劳全面发展的社会主义接班人和建设者，还能促进教师队伍师德规范能力高质量发展，提高教育质量。习近平总书记在师德师风建设的重要讲话中着重强调师德师风是评价教师队伍素质的第一标准，对广大教师的师德规范提出了标准和期望。[①]2021年4月30日，教育部发布《教育部关于在教育系统开展师德专题教育的通知》对师德规范做出了要求，站在新时代中的新方位，面临着新征程和新使命，要引导教师不断学习和践行新时代师

①冯亚男.师德建设视域下教师业务考核与师德考核关系研究［D］.太原：山西师范大学，2020：1-2.

德规范。教师师德规范不仅影响着国家文化的兴衰，还与人类社会文明的发展与进步息息相关。[①]教师更是陪伴孩子成长的引导者和引路人，师德规范的实效性牵扯着家庭成员的幸福与希望，小学教育专业的学生未来踏进三尺讲台，担起教育未来祖国花朵的重任，而师范院校为教师专业培养源源不断的教师资源，教师担负着培养担当民族复兴大任时代新人的责任重担。小学教育在整个教育系统当中是基础教育的根基，小学生又是祖国未来的花朵，处于发展过程中的人，具有很强的向师性，教师的言行都在无时无刻的影响着学生，[②]一个教师的师德规范，行为品德的好坏都直接影响着学生的人格，品德各个方面的养成。[③]在新时代发展的背景之下，我们要坚持教育优先发展，加快建设教育强国，这一重任要从小学教育专业师范生师德规范能力高质量发展培养抓起。

2. 新时代师德规范的研究趋势

师德研究一直是国内外学术界研究的教育焦点，也是教育伦理、教师教育等教育研究领域中重要的探究模块，随着我国新时代教师队伍建设的深入推进，社会大众对教育的期望和关注度都很高，我在新时代小学教育专业师范生遵守师德规范能力高质量发展研究上进行了深入的探讨研究，在研究过程当中发现了这个课题在随新时代的发展过程中越来越得到国家的重视。但是在培养小学教育专业师德师范的过程中面临着新时代的挑战，首先是从2020年新春伊始到今天，时代不断向前发展偶遇了新冠肺炎疫情，这一特殊的状况对师范院校培养教师专业队伍产生了巨大的压力。但是顶着这巨大的压力，顺应时代发展步伐，学校开启了线上线下混合授课方式培养师范生师德规范建设。其次，现在师范院校对于小学教育专业

①方艳.新时代高校师范生师德教育研究［D］.南昌：江西师范大学，2019：19-22.
②杨成松.民办高校师范生的师德教育问题研究［D］.重庆：西南大学，2020：1-2.
③苏小桐.新时代师范生师德培育研究［D］.沈阳：沈阳师范大学，2022：1-2.

的学生师德规范的重视，主要体现在，学校积极搭建师德规范践行平台来开展的师德活动，大多数师范院校在每学期都开展见习活动，以此通过实践来理解和掌握师德规范内涵。最后，部分学校已经开始对师德规范进行监督与管理，并设置了完善的监管制度，将师德规范的管理纳入教务管理系统中，由专门人员进行管理，除此之外还配备了专业的师德规范的指导老师，对学生践行师德规范时存在的问题进行指导纠正，帮助学生指明方向，少走弯路，提高师德规范能力建设。

（二）选题意义

1. 理论意义

（1）丰富了师德规范的理论研究内容

当前，新时代的背景之下，党和国家都把教育事业放在优先位置，以习近平同志为核心的党中央对师德建设提出了新要求，青年强，则国家强。当代小学教育专业师范生生逢其新时代，学校教育要做好师范生师德规范能力高质量发展的引路人，做好以德育人。在一定程度上丰富师德规范的理论研究，提升师范院校小学教育专业学生的整体素质，有利于培养一代又一代社会主义的合格建设者和可靠接班人。

（2）转变师范生师德规范理念

孔子曾言：“其身正，不令而行。其身不正，虽令不从。”这就道出师范生是未来教师教育的继承人，教师作为学生发展的启蒙者，是学生成长的牵引者，在从事教育中有着极其重要的示范性作用，其自身言行、品格的好坏与否，都对学生的成长有着潜移默化的影响，因此，师德规范能力高质量发展的培养及其重要。师范生要转变自己的师德意识，紧跟时代的发展步伐，加强自我教育和自我修养。基于此，我的研究对于这一块的研究起到了一定的补充作用，主要结合了国内外高等教育实践教学发展经验教训以及高校加快转变实践教学方式，积极深入探讨如何培养师范院校小学教育专业的学生遵守师德规范，让师德规范理念真正落实到实处。

2. 现实意义

一方面从课题本身来看，促进了小学教育专业师范生遵守师德规范，在一定程度上扩大和提升未来教师队伍的职业道德规范的内涵，具有一定的积极意义。另一个方面是从个人的现实意义来看，新时代小学教育专业师范生遵守师德规范能力高质量发展研究，促进了我对师德规范能力方面的认知与提升，焕发了自我为人师表，以身示范的思想觉悟，在通过问卷的编制，发放、回收、分析的过程中，增强了自我动手能力与思考能力，尤其是对自我的学术能力提升有很大的帮助。

二、文献综述

（一）文献年限分布图

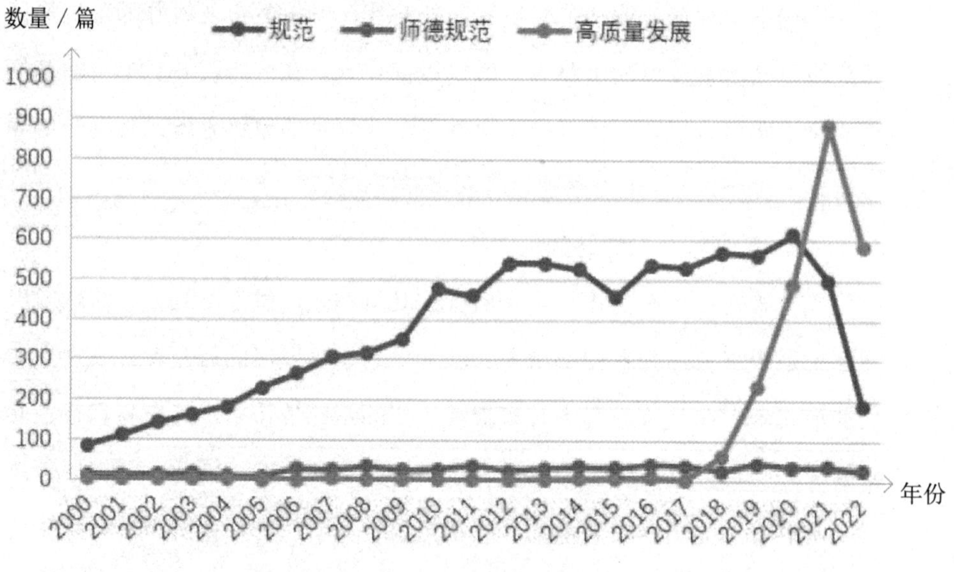

图1-1-1 新时代小学教育专业师范生师德规范能力高质量发展研究文献年份分布

为了更好掌握新时代小学教育专业师范生师德规范能力高质量发展研究，在中国知网上依次选择期刊、硕士、博士论文，通过“高级搜索”，依次检索关键词为“规范”、“师德规范”、“高质量发展”在检索过程中学科定位于高等教育、体育、医学、教育理论与教育管理。最终在Excel做出3个关键词结合的图表，即以2000—2022年时间维度为X轴，以各个学者研究数量总和为Y轴，进行数据分析。通过搜索得知“规范”文献期刊共有4390篇，硕士论文4284篇，博士论文924篇；“师德规范”期刊文献总有502篇，硕士论文122篇，博士论文11篇；“高质量发展”期刊文献共有1218篇，硕士论文1085篇，博士论文93篇。

图1-1是由“规范”、“师德规范”、“高质量发展”3个关键词的期刊与硕士论文研究数量相结合而得出的文献年份分布表。从表中我们可以直观地看出以“规范”为关键词的研究变化幅度于2000—2020年呈上升发展趋势，于2020年研究数量到达顶峰；以“师德规范”为关键词的研究变化在2022年里一直平稳发展，且在未来的发展过程中预计会逐年上升；以“高质量发展”为关键词的研究变化幅度最大，自2017年开始研究的数量就开始突发迅猛的呈上涨趋势，在2021年的研究数量达到最高峰。表明随着国家对经济的高度重视，经济在高质量发展的过中，国家也越来越重视教育的高质量发展，教育要走向高质量，必须要从提高教师的师德规范为出发点和落脚点，师范生教师队伍的建设与培养就变得尤其重要。本文立足于历史发展的新方位，基于《中华人民共和国教师法》《小学教育专业师范生教师职业能力标准（试行）》《关于加强和改进新时代师德师风建设的意见（2019年11月15日）》教育部印发的《新时代高校教师职业行为十项准则》等文件对于师德规范能力发展的相关要求，对X院校的小学教育专业师范生的师德规范能力展开调查。

（二）概念研究

1. 新时代

习近平总书记在中国共产党第十九次全国代表大会上，首次提出了

“新时代中国特色社会主义思想”，同年，习近平新时代中国特色社会主义思想写入党章，2018年3月，这一思想载入宪法，这是我国发展新的历史方位，标志着我国进入到一个新意盎然的时代，[①]即承前启后，继往开来的新时代。[②]新时代的概念源于20世纪60年代的欧洲时期的心灵启蒙运动，内涵十分丰富，即日新月异，丰富多彩，是一个知识爆炸时代、数字时代、“互联网+”时代。[③]“新时代”一词主要体现在“新”上，这一字的意蕴折射出前所未有的光明属性。新时代在汉典释义中，是指一个在政治、经济、文化等方面发生重大变化的时期。用不同的维度去看待新时代，都具有不同维度的含义，如，站在中国共产党使命担当的价值维度去看待新时代，这蕴含着中国共产党执政任务被时代更新，有了新的使命。

而本论文探讨的是中国特色社会主义发展的新时代。[④]在这背景之下，催生了许多新理念，在新理念的引领下，新时代的发展越来越好，如，我们中国的伟大民族精神、道德理念注入了新的文化价值，这是文化之新；“中国社会主要矛盾的转化，不仅是我国社会发展、特别是生产力发展的必然结果，还是中国特色社会主义进入新时代的重要依据”，[⑤]国内经济局面开启新征程的同时，教育也逐步迈上了新时代现代化之路，“中国特色社会主义进入新时代，意味着近代以来久经磨难的中华民族迎来了从站起来、富起来到强起来的伟大飞跃”，[⑥]这是历史之新，在这历史之新下，教

①陈吉鄂.思想政治理论课教师践行“四个统一”师德观研究［D］.长春：吉林大学，2018：1-3.

②刘雅迪.新时代县域内初中阶段教师队伍健设研究［D］.武汉：华中师范大学，2021：12-13.

③许慧.新时代小学教师职业道德建设研究［D］.广东：南华大学，2020：10-11.

④刘含宇.新时代中小学思政课教师综合素质研究［D］.山东：山东师范大学，2021：30-31.

⑤陈理.深刻理解新时代的依据、内涵和意义［Z］.党的文献，2019（3）：3-15.

⑥栗战书.全面把握中国特色社会主义进入新时代［Z］.人民日报，2017：1-2.

育也迎来了现代化的发展。[①]学生在这样的新时代、新环境里成长，与父母老师的成长环境不同，因此，师范生的师德规范能力的发展及其重要，一定要把握时代发展的特点，才能真正读懂学生，成为一名真正太阳底下最光辉职业的人民教师。[②]新时代是讲好师德，弘扬高尚师德，发展立德树人的师德，各个高校的教师应做好培育师范生树立新时代教师师德规范形象，[③]在要求师范生具有高尚的道德情操的同时，还应具备渊博的学识和较高的教育教学技能，做好教书育人的准备。[④]立足于新时代的背景下，我跟紧时代发展的步伐，对X院校小学教育专业大一、大二、大三、大四的学生的师德规范能力高质量发展进行研究。

2. 规范

规范即是制约一个人行为准则的必胜法宝，也是指导和评价教师教育教学行为的重要依据。[⑤]《辞海》对“规范”的释义为“标准、法式或者是模范典范”，“其中，‘规’本义为‘圆形、圆规。其引申义法则、标准’。[⑥]范，本作‘范’，本义为模子，常为制作器物的模型”，[⑦]这两者本义皆是对物品的制约、束缚，因此“规范”即为要求、条件。以“范”的含义分析“规范”的内涵。一是“范”有法则之译，法则即为规律。规范是一个多层次，立体化的体系结构，[⑧]“规范”一方面是指个人的行为

---

①王敬杰.新时代教育信息化高质量发展：现实依据、基本意涵和实践路径［J］.内蒙古教育，2022（07）：4-13.

②吴颖民.新时代学校德育要真正读懂孩子［J］.中小学德育，2022（07）：78.

③张琪.新时代讲好师德故事的价值向度、内容要义及实践理路［J］.现代中小学教育，2022，38（06）：60-63.

④王守松.争做新时代德才兼备的“大先生”［J］.山东教育，2022（22）：22.

⑤陈黎明.如何完善我国教师职业道德规范？——基于对五个国家教师职业道德规范的质性内容分析［J］.教育科学研究，2019（02）：74-81.

⑥辞海编辑委员会.辞海（修订稿）词语分册［Z］.上海人民出版社，1977：1526.

⑦辞海编辑委员会.辞海（修订稿）词语分册［Z］.上海人民出版社，1977：548.

⑧任海宾.师德规范——源自内心的标准［J］.教育科学研究，2016（03）：12-15.

受标准控制或影响，并在有限的认知程度之内按照既定要求进行操作或超越，具有一定的强制力，譬如法律规范。另一方面“范”即为榜样、模范，育人者先育己，加强师风建设要从师德规范抓起，[①]因此“规范”具备隐性教育的色彩，即强调个体行为的示范性，呼吁群体心中达成共识的重要性。规范是通过叙述产生、接受和传播而形成的社会规则、习俗和习惯。[②]宪法作为国家根本大法，是指引师德规范建设走向制度化的根本保证，需要基于宪法规范形成的师德思想。[③]在人类发展历史长河中，能维系社会正常秩序的是各种规范形式，比如风俗习惯、道德、法律等等，都发挥了重要的角色作用，正所谓“无规矩不成方圆”。[④]师德是发展中的规范，[⑤]各个院校要制定和落实好师德规范建设走向规范化、制度化的轨道，[⑥]本论文主要是从道德规范为出发点，通过激发群体对崇高道德要求的构想与期待，自行约束自我的行为，提高小学教育专业师范生的道德责任感。

3. 师德规范

师德即教师职业道德，[⑦]师德规范的作用是调节师与生、师与他人的人际关系时应该遵循的行为准则。师德规范是促进师德建设的重要工具之一，是师德建设的重要组成部分，教师关系到国家的未来，所以师德规范必须是一种特殊且严谨的存在形式。[⑧]师德规范及教师职业道德规范从词

①邵军.用教师的言行实践社会主义核心价值观和师德规范［J］.承德石油高等专科学校学报，2018，20（02）：68-70.

②陈嘉明.社会规范本质的哲学解释［Z］.江海学刊，2000（5）：100-104.

③陈航.我国宪法环境条款的规范研究［D］.南昌：江西师范大学，2021：17-18.

④张哲.马克思主义哲学视域下的价值规范研究［D］.太原：山西大学，2021：1-2.

⑤于春妍.现代汉语新词语问题略析［D］.天津：天津师范大学，2006：18-19.

⑥杨俊红，马国峰.新形势下高校师德建设途径研究［J］.西部素质教育，2019，5（08）：31-32.

⑦吕思思.习近平师德观研究［D］.北京：北京体育大学，2020：4-8.

⑧舒展.我国高校师德规范建设研究［D］.北京：中国地质大学（北京），2015：9-17.

源释义看，教师职业道德规范只存在于教师的教育教学活动中，是教师应当遵循的行为准则。[①]师德规范与教师职业道德含义相近，使用时可根据需要灵活采用。[②]《辞海》对道德规范做出的解释：在一定的社会中人们应当遵循的行为准则，能够通过各种形式的教育和社会舆论的力量，让人们形成规范习惯，通过规范来约束人们的行为，调整个人和社会彼此间的关系。[③]道德是一种非法治化，普遍存在的内化规范，受社会舆论，传统习俗和个人内心信念的支撑，是人之模范，更是调节和规范个人行为的重要手段。[④]人与人之间能否和谐相处，应当看他的道德行为，人处于社会生活中避免不了相互交往，那么在相互交往中就需要道德来约束行为规范，教师在从事教育劳动的过程中，才能更好促进社会的发展。[⑤]所谓的师德规范简要地讲就是指教师存在的社会领域内，教师的教育教学活动中用于调整教师与学生，一切人或事之间关系的行为准则或规范。所以师德规范即是指“教师在教育活动中应遵守的职业道德准则，是社会对教师行为的基本要求的概括”。[⑥]因此，本研究认为师德规范实际上就是指在一定程度的教育价值理念的指导下，师范院校通过培养小学教育队伍，实现师德规范的建设。师德规范是经过国家认可且颁布的文件，如《关于高校教师师德失范行为处理的指导意见》（2018）。师德规范是国家、社会和家长寄托在教师身上的期望，于国家而言，教育兴则国家兴，教师是教育创新的主体也是文化发展的实践者，师德规范的好坏影响着国家文化的兴与衰；于社会

①陈妙嫦.民办高中教师中存在的师德问题及对策研究［D］.四川：四川师范大学，2017：10-11.

②刘思涵.基于师德成长的师德培养研究［D］.长春：东北师范大学，2017：19-24.

③邢炜.论中小学师德考核与管理［D］.太原：山西师范大学，2014：1-13.

④秦琪媛.武汉体育学院体育教育专业学生师德培育的实践研究［D］.武汉：武汉体育学院，2020：9-10.

⑤王兴博.河北省高等学校师德建设研究［D］.秦皇岛：燕山大学，2016：11-25.

⑥朱贻庭.应用伦理学辞典［Z］.上海辞书出版社，2013：520.

而言，教师是教育过程中的主导者和引路人，也是文化的传承者，师德规范的建设关系着文明社会的发展与进步；[①]于家长而言，教师是陪伴孩子成长的引导者，是学生学习的衣食父母，师德规范的实效性牵连着家庭的幸福与希望。加强师德规范能力培养是党和国家发展的内在要求，本研究认为师德规范实际上就是指在一定程度的教育价值理念的指导下，师范院校通过培养小学教育队伍，实现师德规范能力的高质量发展。[②]

4. 高质量发展

党的十九大报告首次提出了“高质量发展的概念”。[③]随着高质量发展概念的提出，引发了国内学者对于高质量发展概念的解读和评价高质量发展水平的热烈讨论。经济基础决定上层建筑，从经济方面来看，金碚（2018）认为高质量发展的新时代能够更好促进人民日益增长的美好生活需要，[④]而教育的发展也是为了推动人民发展的进步。田秋生（2018）认为高质量发展理论是在新时代社会主要矛盾转变的背景下提出的，更加注重转变质量和效益的科学发展。[⑤]孟祥兰等（2019）认为高质量发展是建立在经济总量达到一定规模基础上的发展理论，在此基础之上，高质量发展更关注人民生活水平。[⑥]我们要加紧落实以办好人民满意的教育为出发点，奋

①尹南南.中小学教师专业道德建设研究［D］.武汉：湖北师范大学，2017：11-13.

②薛昉.新时代高校师德建设的定位标准及实现路径［J］.福建师大福清分校学报，2019（06）：21-28.

③决胜全面建成小康社会夺取新时代中国特色社会主义的伟大胜利［J］.2017：4.

④金碚.关于“高质量发展”的经济学研究［J］.中国工业经济，2018（04）：5-18.

⑤田秋生.高质量发展的理论内涵和实践要求［J］.山东大学学报（哲学社会科学版），2018（06）：1-8.

⑥孟祥兰，邢茂源.供给侧改革背景下湖北高质量发展综合评价研究——基于加权因子分析法的实证研究［J］.数理统计与管理，2019，38（04）：675-687.

力推进师德规范教育高质量发展。[①]高质量发展能促进人的全面发展，[②]在新时代高质量发展的背景下，教育也要随之发展，培养信息化时代是卓越教师成为重中之重。[③]一个高质量发展的国家，需有高质量的教师作为奠基石，打造高质量的基础教育教师队伍，才会有高质量的教育，[④]从教师教育培养对象的高质量发展来看，新时代的教师队伍建设要打好思想之基、发展之基、保障之基，因此要不断强化教师思想政治和师德师风的建设，促进教师队伍高质量发展的核心要义，[⑤]要夯实好教师发展之基，就要确立好中国特色社会主义高质量教师教育体系。我国高质量教师队伍建设要从师德规范修养、教学能力、育人能力、自主发展等方面整体提高教师内在专业素养，坚持“立德树人”的师德培育理念。[⑥]从教育发展需要来说，面临着教育改革发展的新形势和新要求，新时代的教师教育要在数量需求解决的基础上寻求质量发展，注重信息时代教师专业的特点，在坚守师范性的基础上提高教师教育的学术性，为培养高质量教师教育者提供了保障。[⑦]综上可知，教师是教育数字化转型的核心参与者和实践者，是推进教师队伍走向高质量发展的起点，是推进教育数字化和实施教育强国战略的根本

---

①叶祥元.让教育高质量发展的种子落地生根——武威市全力办好人民满意的教育工作侧记［J］.甘肃教育，2022（03）：8-9.

②王智超，朱太龙.高等教育高质量发展的价值逻辑探寻［J］.中国电化教育，2021（09）：1-8，17.

③王鉴，张盈盈.新时代我国教师教育高质量发展的逻辑与路径.［J］重庆高教研究.2022：1

④郑旭东，李荣辉，万昆.略论基础教育教师队伍数字化转型［J］.中国电化教育，2023，No.433（02）：60-66.

⑤崔延强，唐小琴，陈艳.构建新时代高质量教师教育体系的应然逻辑与实践路向——基于新文科建设的视角［J］.新文科教育研究，2021（02）：101-112，144.

⑥卢慧芬.新时代民办高职院校音乐教师师德培育刍议［J］.现代交际，2021（10）：27-29.

⑦庞海燕.新时代应用型本科高校高质量发展的路径选择［J］.金陵科技学院学报（社会科学版），2021，35（03）：82-87.

需要。目前各学者对高质量发展内涵的探讨已十分广泛，因为高质量发展内涵具有多维属性，对经济和教育的内涵理解不完全一致，但普遍肯定了高质量发展概念是对中国教育发展理论的继承性拓展，仍需对此进行系统研究，以实现小学教育师范生师德规范高质量发展。

（三）内涵框架研究

表1-1-1是整理近四年来学界的各个研究者们对师德规范研究的维度项目。

在整理各研究者的研究维度过程中，最终在新时代小学教育专业师范生师德规范能力高质量发展研究中借鉴参考了翁雪招的研究维度以及基于《小学教育专业师范生职业能力标准（试行）》对小学教育专业师范生在师德规范方面的人才培养要求的基础上确定师德规范高质量发展。从理想信念、立德树人、坚守准则，角色认同、政治自信、师德实践六个维度进行问卷编制。

表1-1-1　维度项目

作者	时间	维度
赵佳雪[①]	2022年	政治素养；师德素养；专业素养；社会参与素养；创新素养
马莉[②]	2021年	规范从教；教书育人；爱护学生；言行雅正；公平诚信；廉洁自律；师德规章制度；师德现状；师德监督与奖惩
袁雪婷[③]	2021年	师德问责主体；问责客体；问责内容；问责方法；问责结果

①赵佳雪.新时代高中思政课教师核心素养提升研究［D］.石家庄：河北师范大学，2022：14-15.

②马莉.小学教师师德失范行为调查研究［D］.太原：山西师范大学，2021：12-13.

③袁雪婷.中小学教师师德问责体系对师德失范行为影响的研究［D］.武汉：华中师范大学，2021：23-24.

表 1-1-1（续）

作者	时间	维度
吴小艳[①]	2021 年	爱国守法、坚定政治方向；为人师表、坚持言行雅正；严谨治学、遵守学术规范；学识扎实、潜心教书育人；敬业爱生、尊重理解；服务社会、传播优秀文化
董文静[②]	2020 年	政治思想；自身品德；教学道德；校园道德；科研道德；身份道德
蔡盈盈[③]	2020 年	师德认知：教师的职业理想信念；教师职业道德规范的了解程度；社会主义核心价值观教育情况；师德践行：主体意识；践行程度；自我提升；师德意识；师德情况
黄婉薇[④]	2020 年	道德认知；道德情感；道德意志；道德行为
覃小逢[⑤]	2020 年	政治素养；职业价值观；为人师表；敬业精神；育人意识；学术态度
翁雪招[⑥]	2019 年	职业角色意识；关爱学生意识；教书育人意识；职业人际意识

（四）影响因素研究

如下表1-1-2是通过对师德规范能力的相关查阅中，整理出以下研究者关于师德规范能力发展培养遇到的影响因素。

虽然现如今的教育学界对高校师德规范方面的研究有不少的成果，但

①吴小艳.新时代上海高校师德师风建设研究［D］.上海：上海外国语大学，2021：17.

②董文静.儒家人文精神融入山东省高校体育教师师德建设的路径研究［D］.济宁：曲阜师范大学，2020：24-25.

③蔡盈盈.立德树人视域下中学思政课教师师德建设路径研究［D］.福建：福州师范大学，2020：25-26.

④黄婉薇.新时代高校思政课教师师德示范引领作用研究［D］.西安：西安科技大学，2020：23.

⑤覃小逢.新时代高校青年教师师德建设研究［D］.长沙：湖南师范大学，2020：28-29.

⑥翁雪招.师德规范视域下师范生的师德意识调查研究［D］.杭州：浙江师范大学，2019：15-16.

是在某些方面还需进一步完善。比如对于师范生小学教育专业的师德规范的研究文献较少，大部分都是在围绕着师德建设的研究，并且较多部分都是将师德规范作为师德建设这一部分完善措施进行论述探究。通过对近五年来高校教师师德失范案例的分析结果中发现，一些过于抽象和笼统的师德规范内容局限了很多高校教师的行为，那么就会存在罪与错的界限模糊从而造成了惩戒力度难以把握，高校教师师德规范的内容看似面面俱到实则很少体现出教师的职业特色，其建设程度与专业成熟的师德规范体系尚且存在一定差距。通过以上种种迹象，新时代小学教育专业师范生师德规范能力的培养在很大程度上仍是以学生培育为主，师范生个人的师德修养能力、反省自律能力不足，很容易受到外界不良环境的影响。[①]因此新时代小学教育专业师范生师德需要培养、师德需要教育、师德需要自身的榜样和人格魅力，为日后的教育打下坚实的根基，从而促进师德规范的高质量发展。

表1-1-2 影响因素分析

作者	时间	影响因素分析
韩冰[②]	2022年	角色扮演；道德绑架；个体幸福和职业道德分裂
谷月[③]	2019年	市场经济趋利性的影响；师范院校重视程度不够；个别教师职业素养不高；教师考核制度存在缺陷；部分师范生道德素质偏低等因素影响
杨成松[④]	2020年	信息多元对师德教育提出新要求；教师职业道德教育校园文化氛围不浓；师范生学习师德知识积极性不高

①苏小桐.新时代师范生师德培育研究［D］.沈阳：沈阳师范大学，2022：29-32.

②韩冰.当前我国中小学教师职业道德问题探究［D］.石家庄：河北经贸大学，2022：41-43.

③谷月.师范生教师职业道德教育存在的问题及对策研究［D］.长春：长春师范大学，2019：25-28.

④杨成松.民办高校师范生的师德教育问题研究［D］.重庆：西南大学，2020：20-28.

表 1-1-2（续）

作者	时间	影响因素分析
李静 ⑤	2019年	师范生反思能力比较弱
朱豆豆 ⑥	2020年	师范生师德课程实践环节薄弱；师范生师德教育相关课程实施效果不佳
将西艳 ⑦	2013年	教育方法枯燥；教育过程缺乏情感体验；评价方式欠佳
王强 ⑧	2020年	显性教育与隐性教育的失衡导致师范生行为和认知偏差
田爱丽 ⑨	2016年	部分教师重视知识传授，教师忽视与学生沟通交流
宁敏 ⑩	2015年	部分教师师德欠缺，如教师体罚学生、虐待学生
周奇　王琴 ⑪	2023年	教师责任感缺失，师德师风失范现象尚存；高校再教育不足，教师思想政治素养偏低；考评体系不完善，师德师风无法准确评估；监督惩戒不充分，负面典型未能发挥效力
母志蕊 ⑫	2023年	场域困境；理念困境；技术困境

⑤李静.师范专业认证标准下高师院校师范生核心素养培养研究［D］.南宁：南宁师范大学，2019：43-49.

⑥朱豆豆.新时代背景下师范生师德教育课程构建研究［D］.太原：山西师范大学，2020：17-23.

⑦蒋西艳.师范生教师职业道德教育存在的问题及对策［D］.武汉：华中师范大学，2013：14-18.

⑧王强.从缺失到超越：新时代师范生师德养成的实践路径［J］.黑龙江高教研究，2020：2.

⑨田爱丽.大学之道明德至善——高校师德师风建设研究［M］.北京.商务印书馆，2016：94.

⑩宁敏.论师德教育在师范生就业力中的地位、作用与路径［J］.河南师范大学学报（哲学社会科学版），2015（03）.

⑪周奇，王琴.新时代高校教师师德师风建设的现实意义、实际困难与实践策略［J］.红河学院学报，2023，21（01）：60-64.

⑫母志蕊，范文.新形势下师德建设面临的困境及对策［J］.学校党建与思想教育，2023，No.690（03）：65-67.

（五）对策研究

师者为师亦为范，小学教育专业师范生是未来教育发展的引路人，必须要严格牢记以德为本，身正为范的使命，不忘初心。通过查阅整理出已有的研究者在研究过程中提出的对策研究观点，如表1-1-3。

通过以上各个学者提出的观点，知道为人师表一直都是衡量一名好老师的标准，是教师必须具备的优秀品质，在培养小学教育教师队伍也是重中之重，在教学过程中教师起到主导性作用。在师范院校培养未来教师之中，师范院校的教师应该在生活与学习上，站在教育的角度做好学生学习的榜样，为小学教育专业的学生正确的三观，塑造好小学教育专业学生的健康人格，为养成良好教育行为打下基础。小学教育专业的学生是准教师，师范院校只有规范好自己的言行举止，加强自己的师德规范培养，使师范生在潜移默化的熏陶下去汲取营养，才能在日后的教学生涯之中向学生表达出正确的思想，才能用自己的人格魅力去感染学生，让学生幸福。

表1-1-3　对策研究

作者	时间	对策
赵小东[①]	2021年	完善高校师德管理机制；营造尊师重教良好师德气氛；提升教师自身修养
徐　曼[②]	2021年	新时代两种师德范畴齐拓—道德与伦理；新时代两种师德制度共建—正式制度与非正式制度；新时代两条师德规范兼顾—线上教育和线下教育
钱　顺[③]	2021年	以社会主义核心价值观为引领，突出师德建设的方向性；以高校师德规范为标准，突出师德建设的整体性；以“四”有好老师为目标，突出师德建设的示范性；以法律制度为底线，突出师德建设的约束性

①赵小东.新时代民族地区高校师德建设研究［D］.大理：大理大学，2021：56-66.
②徐曼.新时代高校教师师德规范建设研究［D］.西安：西安理工大学，2021：37-42.
③钱顺.新时代加强高校师德建设的路径研究［D］.桂林：桂林理工大学，2021：42-56

表 1-1-3（续）

作者	时间	对策
葛大伟[①]	2020年	充分激发高校教师主体自觉性；促进高校师德建设与全面依法治教相协调；实现高校师德建设与高校思想工作相统一；推动高校师德建设与信息技术相融合；注重高校师德建设与教师评价制度改革相衔接
邱素云[②]	2018年	发挥思政课教师职业道德示范者作用；开展多样化化的师范生职业道德教育
马　英[③]	2023年	提高实践育人思想认识，关注师德养成；建设教育教学实践场所，推动多手段育人；增加师德评价内容，注重实践过程；
周　奇[④]	2023年	体系化教师在职培训与学习，提高教师队伍综合素养

（六）理论基础研究

班杜拉代表主张的社会学习理论认为“个体以旁观者的身份观察他人的行为表现，以形成自我的态度和行为”。[⑤]换而言之就是人类的行为是个体和环境交互影响的产物，人们往往在相互交往的环境中对他们的行为进行模仿和观察，从而产生自我的行为习惯和知识技能。同时，“社会学习理论还认为，大部分的儿童都是通过观察、模仿进行学习”，而社会学习理论对于小学教育专业学生的师德规范意义在于，一方面，小学教育专业的师范生将来要面向的是小学生，小学生具有很强的向师性，且小学生由于自身思想观念不成熟以及对世界的善恶认知不够，会在无形之中对教师

①葛大伟.新时代高校师德建设研究［D］.武汉：武汉大学，2020：131-159.

②邱素云.新时代本科师范生教师职业道德教育研究［D］.海口：海南师范大学，2018：35-45.

③马英，黄芙蓉.新时代高校师范类专业实践育人研究［J］.学校党建与思想教育，2023（04）：74-76.

④周奇，王琴.新时代高校教师师德师风建设的现实意义、实际困难与实践策略［J］.红河学院学报，2023，21（01）：60-64.

⑤周善良.新时代中小学教师职业道德的现状、问题与对策研究［D］.西安：陕西师范大学，2020：8.

日常的师德规范行为进行模仿，因此，小学教育专业的师范生，应当在学习的过程中加强自身的师德规范建设，树立自身良好的道德榜样形象，为今后的教师职业生涯打下基础。另一方面，小学教育的学生也会对师德师风进行学习，因此，高校和教育主管部门应当加强对小学教育专业的师德规范进行评价，从而激励小学教育专业的学生不断调整自身的师德规范建设。

马斯洛主张的需要层次理论认为，人格的发展过程具有不同的发展水平和顺序。从低到高依次是生理需求、安全需求、情感需求、归属需求、尊重需求以及自我实现需求。①而对小学教育专业的师范生来说需要层次理论具有举足轻重的作用。首先，从安全需要来看，未来教师职业为师范生提供基础的物质保障，并为满足师范生的就业需要奠定了一定的基础。其次，从情感与归属需要来说，情感与归属需要与亲情和友谊密切相关，未来有单位编制的教师职位在一定程度上满足了教师的情感和归属感的需求，这使小学教育专业的学生能够将此职位视为未来生活和发展的主要目标。再次，尊重需求，在这一层面上，小学教育专业学生加强师德规范建设，能够做到在未来站在三尺讲台上关心爱护学生，学生自然而然地能够感受到来自老师的重视，也会从心底尊敬老师，老师也能从中得到尊重的需要。最后，“学到老，活到老”，贯彻终身学习的理念是成为一个老师必不可少的，教师在教学工作中努力研究，精益求精，有序的指导学生不断取得新的成果，从而在教师的岗位上实现自己的价值。

陶行知被毛泽东誉为“人民教育家”，他的师德思想体现在教育思想的各个方面，注重紧扣国情和古为今用，形成了完整的师德理论。②师德理论包含精神实质和基本内容，为新时代青年教师师德建设提供了重要的思

①曾琳娜.小学教师师德建设调查研究［D］.长海：湖南大学，2018：11-12.
②余子侠.中华教育名家［M］.武汉：华中师范大学出版社，2006-3-1.

想资源和方法论基础。[①]

首先是奉献精神。奉献精神是师德思想的核心内容。“捧着一颗心来，不带半根草去”是陶行知对师德应具备奉献精神的高度概括，他将其称之为“教育的命脉”[②]。他认为教育事业的忠诚与抱负是奉献精神的动力，责任感与使命感是奉献精神的源泉，因此他从青年时代就立下“要使全中国人民都受到教育”的宏伟志向，并奉献自己一生为民族复兴、为教育改革而鞠躬尽瘁。[③]

其次是爱心精神。爱心精神是陶行知师德理论的精华所在。对师德的根本要求是热爱教育事业、关心和关爱学生，这也是教育的本质和教师基本道德规范之一，“人民第一，爱满天下”是对他爱心精神的高度凝练，对新时代青年教师师德建设具有重要启示。[④]一方面师德建设中陶行知遵循“爱满天下”。关心和热爱学生是师德建设首要解决的问题，也是增强教师职业认同感的前提和基础，陶行知的爱心精神体现在平民教育理论、儿童教育思想、教师教育思想和乡村教育思想之中。[⑤]

最后是求真精神。“真”具有哲学含义，包含真实（与假相对）、实在、本原、清楚确实等含义，要达到“千教万教，教人求真”的“真教师”的精神境界，在陶行知看来应当满足以下条件：一是做勇于追求真理、捍卫真理和事实，追求真理以改造社会和变革现实，捍卫事实以培养道德高尚之人；二是做甘愿奉献服务于人民的人，平等对待学生，投身教

①宋淋淋.新时代高校青年教师师德建设研究［D］.成都：电子科技大学，2019：8-11.

②刘一鸣.刍议陶行知的师德思想［J］.长春理工大学学报（社会科学版），2011，24（10）：103-104.

③孔姗.宿城区S初中教师职业道德建设现状及完善策略研究［D］.南宁：广西民族大学，2020：12.

④刘莉.师德对大学生个人品德的影响研究［D］.昆明：昆明理工大学，2021：30-31.

⑤田养邑.陶行知生活教育思想及其教育理论创新［J］.教师教育论坛，2016，29（10）：33-37.

学一线阵地服务人民；三是做有理想信念之人，将个人的价值追求同国家的前途命运联系起来；四是做励志改革创新之人，积极投身探索教育规律，推动教育事业不断发展。①

苏霍姆林斯基的师德理论。苏霍姆林斯基是教育学界的“思想泰斗”，他的师德理论对现代教师师德建设具有不可磨灭的意义。苏霍姆林斯基认为要成为一名合格、为人称颂的教师，必须要做到以下两个方面。其一，要在自己执教过程中热爱学生，其二是热爱自己教师岗位，做到应尽的职责和义务。即“定位”“提高”“创造”，②“定位”是指教师明确自己的理想及角色意识。应当具有坚定的理想信念，把热爱融入自己的教师职业角色，全心全意做好教书育人的使命，做好知识的引导者和学生成长路上的引路人。“提高”则是终身学习，“教师要育人，要有源源不断的活水”教师要用学习充实自己的精神生活，成为学生成长路上获取知识、品德塑造的引路人。“创造”则是指创造性工作，即教师应该具有创新精神，培养创造性学生。这一思想为小学教育专业的学生指明了职业方向，为其树立正确的教师观、学生观奠定基础。③

（七）方法工具研究

通过对知网搜索相关文献进行查阅和整理而总结出以下各个学者的研究方法。

如表1-1-4所示，大多数学者的文献研究都采用了问卷调查法、访谈法、文献法和统计法等，较少的学者用了个案研究法，逻辑归纳法，德尔菲法等。

①莫增荣.论陶行知的新知观［J］.江淮论坛，1991（02）：92-100，60.

②董春驹.苏霍姆林斯基谈减轻学生负担，给教师的一百条建议［J］.天津教育，1989（04）：46，22.

③普国嵘.高校师范生立德树人教育研究［D］.长春：东北师范大学，2020：16-17.

表1-1-4 研究方法

作者	时间	方法
吴永东[①]	2022年	共词分析法、问卷调查法、访谈法、综合评价法、统计分析法
卫 浩[②]	2022年	文献资料法、访谈法、德尔菲法、4AHP层次分析法、问卷调查、整理统计法、对比分析法
赵俊杰[③]	2022年	文献资料法、专家访谈法、德尔菲法、问卷调查法、数理统计法
查春艳[④]	2022年	文献法、访谈法、德尔菲法、问卷调查法、层次分析法
杨 静[⑤]	2021年	文献研究法、问卷调查法
马 莉[⑥]	2021年	文献研究法、访谈法、问卷调查法
董文静[⑦]	2020年	文献资料法、问卷调查法、专家访谈法、数理统计法、逻辑归纳法
杜旭洋[⑧]	2020年	文献研究法、问卷调查法、自然观察法、个别访谈法
曹文文[⑨]	2020年	文献法、访谈法、观察法、个案研究法

①吴永东.省属高师地理师范生教师职业能力与高中师资需求的契合度评价［D］.贵阳：贵州师范大学，2022：15-16.

②卫浩.咸阳市城乡义务教育阶段体育教师职业素养对比研究［D］.西安：西安体育学院，2022：10-12.

③赵俊杰.体育教育专业体操必修课程目标达成路径研究［D］.石家庄：河北师范大学，2022：15-16.

④查春艳.基于师范类专业认证的体育骨干教师评价指标体系构建与应用研究［D］.上海：华东师范大学，2022：21-25.

⑤杨静.儒家“内省”思想对师德养成的启示研究［D］.南宁：南宁师范大学，2021：12.

⑥马莉.小学教师师德失范行为调查研究［D］.太原：山西师范大学，2021：7-8

⑦董文静.儒家人文精神融入山东省高校体育教师师德建设的路径研究［D］.济南：曲阜师范大学，2020：24-26.

⑧杜旭洋.新时代小学师德建设长效机制实现路径研究［D］.昆明：云南师范大学，2020：16-17.

⑨曹文文.教育生态学视角下小学教师师德的环境研究［D］.呼和浩特：内蒙古师范大学，2020：12-14.

表 1-1-4（续）

作者	时间	方法
周　蕴[⑩]	2018年	文献研究法、问卷调查方法、访谈法、统计分析法

（八）政策法律研究

小学教育阶段是基础教育阶段，也是学生成长学习的重要阶段，而小学教师又是初等教育的引导者和领路人，小学教育专业的学生能否遵守好师德规范在一定程度上决定了未来基础教育发展的方向，[①]因此，要抓好小学教育专业的师德规范建设，提高基础教育小学教师队伍综合素质，才能培养好德智体美劳全面发展的建设者和有理想、有道德、有文化、有纪律的接班人。[③]于是，为了提高小学教师的师德规范建设，国家颁布了促进师德规范建设的法律法规，如《中华人民共和国教师法》《小学教师专业标准》《中小学教师职业道德规范》等，在此基础上为了推进师范生免试认定中小学教师资格改革，建立了师范生教育教学能力考核制度，教育部制定了《中学教育专业师范生教师职业能力标准（试行）》《小学教育专业师范生教师职业能力标准（试行）》《学前教育专业师范生教师职业能力标准（试行）》《中等职业教育专业师范生教师职业能力标准（试行）》《特殊教育专业师范生教师职业能力标准（试行）》等文件，随着新时代的发展要求，对教师提出了高要求的师德规范建设，教师思想观念也随之发生了转变，因此，在新时代的历史背景之下，教育部出台了相应的政策，其中主要有《关于加强新时代高校教师队伍建设改革的值

⑩周蕴.中等职业学校教师专业理念与师德现状及对策研究［D］.西安：陕西师范大学，2018：25.

①袁洁.地方高校师范生师德教育研究［D］.赣州：赣南师范学院，2013：1-2.

③杨颖秀.《中华人民共和国教育法》是科学管理教育的根本法［J］.吉林教育科学，1995（12）：1-3.

得意见（2020年12月24日）》《关于加强和改进新时代师德师风建设的意见（2019年11月15日）》，教育部印发《新时代高校教师职业行为十项准则》《新时代中小学教师职业行为十项准则》等文件为明确新时代深化教师师德规范建设，打下了坚定的基础。[①]这对于小学教育专业的学生师德培养与教育也产生了重要影响。主要是使小学教育专业的学生在教师职业道德教育学习的过程中，对学习的内容、方法、途径等方式都有所改变。小学教育专业的学生所处的教育阶段是师德规范形成起点的关键期，这一时期主要是培养自身树立良好的师德，并能够遵守良好师德规范，为未来做好一切思想准备。

（九）文献述评

整体而言，国内外学者较全面地研究了教师遵守师德规范必要性、理论基础、存在问题，给人以深刻的启发，极大地推进了新时代小学教育专业师范生遵守师德规范的快速发展。但是，理论研究仍有诸多不足之处，如小学教育专业师范生遵守师德规范没有深入探讨，制约了师范院校培养师范生师德规范实践教学理论研究和实践教学活动的创新。因此，我将结合国内外高等教育实践教学发展经验教训和高校加快转变实践教学方式要求，深入探讨如何培养师范院校小学教育专业的学生遵守师德规范，这将是该领域未来研究的热点之一。

①白洋.新时代新疆高校师范生师德教育研究［D］.乌鲁木齐：新疆师范大学，2022：10-11.

第二节

新时代小学教育专业师范生 专业知识高质量发展文献研究

一、绪论

（一）背景

1. 小学教育的改革对小学教师专业知识的要求

在新课程改革的背景下，教育成为了整个社会关注的焦点，《小学教育专业标准（试行）》是国家对小学教师专业素养的基本要求。而《教师职业道德规范》则是对教师的师德师风进行了规范，小学阶段的学生还没有形成一定的道德准则和行为规范，他们的行为具有向师性，因此要求小学教师发挥自己的榜样作用，引导小学生形成正确的价值导向和道德规范。教师在教育教学活动引导学生学习，健康成长，因此小学教育专业师范生的专业知识与专业能力要实现专业化，与时俱进，符合社会发展需求。

2022年，教育部发布了《关于推进师范生免试认定中小学教师资格证改革的通知》。该通知的发布，使得部分师范生产生了侥幸的心理和懒惰的行为，他们认为即使在学校不学习，毕业时也能拿到教师资格证，因此对专业课的学习产生了懈怠的想法。因为在通知发布之前，师范生需要参加国家教师资格证笔试统考与面试，笔试成绩三年有效期，在此期间面试合格才能认定教师资格证，而且参加教师资格证考试的学生不仅仅只有师范生，还有许多非师范专业的学生或毕业生为了减轻就业压力而报考教师资格证考试，大大增加了师范生的压力，导致一些师范毕业生在毕业后没有取得教师资格证，不能成为一名人民教师。但这也证明了一些师范生并没有掌握一定的专业知识，无法胜任教师这一职位。

2021年，教育部研究制定了《小学教育专业师范生教师职业能力标准（试行）》，该《标准》对小学教育专业师范生应该掌握的专业知识进行了规定，包括教育基础、学科素养、信息素养和知识整合等4个方面。该《标准》还要求小学教育师范生了解融合教育以及随班就读的相关知识，因此小学教育师范生需要掌握的专业知识比较广泛，但由于大部分地方师范院校的小学教育专业并没有开设融合教育以及随班就读的相关课程，因此学生的专业知识并不足以胜任岗位的要求。

2. 农村小学教师在专业知识方面存在诸多问题

随着社会经济的发展与科技水平的提高，我国义务教育呈现出不断改革、欣欣向荣的发展趋势，农村小学对小学教师的需求不断增长，质量要求不断提高。作为小学教育师范生，除了要掌握理论知识，还要掌握实践知识。而准备走向农村小学的小学教育师范生不仅要掌握主科的相关知识，还要了解副科的相关知识，因为农村小学的主科老师还要兼职副科，或跨年级教学，对小学教育师范生的专业知识要求非常严格。

相比已经处在农村岗位上的小学教师来说，小学教育师范生更多的是接触系统化的理论知识，缺乏实践的机会，没有办法将学习到的知识运用于课堂。因此，他们在走向岗位时会出现明显的脱节，专业知识不达标，无法为学生拓展知识点，心有余而力不足，从而导致了部分小学教育师范生在毕业后，无法胜任小学教师这一岗位。农村小学的基础设施差与待遇差也导致了一些问题，第一，小学教育专业师范生不愿下农村，教师扎堆往城市跑；第二，考到农村小学的教师，有的想回到自己的家乡，有的想考到城市，第三，农村小学的设施与培训机会无法满足教师的专业知识发展需要。

随着经济的发展，物价的上涨，农村小学教师高付出低报酬的局面不断着冲击着教师的职业幸福感，使许多小学教育专业的师范生对小学教师这一职业望而却步。因此，国家要采取多种措施提高农村小学教师的工资待遇和生活补贴，使广大农村小学教师安心从教、静心从教，从而增强农村小学教师职业的吸引力。因为社会声望和经济地位被人们认为是衡量社会地位的标准，而农村小学的教师不仅经济收入少，还得不到社会的认同，导致小学教育专业的师范生不愿意从事农村小学教师这一工作岗位。

（二）意义

习近平在中国共产党第二十次全国代表大会上的报告中提出了以下几点关于教育的发展思想：第一，要坚持教育优先发展策略，加快建设教育强国、人才强国。第二，坚持为党育人、为国育才，全面提高人才自主培养质量。因为小学阶段是人才培养的启蒙阶段，也是人才培养的基础，这要求小学教育专业师范毕业生要具有过硬的专业知识与专业能力，因此，要为小学教育专业师范生专业知识的高质量发展提供机会，要为小学教育专业的师范生提供高质量的教师教育和专业成长的机会，需要对小学教育专业师范生的专业知识掌握程度进行了解。因此，本研究认为对小学教育专业师范生专业知识高质量发展的研究是非常有必要的。

1. 理论意义

（1）为农村小学教师专业知识发展提供理论基础

本研究希望能为实现我国小学教育专业师范生专业知识高质量发展做出微薄贡献。小学教育全科师范生的培养是我国如今农村教育的实际需求，也是地方师范院校小学教育专业的培养趋势。从文献综述可以看出，目前学术界对小学全科教师的研究尚未形成完整的体系。对小学全科师范生专业知识高质量发展的研究，有利于全科型农村教师专业知识的研究，也有利于推动全科型农村教师专业发展的研究，更有利于推动全科型农村教师专业素养的研究。

（2）为小学教师的专业化发展提供理论指导

小学教育专业的师范生必须要掌握专业素养。小学教师专业素养的核心是知识素养，教师专业成长的表现是知识素养的不断提高，而实现小学教育专业师范生专业知识的高质量发展，能够促进教师的专业化。本研究以《小学教育专业师范生教师职业能力标准（试行）》为依据，对小学教育师范生的专业知识进行探究，为促进小学教育专业师范生专业知识的高质量发展和专业化发展提供思路。师范生应当了解《标准》所规定的专业知识，丰富自己的知识储备，为以后走上工作岗位做好准备。

2. 实践意义

（1）有利于实现小学教师专业知识的高质量发展

本研究采用问卷调查的方法，客观真实地反映小学教育专业师范生专业知识的现状，收集、整理数据，找到小学教育专业师范生专业知识未达到高质量发展的问题与原因，从而提出有效性和有针对性的对策。这样的实践意义，对小学教育专业师范生来说可以让他们看到自身专业知识的不足，从而帮助他们有针对性地提升自己的专业知识水平，实现自身专业知识的高质量发展，提高乡村教育的质量。

（2）有利于提高师范院校教育者与学习者的专业成长

本研究的目的是促进小学教育专业师范生专业知识的高质量发展，为小学教育专业师范生走向工作岗位打下基础。师范院校对小学教育专业师范生进行授课的老师并没有亲身参与基础教育的机会，不了解真正的小学课堂是怎么样的，而平时的工作又与一线的小学教师并没有交集，因此他们在授课的过程中往往是纸上谈兵。本研究旨在遵循理论指导实践的原则，提高师范院校教育工作者的专业性，从而促进师范生专业知识的高质量发展。小学教师的理论知识要足够丰富，才能够在教学活动中游刃有余，受到学生的爱戴。

二、文献综述

（一）文献年份与研究主题

为了了解我国新时代小学教育师范生专业知识高质量发展现状。在“中国知网数据库”中分别搜索“小学教育”“专业知识和高质量发展”等关键词，将搜索时间限定在2000—2022年，对期刊类文献和硕博士论文进行高级检索，以提高相关文献的质量和准确度。通过检索发现，含有“小学教育”关键词的期刊文献有7191篇，硕博士论文有1853篇，共9044篇；含有“专业知识”关键词的期刊文献有15196篇，硕博士论文有5181篇，共20377篇；含有“教育高质量发展”关键词的期刊文献有3471篇，硕博士论文有1048篇，共4519篇。

图2-1是从2000—2022年关于“小学教育、专业知识、教育高质量发展”等相关文献的数量分布图。首先，小学教育是国家教育的根本，从2000年到—2091年小学教育的发展呈稳步上升趋势，从2020—2022年可以看出研究小学教育的文献逐渐变少。其次，小学教育师范生需要掌握和运用专业知识，从2000—2021年可以看出整个社会对专业知识的重视程度是呈上升趋势的，而2022年研究专业知识的文献数量相比2021年直接减半。最后，从2000—2016年可以看出没有学者研究“教育高质量发展”，是因为高质量发展一直起先用于经济层面；而2017年以后教育高质量发展的相关文献呈稳步上升趋势，则是因为2017年党的十九大提出了教育的高质量发展。

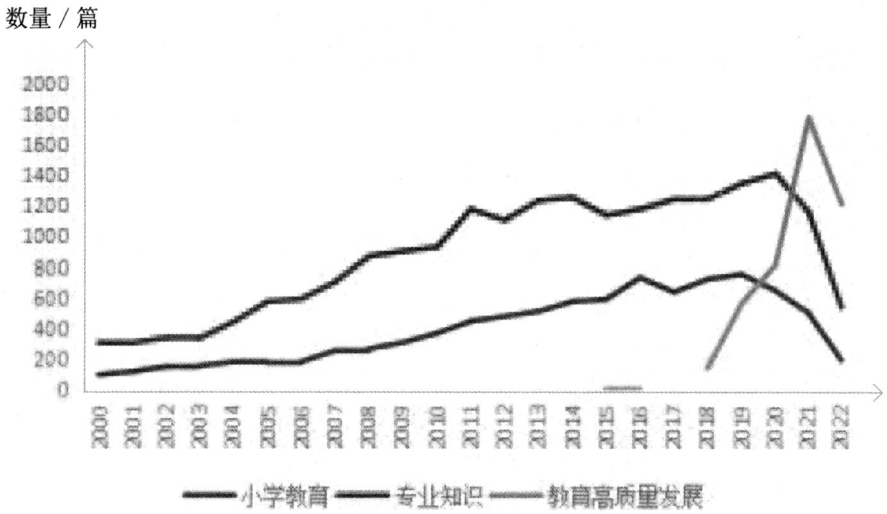

图1-2-1 新时代小学教育专业师范生专业知识高质量发展研究文献年限分布

习近平总书记在党的第二十次全国代表大会的报告中指出要培养德、智、体、美、劳全面发展的社会主义建设者和接班人，这给教师带来了极大的挑战，需要教师转变以往应试教育的观念，以素质教育为核心。教师必须增强自己的专业知识储备量，提高自己的专业技能与教学能力，才能促进学生的发展。本研究根据《小学教育专业师范生教师职业能力标准（试行）》的内容对小学教育师范生的专业知识进行调查，从而促进小学教育师范生专业知识的高质量发展。

（二）概念研究

1. 知识

通过查阅文献，笔者发现各位研究者对“知识”的定义都大同小异，如表1-2-1所示。知识是人们无休止的探索和追求的话题。各领域对知识的定义都不相同，本研究认为知识来源于社会实践，又在实践中发展，是人们在社会实践中通过不断的探索而得出来的理论。

表1-2-1 知识概念研究

提出者	观点
顾明远①	“知识属于认识的范畴，是人类认识成果的概括和总结”
皮亚杰②	“知识是主体与环境、思维与客体之间相互交换而引起的知觉构建”
邵瑞珍③	知识是个人在与其周围的环境交互过程中，所获取到的、被其组织起来的的信息
朴方旭④	“知识是个体关于事实或事物所知道的并被确证的信息，既包括个体对事实或事物的属性、联系的认识，也包括个体关于事实或事物属性、联系的内化的结果”
郎特里⑤	知识是个人在社会实践中，通过对各种信息的获取、处理、应用等活动而获得的信息与认识的总体
《现代汉语词典》⑥	知识的定义描述为：人们在社会实践中获得的关于自然界和人类社会的认识和经验的总和

2. 专业知识

通过查阅资料，笔者发现高玉旭作者在多篇文献中对“专业知识”这一词汇进行了定义。如表1-2-2所示

①顾明远.教育大辞典［M］.上海：上海教育出版社，1992：130.

②邵瑞珍.教育心理学［M］.上海：上海教育出版社，1997：58.

③李琼.教师专业发展的知识基础［M］.北京：北京师范大学出版社，2009：67.

④朴方旭.农村小学语文教师专业知识调查研究——以吉林省G县为个案［D］.长春：东北师范大学，2011.

⑤朗特里.英汉双解教育辞典［Z］.北京：教育科学出版社，1992.

⑥中国社会科学院语言研究所词典编辑室.现代汉语词典（第七版）［Z］.北京：商务印书馆，2016：1678.

表1-2-2　专业知识概念研究

提出者	观点
高玉旭[①]	“专业知识就是指某一专门职业群体所拥有的专门的、特殊的知识和经验体系，这个体系的形成往往伴随着观察、学习、反思、完善等复杂的环节”
王　萍[②]	“专业知识是指人们在特定专业领域中，为提高职业行为效率与质量，促进职业行为专门化，获得真实准确的、可指导解决该领域问题的认识、判断、经验等心理特质的总称”
陈苏怡[③]	“专业知识指当日渐熟悉特定领域并且解决问题的能力日益提高时，个体所形成的认知与心理结构”
郭健仪[④]	“专业知识就是从事某一专业活动所需的相对稳定的系统化知识，是通过专门的教育和训练，并通过实践操练逐步形成的”
高玉旭[⑤]	“专业知识就是从事专门职业的专业人员，通过观察、学习、反思、完善等复杂的过程，获取到的关于事物、行为等客观对象的专门认识和专门经验的总和”
陈慧梅[⑥]	教师专业知识的内涵有广义和狭义之分，广义的教师专业知识，是指教师作为一个职业而言的所有知识。狭义的教师专业知识，指的是专业学科知识，即教师从事教育教学活动必须掌握的最基础的知识

本研究认为专业知识是科学的做事方法，是被人类先哲们系统化的经验，是一种潜在的力量，是各个领域和行业的成功经验。小学教育专业

①高玉旭.农村初中教师专业知识现状及问题研究［D］.大连：辽宁师范大学，2019.

②王萍.幼儿园园长专业知识现状研究——以西南地区为例［D］.重庆：西南大学，2016.

③陈苏怡.专业知识在选择过载效应中的作用［D］.杭州：浙江大学，2021.

④郭健仪.小学科学教师专业知识发展状况的调查分析及对策研究——广州番禺区为例［D］.广州：广州大学，2017.

⑤高玉旭.农村初中教师专业知识现状及问题研究——基于《中学教师专业标准（试行）》［D］.大连：辽宁师范大学，2019.

⑥陈慧梅，谢莉花.基于扎根理论的职教教师专业知识学习路径探析［J］.当代职业教育，2023（01）：71.

的师范生必须要具有教师行业的专业知识，只有将专业知识计划和组织起来，才能转化为支撑自己工作的经验。

3. 师范生专业知识

通过查阅文献，整理、收集资料，笔者将各位研究者对“师范生专业知识”的定义进行了整理。如表1-2-3所示。

表1-2-3　师范生专业知识概念研究

提出者	观点
蒋美芬[①]	“师范生是指学习教育类专业的学生，即教师的后备军。师范生专业知识是指师范生为从事教师职业所学习的专业知识，也就是教师专业知识”
舒尔曼[②]	“教师专业知识是知道该如何把自己所掌握的知识转化为学生可理解、接受的知识”
邵光华[③]	教师专业知识在某种程度上来讲，是一种实践性知识，它是教师个体在教学实践中积累起来的知识，具有个人的独特性。教师专业知识具有对话性，它是教师与同行之间交流和分享的一种知识，也是一种发展的过程
杨　明[④]	教师知识是教师在进行教学活动的时候不可或缺的智力资源。教师的知识是否丰富、是否有效，会直接影响到教师的专业水平，这就是教师在进行专业的教学活动时，所表现出来的特有的智慧技巧

①蒋美芬，石若晨，来纯等.“三位一体”招生录取的师范生专业知识掌握水平和师范技能发展的实证研究［J］.科学咨询，2020（02）：5

②Shulman，Lee.Those Who Understand：Knowledge Growth in Teaching［J］.Educational Researcher，1986，15（2）：4-14.

③邵光华，张明慧.个人知识观下的教师专业知识发展研究［J］.宁波大学学报，2008（01）：68-73.

④杨明全.教师知识：专业生活场景中的实践智慧［J］.天津师范大学学报，2007（2）：29-32.

表 1-2-3（续）

提出者	观点
辛　涛①	教师专业知识指的是教师所拥有的科学文化知识及对科学文化知识的掌握水平，还有他们在长时间的教学实践中，不断探索并总结出来的一系列行之有效的课堂情境知识和解决问题的知识
《教师专业化的理念与实践》②	教师专业知识指教师作为一个专业人员，必须具备从事教育教学工作所要求的最基本的、最核心的知识

本研究认为师范生专业知识指作为师范生为从事教师职业所需要具备的专业知识，包括所要教的知识和如何教的知识。根据《小学教育专业师范生教师职业能力标准（试行）》和《小学教师专业标准（试行）》，本研究将小学教育师范生所要掌握的专业知识分为了四类，分别是教育教学知识、学科知识、通识性知识和实践知识。

4. 高质量发展

2017年10月，党的十九大首次提出了高质量发展。2021年2月，十九届五中全会进一步提出要“建设高质量教育体系”。国内外学者对“高质量发展”一词展开了激烈的讨论，大多数研究者都是基于经济学角度对“高质量发展”一词进行定义，也有一部研究者基于教育角度进行了定义，如表1-2-4所示。

本研究认为教育的高质量发展主要从地方师范院校和小学教育专业的师范生两个主体出发。第一，要求地方师范院校根据自身实际情况走多样化的发展道路，通过更新办学理念和办学目标，使其符合社会经济的需要，让学校的办学水平向更高层次发展。第二，要求学生的专业知识水平符合《小学教育专业师范生教师职业能力标准（试行）》和《小学教师专业标准（试

①辛涛，申继亮，林崇德.从教师的知识结构看师范教育的改革［J］.高等师范教育研究，1999（6）：12-17.

②教育部师范教育司.教师专业化的理念与实践［M］.北京：人民教育出版社，2003：54.

行）》对教师专业知识的要求，达到教师岗位对毕业师范生的招聘要求。

表1-2-4 高质量发展概念研究

提出者	观点
韩美琳①	“高质量是指客观事物具有较好的质地和性能，能够更高程度、更好地满足人们的需求。发展是积极的、前进的、上升的、进步的趋势和过程。高质量发展指越来越好的、能够更大程度地满足人们需求的发展”
李　伟②	高质量发展，意味着更多优质供给、更高消费需求、更有效率配置资源、更可持续增长的产出效率、更公平合理的收入分配以及更加高质量的经济循环
李晓楠③	“颜延标认为高质量发展具有综合性、复杂性、特色性、动态性、创新性以及普惠性的特征，并指出了影响高质量发展的因素涉及政治、经济、文化、生态等方方面面”
钟秉林④	“教育的高质量发展不是抛弃学校原有的师范性，而是根据自身实际情况走多样化的发展道路，通过更新办学理念和办学目标，使其符合社会经济的需要，让学校的办学水平向更高层次发展”
刘爱东⑤	“教育的高质量发展反映在三个方面，一通过院校合并进一步优化高校结构，二通过专业门类的调整拓宽专业口径，三利用自身优势和市场经济对人才的需求开设新学科”
王雪梅⑥	“高质量发展以质量第一、效率优先为核心，体现新发展理念，满足人民对美好生活需要和追求的发展，具有要素投入产出率高、结构优化、创新驱动力强、社会经济效益高等特点”

①韩美琳.高质量发展背景下中国经济产业结构转型升级研究——基于马克思主义政治经济学视角［D］.长春：吉林大学，2021.

②李伟.以创新驱动“高质量发展”［J］.新经济导刊，2018（06）：6-7.

③李晓楠.高质量发展评价指标体系构建与实证研究［D］.杭州：浙江工商大学，2020.

④钟秉林.高等教育创新与教师教育和师范院校的转型［J］.中国大学教学，2004（01）：15-16.

⑤刘爱东.院校综合化运动审视［J］.教育评论，2007（04）：17-20.

⑥ 王雪梅.高质量发展背景下我国收缩型城市发展质量评价及路径研究［D］.成都：四川大学，2021.

（三）内涵框架研究

无论是国内还是国外的研究者，都在自己的文章中对师范生专业知识的维度进行了划分，但不难看出其中 4 类知识是得到广泛认同的，这 4 类知识分别是一般教育学知识、课程知识、学科知识、学科教学知识。[①]由表1-2-5可以看出，国内外学者们将师范生的专业知识从2个框架延申到了8个框架，总的来说包括教育教学知识、教学技能、促进小学生发展的知识、学科知识、教师自身的道德修养等等。而本研究以《小学教育专业师范生教师职业能力标准（试行）》和《小学教师专业标准（试行）》为标准，将小学教育专业师范生的专业知识分为了教育教学知识、学科知识、通识性知识和实践知识等4个维度。从这4个维度出发研究小学教育专业师范生的专业知识掌握程度是否达到了《标准》的规定。

表1-2-5　内涵框架研究

提出者	框架
陈向明[②]（二框架）	理论性知识与实践性知识
单文经[③]（二框架）	一般的教育专业知识与教材有关的专业知识
博科和帕特南[④]（三框架）	1. 学科知识及其信念　2. 学科教学法知识及其信念 3. 一般教学法知识及其信念

①马云鹏，解书，赵冬臣.教师专业知识发展与教师教育改革［J］.教师教育学报，2014（1）：31-45.

②陈向明.实践性知识：教师专业发展的知识基础［J］.北京大学教育评论，2003（01）：104-112.

③　张莉.专业共同体中的教师知识学习研究［D］.长春：东北师范大学，2017.

④Borko, H., & Putnam, R.（1996）.Learning to teach.In D.C.Berliner.&R.C.Calfee（Ed.）, Handbook of educational psychology（pp.673-708）.New York, U.S.A.: Macmillan.

表 1-2-5（续）

提出者	框架
衷克定①（三框架）	1. 各种文化科学的基础知识 2. 专业学科知识 3. 教育科学和心理科学知识
柯林森②（三框架）	1. 教育专业知识 2. 人际知识 3. 个人知识
林崇德③（三框架）	1. 本体性知识 2. 条件性知识 3. 实践性知识
叶澜④（三框架）	1. 有关当代科学和人文两个方面的知识，以及工具型学科的扎实基础和熟练运用的技能、技巧 2. 具备1～2门学科的专门知识 3. 术语教育学科类
李秉德⑤（三框架）	1. 科学文化基础知识 2. 专业知识 3. 教育科学知识
林崇德⑥（四框架）	1. 本体性知识 2. 条件性知识 3. 实践性知识 4. 文化知识
吉尔伯特⑦（四框架）	1. 关于学校作为一种机构的知识 2. 关于学生的知识 3. 关于教学的知识 4. 关于决策层面作为实际运用的知识。
鲍尔（Ball）⑧（四框架）	1. 一般内容知识 2. 特殊内容知识 3. 与学生有关的知识 4. 与教学有关的知识

①王影.小学教育专业师范生的数学教师专业知识的研究［D］.长春：东北师范大学，2012.

②Collinson.（1996）.Becoming an Exemplary Teacher: Integrating Professional, Interpersonal, and Intrapersonal Knowledge.Annual Meeting of the Japan-United States Teacher Education Consortium.

③林崇德，申继亮，辛涛.教师素质的构成及其培养途径［J］.中小学教师培训，1998（C1）：3-5.

④朱琳.农村小学全科教师教师知识需求的调查研究［D］.重庆：西南大学，2016.

⑤李秉德，李定仁.教学论［M］.北京：人民教育出版社，1991：143.

⑥林崇德，申继亮，辛涛.从教师的知识结构看师范教育的改革［J］.高等师范教育研究，1999（6）：12-17.

⑦Gilbert w, Hirst L, Clary E.The NCA Workshop's Taxonomy of professional Knowledge.In: Jones D W（Ed.）Professional Knowledge Base, Fortieth Annual Report of the North Central Association Teacher Education Workshop［M］. Flagstaff, AZ: University of North Arizona, 1989: 37-38.

⑧Ball.Content knowledge for teacher ［J］.Journal of Teacher Education, 2008（5）：38-40.

表 1-2-5（续）

提出者	框架
赵鑫[①]汪娜[②]（四框架）	1. 学科知识 2. 教育教学知识3. 小学生发展知识 4. 通识性知识
马云鹏[③]（四框架）	1. 教育理论知识 2. 课程知识3. 学科知识 4. 学科教学知识
简红珠[④]（五框架）	1. 一般教学法知识 2. 学科知识3. 学科教学知识 4. 情境知识 5. 课程知识
埃尔伯兹[⑤]（五框架）	1. 学科知识 2. 教学知识3. 课程知识 4. 教学环境知识 5. 自身的知识
格罗斯曼[⑥]（六框架）	1. 内容知识 2. 学习者与学习的知识 3. 一般教学法知识 4. 课程知识 5. 背景知识 6. 自我知识
泰米尔[⑦]（六框架）	1. 通识教育 2. 个人表现 3. 学科内容知识 4. 一般教学法知识 5. 特定学科内容教学知识 6. 教学专业基础知识。
舒尔曼[⑧]（七框架）	1. 学科知识 2. 学科教学知识 3. 一般教育学知识 4. 课程知识 5. 学者及其特征的知识 6. 教育情境知识7. 教育目的和价值观及其哲学与历史背景的知识

①赵鑫.专业标准视角下小学教育全科师范生专业知识结构研究——以Q大学为例［D］.青海：青海师范大学，2018.

②汪娜.全科型乡村教师专业知识的现状研究——以安徽省Y县为例［D］.上海：上海师范大学，2021.

③马云鹏等.中学教师专业知识状况调查研究［J］.东北师范大学学报（哲学社会科学报），2008（6）：57.

④张莉.专业共同体中的教师知识学习研究［D］.长春：东北师范大学，2017.

⑤FlbazF. Teacher Thinking：A Study of practical Knowledge［M］.London：Croom Helm，1983：216.

⑥Grossman P. L. Teacher's Knowledge.In T. Husen&T. N.Posdethwaite.（Eds.）The International Eneyclopedia of Education［M］.New York：Pergamon，1994：6117-6122.

⑦Pinches Tamir.（1988）.Subject matter and related pedagogical knowledge in teacher knowledge.Teaching &Teacher Education，4（2），99-110.

⑧Shulman，L S. Knowledge and Teaching：Foundations of the New Reform［J］. Harvard Education Review，1987，57（1）：1-22.

表 1-2-5（续）

提出者	框架
刘清华①（八框架）	1. 学科内容知识 2. 课程知识 3. 一般性教学知识 4. 学生知识 5. 教师自身知识 6. 教育情境知识 7. 教育目的及价值知识 8. 学科教学知识

（四）影响因素研究

1. 主观因素

（1）小学教育师范生认知不足，学习偏向主科方向

通过调查，发现小学教育师范生的生源主要来自农村，而许多偏远地区的村小或者是镇小的副科都是由主科教师兼任，因此学生认为副科的教学技能不重要，对副科教学技能的学习也不上心。并且在小升初考试中，副科的占比很少，只考品德与生活和科学两个科目，因此主科老师在进行副科教学时并没有按照课标来教学，而是要求学生将重点内容进行背诵。更有甚者，一些村小为了提高升学率，挂羊头卖狗肉，课表与教师上课的内容严重不符，不需要考试的内容直接不上，变成主科内容。而参加教师资格证考试的考生，面试主科的考生占比远远高于副科，因为大部分考生都认为有了主科教师资格证便可教学副科，再加上小学主科教师的招聘人数远远高于副科教师，就导致小学教育师范生对自身的认知不足，忽视副科的重要性，专业知识水平无法支撑自己的教学。

（2）小学教育专业并非学生自身的选择

通过调查发现，小学教育专业的师范生，一部分是因为自己喜欢而选择这个专业，另一部分则是因为各种各样的原因而选择小学教育这个专业。原因主要包括以下3种：第一，是因为高考填报志愿时被调剂到小学

①刘清华.教师知识的模型建构研究［D］.重庆：西南师范大学，2004.

教育专业；第二，是为了满足家长和身边人的期望；第三，是自己没有感兴趣的专业，跟风填报志愿。以上原因导致一部分小学教育师范生学习时内在动力不足。莎士比亚曾说过："学问必须合乎自己的兴趣，方可得益。"这说明了兴趣是学生学习的重要因素，而上述这一部分学生失去了对小学教育这一专业的兴趣，因此在专业知识的学习上并不怎么上心。更有甚者认为自己毕业后也不想从事教育这一职业，对专业课的学习以及专业技能的实践毫不在意。

2. 客观因素

（1）小学教育专业课程设置偏主科方向

中国师范类专业认证标准关于教师教育课程的学分的是："小学教育专业，必修课大于或等于24学分，总学分大于或等于32学分。与标准相比，目前中国教师教育课程的占比小，结构不合理。"[①]"在人才培养方案中，有专家调研指出，中国地方师范大学教师教育课程比例过小，在12%左右。"[②]教育课程是为了让师范生学习"教什么""怎样教"，培养合格的人民教师，是师范院校的特色。而一些地方师范院校的课程结构却不太合理，作为师范生，不仅要学习和掌握教育教学知识，还要会运用教育教学技能；但是部分地方师范院校只重视表面工作，给学生的课表排满了课程，却没有给学生实践的机会。并且一些地方师范院校将小学教育师范生分为文理科，文科偏向语文方向，理科偏向数学方向；还有的学校只开设小学主科相关的课程，并没有开设副科课程。综上所述，我认为这些学校埋没了小学教育这一专业的基本性质，使得小学教育专业与语文教育、数

①刘河燕.基于师范类专业认证的教师教育课程内容改革研究［J］.现代大学教育，2019（4）：24-28.

②肖笑飞.地方师范大学教师教育课程改革研究［D］.南昌：江西师范大学高教研究中心，2009.

学教育等专业之间没有了区别，只注重某一学科的教学，或者是只注重主科教学，导致小学教育师范生的专业知识结构并不能胜任小学教师这一岗位。

（2）学校基础设施不完善，师资力量不足

“小学教育专业的定位用三句话来概括：定性在教育；定向在小学；定格在本科。”①小学教育专业的综合性要求培养全科型的小学教师，但是很多地方师范院校的基础设施不完善，没有办法为学生提供专业教学技能的培训。就比如微格教室，是提供给学生练习专业技能的地方，学生借助设备对自己讲课的视频进行复盘，从而改进自己的教学技能。但是大部分地方师范院校的微格教室都是好几个专业的学生交叉进行使用，每个班级都有固定的使用时间，学生能够进入微格教室的机会很少，导致学生会害怕站上讲台。随着时代的发展，国家和社会对学生的专业知识水平要求有所提高，即使许多地方师范院校都在积极引进高水平、高学历博士，但学校的师资力量还是跟不上学生的学习状况以及就业的要求。因此，学校基础设施与师资力量的不足也是学生学习专业知识的阻碍，使小学教育师范生无法得到全方面的发展。

（3）《小学教育专业师范生教师职业能力标准（试行）》的要求

2021年，教育部研究制定了《小学教育专业师范生教师职业能力标准（试行）》。该《标准》对小学教育师范生的教学实践能力进行了规定，要求小学教育师范生掌握的专业知识包括教育基础、学科素养、信息素养和知识整合4个方面。《标准》还要求小学教育师范生了解融合教育以及随班就读的相关知识。融合教育不仅仅针对被贴上标签的残疾学生，而且是

①陈威．“实践取向”小学教育专业课程设置研究［D］.长春：东北师范大学，2013.

从根本上针对所有学生，更重要的指向是教育文化实践的融合。[①]而随班就读指的是在普通教育机构对特殊学生实施教育，是我国特殊教育的主要形式之一。[②]但是师范生在学校的学习过程中，并没有主动去了解课程之外的知识，而学校设置的课程也无法全方面的培养学生，许多知识只能学生自己主动地了解和学习。

（4）教育部《关于推进师范生免试认定中小学教师资格证改革的通知》

2022年，教育部发布了《关于推进师范生免试认定中小学教师资格证改革的通知》。该通知的发布在一定程度上为师范生提供了便利，不需要和非师范生去竞争教师资格证，但也为一些同学在学校混日子提供了便利，不再认真学习专业知识和专业技能。虽然学校会举行教育教学能力考核，但是一些学校为了提高本校的就业率，从而降低考核的标准，使一些专业技能不达标的同学通过了考核，拿到了教师资格证。这些同学的专业知识掌握程度是不够的，达不到一名合格小学教师的标准。

（5）应试教育的后遗症

素质教育的思想已经深入人心，成为教育界的主流思想。但是很多地区并没有降低对应试教育的强度。特别是西部地区、小县城以及乡镇学校，无论是学生自己、学校、家长和老师，都有着同样的观点，成绩好就能走出大山，就会有出息，成绩就是评价一个学生是否优秀最主要、最具权威的评价标准。[③]在整个社会环境中，人们不管是找工作还是考大学都是

①吴蓉.哥伦比亚大学硕士层次小学融合教育教师培养方案评析［J］.洛阳师范学院学报，2014（10）：128-129.

②马江霞.随班就读自闭症学生同伴关系及其与教师接纳的关系研究［D］.上海：华东师范大学，2019.

③孙薇，郁钰.应试教育与素质教育并非水火不容［J］.中国教育学刊，2016（05）：23-25.

需要考试的，分数仍然是选拔的标准，所有人都在不择手段提高分数。而小学教育专业的师范生每个学期都有期末考试，一部分人学习专业知识只是为了能够通过考试，或者是在平时的课堂上没有认真学习，期末的时候死记硬背应付考试，并没有将专业知识融会贯通或进行练习。

（6）农村小学教师的社会地位不高

小学教育师范生由于职业所赋予的特殊社会属性，被社会大众所监督，严格要求自己，还要工作和生活在偏远艰苦的农村。①第一，教师职业本身就是一种高付出、低回报的职业，但是他们所收获的东西却没有付出的多，严重“收支”不平衡，使小学教师缺乏职业的自豪感和满足感；第二，小学老师不仅要进行主科教学甚至还要兼职副科，工作量大，负担重，但是在整个社会环境中，小学老师并不受重视和关注；第三，教师专业知识的发展需要教育部门给予相应的经费支持，但是偏远的农村学校经费无法得到保障。②以上种种原因使得小学教师这一职业对小学教育师范生的职业吸引力不强，师范生从心理上抗拒成为小学教师，不愿意去学习专业知识。

（7）学校培养目标不明确

培养目标是小学教育专业存在的逻辑起点，各学校学科中有差异，但大体相同。它从小学教师岗位，小学教师职业理念、知识与能力等角度规定了培养的方向。③国家对小学教师的培养目标进行统一的规定，要求培养全科型的小学教师，各学校根据培养目标和自身特点对本专业的课程进行设置，基本上大同小异。部分小学教育师范生对学校培养目标不了解或者

①郝福生.从人性视角来审视乡村小学全科教师的培养问题［J］.教育探索，2017（2）：101—105.

②朱琳.农村小学全科教师教师知识需求的调查研究［D］.重庆：西南大学，2016.

③李美玲.小教本科师范生专业知识建构及其培养的研究［D］.南京：南京师范大学，2014.

是了解的不全面，而对学校培养目标有了解的小学教育师范生，也认为培养目标太宽泛，不具体。所以高校对全科教师人才培养理念的理解和认识不够，导致了培养目标的不清晰、不完善。①

（五）对策研究

（1）优化重组小学教育专业课程内容的设置

师范类专业认证标准要求突破传统学科教育的桎梏，打破课程界限，学习主科教学知识的同时关注副科教学知识，树立大课程观，将理论教育与实践联系起来，建立应用型的课程体系，着重培养全科型的小学教师。在课程设置时应去掉课程内容中陈旧的部分，让课程内容紧跟时代的前沿，不能让学生与社会脱节。②根据《小学教育专业师范生教师职业能力标准（试行）》的要求来进行课程内容的设置，明确培养目标，帮助师范生成为一名合格的人民教师，向“四有”好老师靠齐。

（2）加强学校的基础设施建设与人才引进

第一，无论是理论课教师还是实践课教师，都要注重全科理论体系和实践体系的完整性；第二，授课教师具有在小学授课的教学经验，能够更好地对小学教育师范生进行实践指导，使师范生尽快地适应自己的角色，融入教学和实践；③第三，引进高学历、高水平的教师，提高学校的整体实力与教学水平；第四，加强学校基础设施的建设，为小学教育师范生提供优质的实践地点和练习的场所，使师范生在学校就可以将专业知识融会贯通。

①李丹丹.小学教育全科师范生的教师专业素养的调查研究——以C市为例［D］.成都：四川师范大学，2018.

②刘河燕.基于师范类专业认证的教师教育课程内容改革研究［J］.现代大学教育，2019（4）：24-28.

③李丹丹.小学教育全科师范生的教师专业素养的调查研究——以C市为例［D］.成都：四川师范大学，2018.

（3）为学生提供针对性的学习资源

在学校的学习中，知识资源的提供、学习平台的搭建、学习氛围的营造等，都会对小学教育师范生专业知识的提升产生重要的影响。站在讲台前的人，决定了教育的品质，因此，学校需要提供具有针对性的教育教学资源，丰富师范生的专业知识。[①]增加师范生外出实习、见习的机会，通过参观、听课、交流等方式使师范生的教学知识融会贯通。让学生有机会真正走进教室、站上讲台，面对面与学生交流，了解学生的思维方式，而不是在学校里面对着自己的同学讲课，脱离小学生的思维方式以及心理发展特点讲课。

（4）提高农村小学教师的待遇与专业发展

教师的肩上不仅有着社会责任，还有着家庭责任，教师是家庭的一份子，家庭的生活需要良好的物质保障。教育部门应当为农村小学教师的专业发展和专业知识的提升提供物质保障，吸引优秀师范毕业生去农村小学从教；为年轻教师提供外出学习的机会，使他们的专业知识和专业技能得到提升，从而吸引小学教育师范生考取农村特岗教师。教育部门适当向农村小学倾斜资源，邀请优秀专家教师开展交流会，保障教师的专业知识发展意愿，促进教师专业知识的发展。

（5）师范生应当积极主动地学习专业知识

小学教育师范生要把《小学教师专业标准（试行）》作为基本原则，提高对专业知识学习的积极性和主动性，将“师德为先、学生为本、能力为重、终身学习”作为职业准则。用专业标准严格要求自己，不断学习理论知识，均衡全科发展，优化专业知识结构，努力达到每门课程学习的知

①高玉旭.农村初中教师专业知识现状及问题研究-基于《中学教师专业标准（试行）》[D].大连：辽宁师范大学，2019.

识目标、能力目标以及情感态度价值观目标，迈向专业化道路。[①]作为师范生，我们不仅要学习相关的专业知识，还要掌握基础知识、生活常识和文化知识等，因此，地方师范院校的授课教师要着重唤起师范生的学习意识，引导学生将成为新时代好青年、好老师作为奋斗目标，发挥学生的主体作用，主动学习，全面发展，成为新时代的标杆。

（6）精准培养目标

地方师范院校在培养小学教师时应该明确培养目标，知道要为农村小学培养什么样的教师，要把握农村小学教师的特性，教授小学教育师范生专业知识。小学教育师范生在知识结构和能力结构上要达到全部科目的教学还有很多方面的不足，因此，课程的设置必须精准对应小学教师的培养要求，从胜任各学科到基本能够完成各学科。[②]设置小学教育专业的地方师范院校，必须要根据教育部发布的文件要求来完成培养目标，使小学教育师范生能够掌握主教学科的相关知识，了解兼教学科的相关知识。学校明确培养目标，学生摆正自己的位置，端正学习态度，从而实现小学教育师范生专业知识的高质量发展。

（7）建立学习共同体

有学者认为，所有思想方面和道德方面的学习进程，从根本上都是两个以上主体的对话和交流的过程。[③]为了推动小学教育师范生专业知识的发展，设有小学教育专业的师范院校，可以塑造有利于小学教育师范生发展专业知识的学习环境。在学校中，大部分师范生独来独往，而师范生专业

①赵鑫.专业标准视角下小学教育全科师范生专业知识结构研究——以Q大学为例［D］.西宁：青海师范大学，2018.

②李丹丹.小学教育全科师范生的教师专业素养的调查研究——以C市为例［D］.成都：四川师范大学，2018.

③周南照，赵丽，任友群.教师教育改革与教师专业发展：国际视野与本土实践［M］.上海：华东师范大学出版社，2007：209.

知识的高质量发展，在很大程度上依赖于师范生之间的交流与合作。[①]因此，师范院校可以为师范生建立“学习共同体”，不限制专业，鼓励不同专业的学生参加学习共同体，为学生提供交流的场所和指导教师。不同专业的学生进行交流与对话，对小学教育师范生的益处才会更多，会接触到平时在班级中接触不到的知识。

（六）理论基础研究

教师作为从事教育教学的专业人员，必须具备广博的专业知识，教师专业知识在教师的专业素质中起到基础性的作用。多元智能理论强调了素质教育的重要性，而人的全面发展学说则是素质教育最根本的理论范畴，对教育的高质量发展提供直接的理论指导与方向引领。

1. 多元智能理论

（1）内涵

加德纳认为：“每个人的智力都是由数学、空间、语言、自然、自省、身体运动、人际关系、音乐等智力组成。”[②]多元智能理论认为：“一个人的智商是能够经过后天发展而改变的，纸笔考试过分强调了学生的语言智力和数理逻辑智力，而忽略了其他社会发展中所需的智力，使得一些学生不能运用多层智能协调解决问题，造成了人才的浪费。”[③]这就要求师范生掌握并理解多元智能理论，在走上工作岗位之后，可以很好地挖掘出学生身上的闪光点，对学生展开多样化的教育，推动学生的全面发展。

（2）发展

多元智能理论强调，要利用个体化的培养手段，去发掘学生的优势，

①赵鑫.专业标准视角下小学教育全科师范生专业知识结构研究——以Q大学为例[D].西宁：青海师范大学，2018.

②雷涵琳.多元智能理论对小学教育的启示[D].武汉：华中师范大学，2014.

③杨红秋.高中语文个性化阅读教学初探[D].长春：东北师范大学，2009.

去发挥他们的优势，去克服他们的短处，为每一位学生制定出一套适合他们智力的全面发展的培养方案。[①]在大部分农村小学，只重视主科教学，并没有开发学生的其他才能，教育效果并不乐观，不利于小学生对知识的理解和运用。而多元智能理论能够丰富教学活动，为教学增添活力。因此，小学教育专业的师范生要将多元智能理论应用于小学教育，要注意学生的个别化发展，要实现课堂教学的立体化，要注意教学考核的多样化。多元智能理论要求教师更新智能观念，学会反思，发展“教育性理解”，张扬个性化教学，形成独特的教学风格。[②]王怡怡认为多元智能理论与教学、评价、启示、应用、素质教育等关键词均联系紧密，对我国教学的方方面面产生了影响，推动了素质教育的发展。[③]

在多元化智能理论的教育理念下，小学教师应该将学生作为课堂的主体，以知识为教学的中心，丰富学生的知识量。第一，建立多元化的教学目标，促进学生的身心发展；第二，制定多样化的教学课程，活跃课堂气氛；第三，营造良好的教学氛围；第四，建立合理的学习观念；第五，采取多样化的教学策略。[④]每个人的性格特点和性格特征都存在着一定的差异，小学是学生学习的启蒙时期，为学生今后的学习打下基础，对每位学生都非常重要，因此小学教师应当运用多元化的教学方法，对学生进行合理性的培养，激发学生学习潜能。

大部分农村小学的学生，因为家庭原因、学校原因，起点比城市小学的孩子低。而如今大部分小学教育师范生都将走向乡村师范岗位，这对小

①李翠莉.多元智能理论对小学教育的启示［J］.才智，2016（06）：117.

②展蕾蕾.多元智能理论对教师的要求［J］.现代特殊教育，2005（1）：7-8.

③王怡怡.多元智能理论对我国中小学教学实践的影响研究［D］.西安：陕西师范大学，2019.

④杨奇美.浅析多元智能理论对小学教育的启示［J］.新教育时代，2015（6）：162.

学教师的专业知识有非常高的要求。因此，不管是小学教育的师范生还是小学教师都要努力提升自己的专业知识水平，根据多元智能理论，用多元化的方法教导学生。

2. 人的全面发展学说

（1）内涵

关于人的全面发展的内涵，不同的学者从不同的角度出发得出了不同的结论，如表1-2-6所示：

表1-2-6　人的全面发展学说的内涵

提出者	内涵
顾明远[①]	“人的全面发展，不仅仅意味着身心都得到了充分的发展，还意味着人的身体、智力、精神、兴趣爱好、个性等各项能力都得到了全面的发展”
徐星美[②]	人的全面发展包括个性发展、综合素质、能力发展和谐发展三个方面的内容
赵秉峰[③]	人的全面发展包括人的需要、人的素质和能力、人的社会关系的全面发展
胡　月[④]	人的全面发展是指个人和社会全体成员在各方面的全面和谐发展，它是以人的体力和智力的充分协调发展为基本条件，以人的思想道德素质和科学文化素质为重要内容，以社会文明程度为标志的人的全面而自由发展

①顾明远.终身学习与人的全面发展［J］.北京师范大学学报（社会科学版）2008（6）：5-12.

②徐星美.大学生全面发展的内涵及其诠释［J］.江苏高教，2014（6）：75-78.

③赵秉峰.论马克思人的自由全面发展思想的内涵［J］.理论观察，2018（9）：7-9.

④胡月，胡显强.人的全面发展理论与现代小学教育［J］.教学与管理，2018（3）：23-27.

（2）发展

人的全面发展与现代小学教育的融合，对于促进现代小学教育发展有着积极影响。毛泽东把人的全面发展作为教育的方向，在其文章中明确地提出教育新人必须德智体全面发展。”[①]习近平总书记在一个崭新的理论视角下，使人的全面发展在新时代进入了一个新的阶段，在中国特色社会主义现代化进程中，人的全面发展进入了一个新的阶段，这对于促进经济发展、促进社会进步有着重大的现实意义。[②]在扎实推进共同富裕进程中实现人的全面发展，将成为中国随后30年建设的中心课题。[③]

马克思认为教育应当面向全体学生，每一名学生都是与众不同的，他们的生命存在着无限的可能，一些学生属于“大器晚成”，所以教育工作的开展一定要具有针对性和科学性，教师也要做到因材施教，这样才能承担起教育工作的责任和义务。农村小学的教师大多采取填鸭式的教学方式，在教育活动中没有注重学生综合能力的培养，抑制学生的个性化发展；使学生机械的进行学习，对学习并没有兴趣。“现代小学教育工作要求教育人员一定要抛弃传统化的教育手段，更新自身的教育方式，以培养学生核心素养为目的进行教育活动开展。”[④]

通过高质量经济发展，正确使用科技，激发人的积极性与创造力，使人有足够的时间与空间发展自身。把促进人的全面发展作为社会主义社会发展的最高目标和价值取向，人自由而全面的发展需要社会主义现代化建设与社会主义和谐社会建设，为社会中的每一个成员都创设自由发展的机

①中共中央文献研究室.毛泽东著作选读（下册）［M］.北京：人民出版社，1986：803.

②杨敏.习近平人的全面发展思想探析［J］.科学社会主义，2018（2）：92-96.

③赵笑蕾.在推动共同富裕中促进人的全面发展［J］.兰州学刊，2023（02）：7-8.

④金颖蕾.浅析人的全面发展理论下的现代小学教育［J］.才智，2018（21）：138.

会与条件，使其成为可能。[①]学校开展教育工作要始终以“习近平的人的全面发展学说”为理论指导，把学生作为教育活动的主体，培养德、智、体、美、劳全面发展的社会主义建设者和接班人。

（七）方法工具研究

通过对相关文献的查阅与整理，大多数研究者都使用了文献研究法、问卷调查法和访谈法，但也有研究者运用了其他方法，具体如表1-2-7所示。

由表1-2-7可以看出，研究者大多使用的研究方法都是文献研究法、文献分析法和访谈法，也有研究者使用了课堂观察法、内容分析法、文本分析法等研究方法。而本研究通过对文献的整理与分析，选择了文献法、问卷调查法和SPSS定量分析法。

表1-2-7 研究方法

运用者	方法
汪娜[②]张娟[③]李美玲[④]	文献研究法、问卷调查法和访谈法
高玉旭[⑤]李丹丹[⑥]	文献分析法、问卷调查法和访谈调查法

①陈卓.马克思关于人的全面发展理论及现实意义［J］.现代商贸工业，2023（03）：158.

②汪娜.全科型乡村教师专业知识的现状研究——以安徽省Y县为例［D］.上海：上海师范大学，2021.

③张娟.X市农村小学教师专业素养问题与对策研究［D］.淮北：淮北师范大学，2015.

④李美玲.小教本科师范生专业知识建构及其培养的研究［D］.南京：南京师范大学，2014.

⑤高玉旭.农村初中教师专业知识现状及问题研究——基于《中学教师专业标准（试行）》［D］.大连：辽宁师范大学，2019.

⑥李丹丹.小学教育全科师范生的教师专业素养的调查研究-以C市为例［D］.成都：四川师范大学，2018.

表 1-2-7（续）

运用者	方法
徐　臻[①]	文献分析法、问卷调查法、比较研究法和访谈法
陈　威[②]	文献法、文本分析法、比较研究法、调查法和个案研究法
朱　琳[③]	文献分析法、访谈法、课堂观察法和内容分析法
张　红[④]	社会学的方法、历史法、因素分析法和表格法
李　然[⑤]	文献研究法、文本分析法和访谈法

（八）政策法律研究

在知网中搜索关键词“小学教育”，共有1115条结果，都是国家教育部和地方教育部发布的与小学教育相关的法律法规，近五年内的共68条。搜索关键词“小学教育师范生”，共有71条结果，都是国家教育部和地方教育部发布的与小学教育相关的法律法规，近五年内的共10条。搜索“小学教育师范生专业知识”，共有31条结果，都是国家教育部和地方教育部发布的与小学教育相关的法律法规。

（九）文献评述

通过查阅有关小学教育师范生专业知识发展的相关资料，通过对现有研究的分析，对专业知识的发展提出了许多建议和意见。同时，基于小学教育这一学科的特殊性，学者们对小学教育这一学科提出了许多有益的意见，对小学教育这一学科的发展具有一定的启示意义。但这种研究也有其

①徐臻.小学教育专业（本科）培养方案比较研究［D］.呼和浩特：内蒙古师范大学，2016.

②陈威.“实践取向”小学教育专业课程设置研究［D］.长春：东北师范大学，2013.

③朱琳.农村小学全科教师教师知识需求的调查研究［D］.重庆：西南大学，2016.

④张红.专业化背景下小学教师个人知识的构建［D］.济南：山东师范大学，2008.

⑤李然.师范类专业认证背景下小学教育专业培养方案的文本研究［D］.石家庄：河北师范大学，2020.

局限性。

（1）从研究对象来看，学者们很少关注小学教育师范生和农村小学教师，更多的将关注对象集中于城市教师、新任教师、专家教师、职前职后教师等。此外，大多数研究者对具体学科的小学教师进行了研究，研究结果就带有明显的限制性，难以代表小学全科教师的专业知识现状。

（2）从研究方法来看，大多数学者都是运用文献法、问卷法和访谈法，相比之下很少使用观察法、内容分析法和比较研究法等，这会使小学教育师范生专业知识的研究范围受到限制，还会因为资料没有与时俱进而导致结论的片面化和局限性，从而使理论无法转化为实践。

（3）从研究内容来看，学者们大多将研究的重点集中在学科知识、教育教学知识、小学生发展知识和通识性知识等，还未形成一个关于教师专业知识统一的研究维度，因此，研究结论的准确性和说服力值得推敲。对教育基础、学科素养、信息素养和知识整合等方面的研究较少，甚至是存在研究空白。

（4）从研究结果来看，我国农村小学教师在专业知识方面存在的问题较为明显。因此，非常需要具有权威性的标准作为依据，确定项目维度，对小学教育师范生的专业知识现状进行调查，客观准确地揭示小学教育专业师范生的专业知识发展状况与标准之间的差距。

综上所述，从地方师范院校的实际情况出发，综合考虑小学教育的整体薄弱性、内部差异性及发展的独特性，以《小学教育专业师范生教师职业能力标准（试行）》和《小学教师专业标准（试行）》为标准，将专业知识分为四个维度，编制调查问卷，对小学教育师范生的专业知识现状进行调查研究。

第三节

新时代小学教育专业师范生

教育情怀高质量发展文献研究

一、研究背景

1. 国家要求

兴国必先重教育，重教育必先强教师。教师是教育事业不断发展的根本，对师范生的培养则是教师队伍建设中的一种重要方式，同时也间接地印证了师范生作为教育行业未来主力军的地位。教育部发布的《教师教育振兴行动计划（2018—2022年）》文件中强调了："教师教育是教育事业的工作母机，是提升教育质量的动力源泉。"①进一步明确师范生教育是教师教育职前培养阶段的重要组成部分，其师范生的教育培养质量事关教育事业良好发展。中共中央国务院发布《关于全面深化新时代教师队伍建设改革的意见》（中发［2018］4号）文件中就明确要求培养一批" 教育情怀深厚"的新时代教师。2017年10月，教育部发布《普通高等学校师范类专业认证实施办法（暂行）》的通知中，把"教育情怀"列为认证标准之

①教育部等五部门.教育部等五部门关于印发《教师教育振兴行动计划（2018—2022年）》的通知［EB/OL］.（2018-03-22）［2020-09-19］.htt：//www.moe.gov.cn/srcsite/A10/s7034/201803/t20180323-331063.html.

一。[①]并且，总书记也曾说过，课堂上教师所展现出来的情怀是最能打动学生的，甚至对学生今后的发展决定作用。

教育情怀作为温润教师教育初心的动力之源，有助于支撑教师专业发展、落实立德树人的根本任务。在《教育部关于实施卓越教师培养计划2.0的意见》（教师〔2018〕13号）文件中提出，要培养出具有深厚的教育情怀、教育理念、扎实的专业基础和高水平的专业创新能力的中小学教师队伍。文件明确将教育情怀放在了高素质中小学教师应具备素养的首位。师范生是未来教育事业良好发展的后备大军， 同时师范生的教育情怀对他们将来持久地从事教育行业、并在行业中积极主动工作或者是突出表现都发挥着重要作用。因此，职前培养是教师教育情怀养成的关键阶段，直接影响其后续对教育工作的投入和期待。所以，深入研究师范生的教育情怀培养现状对培养新时代高质量教师队伍具有重大意义。

2. 时代召唤

新时代“好老师”要做到有理想信念、有道德情操、有扎实学识、有仁爱之心。[②]“好老师”是学生学习知识、修身养性、创新思维、报效祖国的引路人，在国家教育事业发展的过程中起到举足轻重的作用。因此，对“好老师”的培养不仅要注重职后培养，更要关注对职前教育中师范生的培养，而教育情怀作为当代师范生培养的重要内容之一，培养师范生的教育情怀，可以帮助他们树立教师应有的教育理想、信念和情操。[③]从而对自身有着更高层次的要求，教育情怀的深度广度决定着教师的育人成效

---

①教育部关于印发《普通高等学校师范类专业认证实施办法（暂行）》的通知［EB/OL］.（2017-10-26）［2021-09-27］.http：//www.moe.gov.cn/srcsite/A10/s7011/201711/t20171106_318535.html.

②习近平.做党和人民满意的好老师——同北京师范大学师生代表座谈时的讲话［J］.中国高等教育，2014（18）：4-7.

③高芳，胡小娜.师范生教育情怀培养的困境与破解［J］.教育评论，2020（11）：120-125.

和生命价值。教师肩负着“传承优秀文明、弘扬爱国主义精神、坚定社会信念”的使命，是学生健全人格、热爱祖国、坚定理想信念的引导者，因而，作为职前教育的师范生更加要注重对自身的培养，使之具备更高的教育技能和崇高的教育情怀。

并且，当前有关师范生教育情怀有关问题的理论研究尚且较少，虽然有关于其人格魅力、专业情意、职业认同等方面的研究，但有关新时代下师范生教育情怀的内涵建构和培育研究不够深入，因此本研究可以丰富相关研究，促进小学教育专业师范生教育情怀高质量的发展。

二、研究意义

进入快速发展的新时代，教师队伍的教学质量决定着国家整体的教育水平，而师范生作为教师队伍的后备力量对其进行培养也有着不可忽视的重要作用。并且，我国正处于内忧外患的情况，首先，从国际层面来看我国当前正处于全球化加剧、局部动荡不安的外部环境中；其次，从国内现状来看，我国当前正处于新的历史方位，完成了全面建成小康社会的宏伟目标，是最接近实现伟大复兴中国梦的新时期。只有教育情怀深厚的教师才能培养出社会主义建设者和接班人，这也就要求我们必须着重对职前教育进行培养，特别是培养师范生的教育情怀的能力，让师范生在高校学习期间不断提高自身专业能力的发展，接受良好教育情怀的熏陶，成为一名有情怀、有温度的引路人，为实现国家教育现代化，建设教育强国做出新的贡献。本研究通过调查分析等方法，力求为师范生教育情怀的能力培养提供一点思考，并针对当前存在的问题提出建议，具有理论和实践意义。

1. 理论意义

（1）有利于“教育情怀”和“师范生教育情怀高质量发展”相关理论的发展

新课改以来国家非常关注师范生的素质发展，总书记曾对教师提出了六个方面的要求："第一，政治要强；第二，情怀要深；第三，思维要新；第四，视野要广；第五，自律要严；第六，人格要正。"[①]在这一重要论述中对教师情怀素养的认识上升到了新的高度，并且国家还出台各项政策促进师范生素质教育的提升，学术领域的研究者也慢慢增多对师范生有关素养方面的研究，高校则是从教学能力、教学态度、人格魅力、道德品行、情感态度等不同角度去培养师范生。本研究将从师范生的教育情怀层面进行深入研究，丰富了小学教育专业师范生的研究内容。并且专门通过对师范生教育情怀进行概念框架的构建与对小学教育专业师范生涵养教育情怀能力缺失等问题提出培养意见和对策，使研究更具可行性和针对性。

（2）有利于丰富培养师范生队伍相关策略的发展

新时代如何提升小学教育专业师范生涵养教育情怀能力，打造一支高质量的师资后备军成为国家和社会着重关注的问题。本文试图从"教育情怀"的角度出发，提出师范生培养策略，为教师队伍立德树人工作提出实践性的帮助。

2. 实践意义

（1）有助于实现"立德树人"的目标

将教育情怀与小学教育专业师范生专业发展相联系，在进行相关理论探究的同时，结合小学教育专业的特殊性，研究促进师范生教育情怀能力的方法和策略，研究小学教育专业师范生涵养教育情怀能力促进师范生在教育岗位上实现立德树人目标的情况，继而推动教育事业的蓬勃发展。

（2）有助于小学教育专业师范生教育队伍教育能力的培养与实践

---

①习近平主持召开学校思想政治理论课教师座谈会强调：用新时代中国特色社会主义思想铸魂育人贯彻党的教育方针落实立德树人根本任务［N］.人民日报，2019-03-19（1）.

本文以教育情怀为出发点，为培养小学教育专业师范生涵养教育情怀的能力提出具有操作性且切实可行的方法与策略。在过去很长的一段时间里，国家和大部分学者对于师范生的培养重点都放在了他们的教学技能与教育能力的把握上，很少关注师范生有关教师师德、情感和人格的塑造。因此，本文试图提出有利于国家、社会以及高校注重对师范生教育情怀培养的相关策略，进而打造高质量的教师队伍，为国家教育事业做贡献。

三、文献年份与主题研究

为了了解我国新时代小学教育专业师范生教育情怀能力高质量发展研究现状。基于“万方数据库”共搜索到的文献分布如图1-3所示。搜索时间主要为2000—2022年，并且将学科界限限定在“文化、科学、教育、体育”一栏，分别搜索了主要关键词“教育情怀”“情怀能力”和“高质量发展”的期刊类文献和学位论文文献，以此缩小关键词的使用范围，提高了搜索和引用相关文献的质量和数量。通过以上限定，搜索出含有“教育情怀”的期刊类文献有14132篇，学位论文1697篇，重复上述操作，“情怀能力”和“高质量发展”的期刊类文献分别为3528篇和8222篇，学位论文分别为758篇和5660篇。

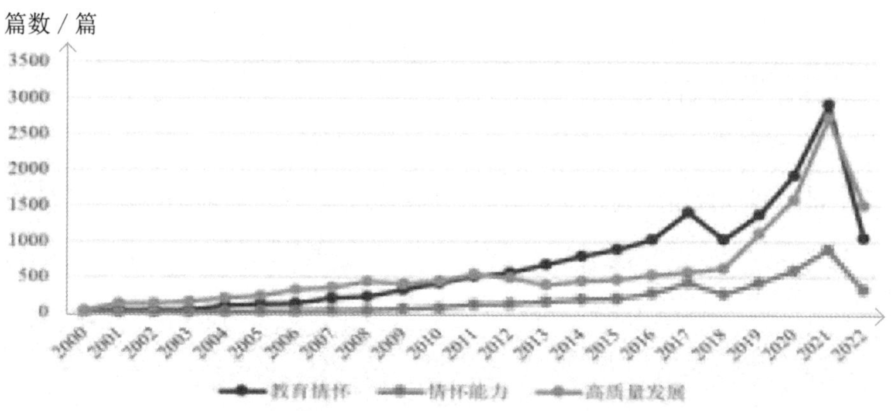

图1-3-1　新时代小学教育专业师范生教育情怀高质量发展研究文献年份分布

从图1-3-1可知，“教育情怀”“情怀能力”“高质量发展”这三个关键词相应的期刊和文献数量在2000—2022年间整体上呈上升趋势，特别是在2021年涨幅是最明显的。“高质量发展”一词最初多用来形容经济领域的高质量发展，关于教育领域的文献是非常少的，在2000—2010年以及2012—2015年相关文献资料每年不超过500篇甚至低于100篇，但是在2017年以及2021年习近平总书记多次强调“高质量发展”一词后，诸多学者开始探讨关于教育领域的高质量发展的现状，尤其在2020年十九届五中全会首次提出关于教育领域的“高质量发展”相关概念后，与教育领域高质量发展的相关研究逐步上升，在2021年达到2800篇左右；其次，“教育情怀”“情怀能力”在2000—2016年之间相关文献资料都在500篇以下，但自从2018年国家提出要培养一批“教育情怀深厚的教师”以来，相关领域的研究逐年增多，并且近年来教育部更是把“教育情怀”作为毕业要求之一，这体现了国家和社会对教师自身情怀能力的重视，并且对教师队伍的建设和能力要求越来越高。综上，有关教师“教育情怀”的相关文件和文献资料也逐渐完善和增多，本研究也紧跟时代步伐，根据以上相关文献以及教育部关于涵养教育情怀提出的相关要求对兴义民族师范学院的师范生的教育情怀能力发展现状进行调查研究。

四、概念研究

1. 新时代

随着我国经济快速增长，改革开放的进程也在不断加快，社会主义道路的优越性也就逐渐显现在了大众面前，很好地推动了我国各项领域的发展，并取得了极大的成果。总书记在十九大报告中明确提出：“经过长期努力，中国特色社会主义进入新时代，这是我国发展新的历史方位。”[①]并对“新时代”这一概念进行了界定，把我国社会主要矛盾变化之后的时期确定为“新时期”，我国也由此正式进入新时代。总体而言，新时代的“新”主要体现的是我国全体人民的生活质量和生活水平都得到了新的跨越、我国政治经济等综合国力在原来的基础上迈向了新的台阶、我国影响力逐渐提升并不断带领世界各国发展新的潮流等等这些方面，这一决策不仅仅只是对我国过去的发展进行阶段性的总结，也意味着我国由此进入了一个新的历史方位，同时这也预示着我国进入新时代以后将对各项领域的发展提出更高更严格的要求。

进入新时代，国家对教育事业的发展要求有了新变化，家长也不再认同以前传统的教育方式与教育资源，越来越重视对子女的培养，对教师队伍的个人道德素质、教学技能和教育情怀提出了更高的要求。进入新时代我们必须要交出新的答卷。

2. 教育情怀

“情怀”在《现代汉语词典》中指的是“含有某种感情的心境”，[②]在《现代汉语大词典》指的是心情和胸怀，[③]根据大多数学者的研究来看，情怀它是一种内心稳定的心境和持续的情感倾向，是一种追求生命品质与陶冶内心世界的精神动力。而“教育情怀”是指教育者在教育系统的基础上对教育事业方面所产生的情感倾向。然而，现阶段学者们对“教育情怀”的定义仍然存在很多争论以及不同的观点，并没有进行一个统一的定论，本研究总结现有研究成果并基于对教育情怀的浅层理解上将教育情怀具体

①习近平谈治国理政（第三卷）［M］.北京：外文出版社，2020：8.

②中国社会科学院语言研究所词典编辑室.现代汉语词典［M］.北京：商务印书馆，2002.1035.

③阮智富，郭忠新编著.现代汉语大词典（下）［M］.上海：上海辞书出版社，2009.1622.

分为两大类：第一类是将教育者的教育情怀视为一种独特的精神状态，它代表着一种较高层次的生存境界以及对人生价值的长远追求，这一类研究学者他们更加注重对教育情怀所产生的宏大精神方面的探讨。如学者刘炎欣和罗昱他们就从哲学角度思考并对教育情怀的本体进行探讨。①第二类则是认为教育者的教育情怀是在教学过程以及日常生活中所表现出来心境、情感及三观的集中展现。例如学者杨旭则认为教育情怀是教育者核心素养意识形态形成的重要基础之一，也就是在教育实践中流露出的人生观、世界观以及价值观。②即教育情怀是教育者在实践活动过程中所产生情感的积累，是教育者对教育事业的热爱、认同以及无法割舍的情感。

综上，可以发现教育者的教育情怀不仅指的是他在教学活动过程中所反映出来的情感表达和心理状态，还可以用来描述他对教学理念的追求与坚守，以及对教育事业的深情和无私奉献，更是他对自身意义的不断探索和人生境界的不断提升。本研究教育情怀指教师在教育教学实践过程中所主动塑造或外在培育的一种情感倾向与品质，包括教师对自身价值的追求、对学生无私的爱与奉献以及对教育事业的热爱等。

3. 师范生教育情怀

在文件《中学教育专业认证标准（第二级）》中对师范生提出了具体的毕业要求，其中“践行师德”就包括了“师德规范”和“教育情怀”两项内容，其中有关“教育情怀”的内容是这样描述的：“具有从教意愿，认同教师工作的意义和专业性，具有积极的情感、端正的态度、正确的价值观。具有人文底蕴和科学精神，尊重学生人格，富有爱心、责任心，工

①刘炎欣，罗昱.教育情怀的哲学思考与内蕴阐释［J］.教育探索，2019（01）：5-8.

②杨旭.中小学教师教育情怀的培养［J］.西部素质教育，2019，5（06）：115-116.

作细心、耐心，做学生锤炼品格、学习知识、创新思维、奉献祖国的引路人。”①从其中就能看出“教育情怀”它是每一位教育者必须具备的基本教学素养，是在教育教学活动过程中的重要组成部分之一。

然而，师范生和在职教育者的教育情怀内涵上还是有所区别的，师范生会将教育情怀理解为一种专业素养或者精神信仰，涉及教师的师德、教学能力、专业态度、理想信仰、热情激情和内部动力等内涵。基于教育情怀的内涵，王秋实提出师范生教育情怀内涵包括“道德规范、从教意愿、乐于教研、仁爱之心”四个维度。②这些内涵描述具有相对的稳定性，都与教育专业密切相关，且属于个体的心理感受。由此可知，师范生的教育情怀是一种比较持久、执着的专业心境。当然，教育情怀也不能等同于教师的情感，因为教师的教育情怀所能表达出来的情感体验、心理境况以及温润心灵等方面的人文质感和意蕴都是基于他们在持久的教育教学实践过程中积累和沉淀出来的教学情感。换句话说，师范生的教育情怀不是与生俱来的，而是后天养成的，是一种不断提升人生境界的追求，是随着他们的教育实践而不断丰富，是一种对特定领域或特定教育事业的特殊感情。

因此，本研究中的师范生教育情怀是指在高校学习的师范生，在大学生活和学习互动中产生的对教师职业的认同感与归属感，以及为了教育而忘我奋斗、无私奉献的精神，对教育的认同情感、热爱情感以及坚守情感，表现为主观上的从教意愿和专业发展愿景，并有为之付出教育行动的意向。

4. 高质量发展

在文件《中国教育现代化2035》中明确提出要发展具有中国特色的、

---

①教育部，关于印发《普通高等学校师范类专业认证实施办法（暂行）》的通知，附件1：中学教育专业认证标准，2017年10月26日.

②王秋实.师范专业认证视角下的师范生教育情怀的培养路径［J］.教育研究，2019（10）：73-74.

达到世界先进水平的优质教育，推动各级教育高水平高质量普及，[①]十九大报告中也曾明确指出，我国经济已由高速增长阶段转向高质量发展阶段，[②]高质量发展现如今已经成为新时代我国特色社会主义事业发展的重要阶段性特点和目标。这些观点和政策刷新了人们关于发展的认知，随即就有很多学者对“高质量发展”这一概念的内涵进行了多方面的阐述。如有研究者认为“高质量发展”是一个复合型概念，是“高质量”+“发展”的偏正结构，其中“高质量”是对“发展”方式和动力机制的限制，从这个意义上说，高质量发展是一种发展理念；[③]李政涛将高质量发展阶段的核心内涵概括为“四化”，即实现基础教育现代化、构建德智体美劳全面培养的教育体系；树立科学的教育质量观；创建公平而有质量的教育生态；[④]任保平、王一鸣等学者则认为高质量发展是在宏观层面上研究国民经济的整体质量和效率的发展现状，它包括“经济增长质量、公共服务质量、高等教育质量等方面的发展。”[⑤]王彩霞则认为“高质量发展，就是能够很好地满足人民日益增长的美好生活需要，全面体现和落实创新、协调、绿色、开放、共享的发展理念，使产品服务质量得到普遍提升、社会经济效益更加优良。”[⑥]

通过以上部分研究可以看出，学者们对高质量发展的概念定义并不仅仅只是局限于其中任何一个维度，而是从多个维度进行思考与探讨，最

①中共中央国务院印发《中国教育现代化2035》[N].人民日报，2019-02-24.

②习近平.决胜全面建成小康社会夺取新时代中国特色社会主义伟大胜利——在中国共产党第十九次全国代表大会上的报告[N].人民日报，2017-10-28.

③黄洪兰，姚玉香.质量革命：新时代高等教育高质量发展的战略[J].现代教育管理，2020(12).

④李政涛.“五育融合”推动基础教育高质量发展[J].人民教育，2020(20).

⑤任保平.新时代高质量发展的政治经济学理论逻辑及其现实性[J].人文杂志，2018(2)：27.

⑥王彩霞.新时代高质量发展的理论要义与实践路径[J].生产力研究，2018(10)：20.

终综合起来定义的。从广义来说，高质量发展就是以新发展理念为主要指导，顺应社会主要矛盾的转变，满足人民对美好生活需求的发展，它涵盖了经济、社会、生态等领域，不仅包括经济领域的高质量发展，还包括社会、文化、生态、国家治理等领域高质量发展。从狭义上来说，高质量发展既强调提质增效，又重视变革。

总之，本文在结合相关文献资料以及此次课题的研究方向，认为高质量发展是基于《小学教育专业师范生职业能力标准（试行）》中提出的关于小学教育专业师范生教育情怀的要求，分别从认同之感、热爱之情、坚守之志三个方面进行研究，并且结合现代化发展的需要，尊重和发挥学生个性差异，高质、高量、高效地加强人才培养，使高校对师范生教育情怀的培养朝着更加合理、科学的方向迈进，使师范生教育情怀得到普遍的提升。

五、内涵框架研究

关于教育情怀的内涵框架研究，学者们研究的维度也是各具特色，本研究通过对以下几位学者的研究发现（见表1-3-1），他们对教育情怀的内涵框架的维度主要是从一开始教育者对教育事业浅层的热爱、理解之情等，随着时代的发展对于教师教育情怀的要求不断提高，从而逐步加深为教师将教育情怀内化为自身的动力，并且将教育情怀融入到教学中。

表1-3-1 内涵框架研究

提出者	时间	维度
侯小兵①	2012年	教育者对教育事业产生的心境和情感依附，反映了教师对于教育的理解、热爱、忠诚和信念程度，体现为主观上的从教意愿

①侯小兵，张学敏．教师专业发展模型及其实践价值［J］.当代教师教育，2012，5（01）：6-10.

表 1-3-1（续）

提出者	时间	维度
肖凤翔①	2018年	教书育人家国情怀、教育志业人格尊严、学术诚信的自由存在、至善教育的大爱之情。
张捷树②	2019年	立德树人的家国情怀、爱岗敬业的教育情怀、高尚廉洁的教师德性。
王秋实③	2019年	道德规范、从教意愿、乐于教研、仁爱之心。
刘炎欣④	2019年	忠诚教育事业的情怀、厚德仁爱的情怀、教书育人的情怀、为人师表的情怀。
谭　杰⑤	2020年	专业课程、课堂教学、实践教学全方位、一体化的育人模式。
胡　娇⑥	2021年	从教意愿、通识素养、职业责任、了解学生。
张安义⑦	2021年	教育的挚爱、教育信念、教育理想。
文　芳⑧	2021年	教书育人的情怀、为人师表的情怀、关爱学生的情怀、做好老师的情怀。

注：以上的研究维度均是该研究者自编的有关教育情怀的问卷和量表。

由此可知，随着国家“立德树人”教育任务的不断深化，社会上对教

①肖凤翔，张明雪.教育情怀：现代教师的核心素养［J］.河北师范大学学报（教育科学版），2018，20（05）：97-102.

②张捷树.新时代德育课教师的教育情怀及其升华路径［J］.青岛职业技术学院学报，2019，32（06）：55-60.

③王秋实.师范专业认证视角下的师范生教育情怀的培养路径［J］.教育研究，2019（10）：73-74.

④刘炎欣，罗昱.教育情怀的哲学思考与内蕴阐释［J］.教育探索，2019，（01）：5-8.

⑤谭杰，高德朋.师范类专业认证背景下课程思政教育教学的研究与实践——以历史教学为例［J］.佳木斯大学社会科学学报，2020（3）：195-197.

⑥胡娇，谢伟强，徐金玲.小学教育专业公费师范生的乡村教育情怀：结构、水平与类型［J］.惠州学院学报，2021，41（02）：12-17.

⑦张安义，胡雪飞.教学引领·教育情怀·教育知识·教学能力——思政课教师提高教学素养策略管窥［J］. 中学政治教学参考，2021，（01）：70-73+3.

⑧文芳，吴德勤，李玲，钟婷婷.小学教师教育情怀的校本培养路径［J］.教育科学论坛，2021，（07）：65-67.

师的道德水平要求逐渐提高，随即越来越多的学者将目光放在了职前教育师范生教育情怀的培养上，教育部更是把“教育情怀”作为师范生毕业的要求之一，可见师范生教育情怀的发展水平受到多方面的重视。所以，作为预备教师的师范生不仅要掌握好专业的教学知识和教育技能，更要提高自己的教育情怀能力，努力做一个有温度的教师。

六、影响因素研究

随着时代的发展和国家相关政策的出台，越来越多的学者开始重视师范生教育情怀的培养和发展，并且开始对其相关内容进行了深入的研究，但是现实中师范生的教育情怀的掌握情况和实施效果依然不容乐观，存在了不同程度的问题与困难。本研究从以下几位研究者及相关文献研究中找到了一些关于培养师范生教育情怀和妨碍师范生教育情怀发展的因素。见表1-3-2所示。

表1-3-2　影响因素分析

提出者	时间	主要内容
刘炎欣①	2018年	1. 文化熏陶程度　2. 教育实践　3. 缺少在实践场所的检验。
黄灿楼②	2020年	1. 国家政策落实不到位　2. 社会资源利用不充分　3. 学校教师管理不规范　4. 教师自我教育不自觉。
吴皖赣③	2021年	1. 教育主体间对教师职业的认识存在差异　2. 中学职业启蒙教育的缺失与职责缺位　3. 高校价值观塑造与职业理想教育效果不显著。

①刘炎欣，王向东.论教育情怀的生成机制和升华路径——基于文化存在论教育学的视角分析［J］.中国人民大学教育学刊，2018（2）：130-142.

②黄灿楼.中学思想政治理论课教师情怀的提升研究［D］.长沙：湖南大学，2020.

③吴皖赣.育人共同体视角下的师范生教育情怀培育研究［J］.合肥师范学院学报，2021，39（01）：117-120.

表 1-3-2（续）

提出者	时间	主要内容
文　芳[①]	2021年	1. 相关培训课程开设不足，教育理解难以深入 2. 教师注重教育知识和教学能力，忽视教育情怀养成 3. 年轻教师职业认同较低，教育情怀培养基础欠缺
程翠萍[②]	2021年	1. 政策环境 2. 工作单位 3. 教学对象 4. 教师个体
程翠萍[③]	2022年	1. 未来的工作学校 2. 培养对象 3. 师范生本人 4. 社会政策
胡青平[④]	2022年	1. 学生自身的性别、兴趣和学业成绩等 2. 学校层面。学校的重视程度、教育情怀的表现性评价力度以及教育实习过程中教育情怀的实践情况等 3. 家庭层面。家庭环境、父母择业观、家庭榜样引领等 4. 社会层面。教师社会地位与福利待遇、发展前景等
吴皖赣[⑤]	2022年	1. 目标遮蔽：以填补师资短缺现实需求为重，轻教育情怀培育 2. 进程割裂：以高校课程育人为主，缺少实践强化与融通 3. 评价单一：以知识技能考核为主
曾建军[⑥]	2022年	1. 针对特定区域的教师教育情怀内涵挖掘不足 2. 对师范生教育情怀养成教育规律把握不足 3. 缺乏协同合力的教育情怀养成教育
岑宁[⑦]	2022年	1. 职业意义感缺失动摇从教决心 2. 自主动机缺乏导致专业学习被动 3. 消极自我概念加剧行动不确定性 4. 积极环境创设不足影响从教信心

①文芳，吴德勤，李玲，钟婷婷.小学教师教育情怀的校本培养路径［J］.教育科学论坛，2021（07）：65-67.

②程翠萍，朱小蝶.何以安心从教：师范生教育情怀的影响因素［J］.重庆第二师范学院学报，2021，34（5）：83-86，93.

③程翠萍.师范生教育情怀的内涵与结构：基于开放式调查的内容分析［J］.重庆第二师范学院学报，2022，35（3）：122-126.

④胡青平，吴婷，安欣然，徐建国.影响师范类专业教育情怀养成情况的因素分析［J］.吕梁学院学报，2022，12（2）：40-42.

⑤吴皖赣，闫龙，张承梅."U-G-S"协作培育师范生教育情怀：现实困境、生成逻辑与实践进路［J］.成都师范学院学报，2022，38（4）：57-62.

⑥曾建军，周晓燕，胡文海.课程思政视域下师范生教育情怀培养研究——以生物科学（师范类）为例［J］.教育观察，2022，11（05）：45-48.

⑦岑宁.高职学前师范生教育情怀培育的挑战与策略——基于积极心理学视角［J］.陕西学前师范学院学报，2022，38（01）：86-93+119.

根据上述文献研究来看，主要影响师范生教育情怀发展的因素是：一是在教育目标的走向上都明确论述了师范生的培养目标和方向，但在教学活动中没有很好地实施这些具体方法和措施，对师范生的培养落实不到位；二是多数学者认为培养教育者的教育情怀是一种贯穿自身认知与行动全过程的教学行为，若仅仅只是以传统方式的讲授形式向学生传递教育情怀的知识，效果注定是不显著的，必须要与实践相结合进行培养，在环境熏陶和亲身感悟的过程中产生；最后，师范生教育情怀的养成不仅仅需要高校做出努力，还需要社会、国家以及各中小学做出配合，协同培养。总之，外界因素和自身内在因素是影响师范生教育情怀培养和发展的两大主要因素。

七、对策研究

通过知网、维普等渠道收集大量的相关资料，阅读并整理出已有研究者的相关理论著作，罗列出与之相对应的对策和观点，具体情况如表1-3-3所示。

根据以上文献研究发现，国内关于教育情怀高质量发展的对策大致有三方面：一是从教育者的层面出发，教育者应该具有提升自身教育情怀的主观能动性；二是从学校的层面出发，学校应该开发相关的校本课程，优化工作任务和教学条件，创设和谐的工作氛围，建设丰富的校园文化，培养教师向善道德品质和教育情怀；三从国家层面出发，国家应多注重对教师队伍的权益保障制度，并且拓展更多有关教师情怀提升的平台和资源。

综上，教师教育情怀能力的培养受到社会政策、工作学校、培养对象、师范生自身人格特质等相关因素影响。只有理清了这些影响因素和教育情怀的心理结构成分，才能为提出师范生教育情怀高质量发展的策略提供相对明确的研究方向。

表1-3-3 对策研究

提出者	时间	主要内容
高汝伟①	2018年	1. 体察爱与责任 2. 激发求知与创造的信念 3. 理解崇高
刘炎欣②	2018年	1. 扎根教育沃土，培养实践情怀 2. 立足理论建构，形成理性情怀 3. 确立专业信念，培植专业情怀 4. 提升教育境界，养成行动情怀
韩延伦③	2018年	1. “尊师重教”是教师教育情怀生成的文化资源和心理环境 2. 教育情怀的培育需要教师自育自建的主体自觉 3. 教育情怀教育是教师队伍建设的根本任务和重要内容
黄灿楼④	2020年	1. 推进师德师风建设，培养教师情怀内在的优良品质 2. 完善教师评价激励制度，提高砥砺情怀的积极性 3. 发挥教师提升自身情怀的主观能动性 4. 培育尊师重教的社会风气，营造教师情怀养成的良好氛围
张克龙⑤	2020年	1. 爱心驱动 2. 课堂驱动 3. 文化驱动
吴皖赣⑥	2021年	1. 整体布局多方协同开展教育情怀培育 2. 明确师范生不同成长阶段育人主体的职责 3. 发挥“关键他人”在关键时期的引领作用
黄 冕⑦	2021年	1. 课程方面：开发校本课程，增强师范生的职业认同 2. 实践方面：拓宽见习实习的价值，通过具身感知与实践积累经验 3. 个体方面：因材施教，根据师范生的情况进行有针对性的引导

①高汝伟.基于苏霍姆林斯基情感教育观的师范生乡村教育情怀培育［J］.中学政治教学参考，2018（33）：93-96.

②刘炎欣，王向东.论教育情怀的生成机制和升华路径——基于文化存在论教育学的视角分析［J］.中国人民大学教育学刊，2018，（02）：130-142.

③韩延伦，刘若谷.教育情怀：教师德性自觉与职业坚守［J］.教育研究，2018（5）：83-92.

④黄灿楼.中学思想政治理论课教师情怀的提升研究［D］.长沙：湖南大学，2020.

⑤张克龙，苏香妹.基于教师“心怀·胸怀·情怀”提升的学校管理策略［J］.现代中小学教育，2020（1）：82-86.

⑥吴皖赣.育人共同体视角下的师范生教育情怀培育研究［J］.合肥师范学院学报，2021，39（01）：117-120.

⑦黄冕，徐弛.高职师范生教育情怀培育路径研究——基于具身认知理论的视角［J］.大视野，2021（01）：35-38，51.

表 1-3-3（续）

提出者	时间	主要内容
杜德栎[①]	2021年	1. 显性课程奠基 2. 隐性课程铸魂 3. 实践课程内化 4. 省思研修创新
程翠萍[②]	2021年	1. 提高教师薪资待遇和社会认可度，树立师德楷模典范 2. 优化工作任务和教学条件，创设和谐的工作氛围 3. 培养学生良好的学习态度，加强师生间情感沟通 4. 提升师范生的专业能力和职业信念
卢锦珍[③]	2022年	1. 以知导情：正确教育观念催生教育情怀 2. 以境濡情：良好人文环境陶冶高尚情操 3. 以情启情：积极情感导引相应强烈情感 4. 以行促情：实践体验强化教育职业自豪
张 荣[④]	2022年	1. 开发校本课程，增强师范生的教师职业认同和乡土情怀 2. 拓展见习实习价值，通过师范生自身感知和实践丰富情感体验 3. 建设丰富的校园文化，培养师范生向善道德品质和人文情怀 4. 鼓励中小学教师积极参与师范生实习指导

八、理论基础研究

师范生教育是教师教育情怀养成的关键阶段，直接影响其后续对教育工作的投入和期待，其教育质量关系着基础教育的质量，并且师范生的教育情怀对他们将来从事教育行业、积极主动工作或者学习都发挥着极其重要的作用。

①杜德栎，王赢利，刘义民.师范生教育情怀养成路径的探索与实践［J］.嘉应学院学报，2021，39（2）：76-79.

②程翠萍，朱小蝶.何以安心从教：师范生教育情怀的影响因素［J］.重庆第二师范学院学报，2021，34（5）：83-86，93.

③卢锦珍.师范生教育情怀培育的逻辑起点与路径遵循［J］.高教论坛，2022（3）：71-74.

④张荣，胡巧红，安宁.地方院校师范生教育情怀培育［J］.中学政治教学参考，2022（7）：63-65.

1. 新时代师范生涵养教育情怀能力必要性研究

我国学者对教育情怀的理解有以下看法，吴皖赣（2020）指出“教育情怀是教育工作者对教育的理解，对教育事业产生的职业情感、价值取向和具体的教育行为，以及执着于教书育人的精神品质。”[①]刘庆昌（2017）认为随着学生发展的核心素养教育理念的传播和实践的展开，教师教育情怀应该被提到重要位置，且应该包含关怀、同情、启蒙、解放和成全等五个方面。[②]马云鹏（2020）指出教师情怀是教师专业精神的重要标准，教师教育情怀对教师完成立德树人任务不可或缺。[③]齐学红（2017）从班主任教育情怀的生活史叙事研究指出：“教育情怀的诞生是一个教师终生修炼的过程及结果。”[④]学者们的概述都阐明了教师教育情怀的重要性，但是随着社会主义经济的快速发展，少部分教师师德缺失的问题逐渐发生引起了社会的广泛关注，他们丧失了教师德性的光辉，其负面影响引起了社会对教师队伍素质的质疑。

综上，结合现当代已有研究基础以及社会当下存在的问题来看，教师的教育情怀并不单单是指教师个人存在的某一种情感，而是包括了教师对国家、社会、学校、同事以及对学生的态度等多种复合情感，无论是面向哪一个教育群体，研究者均认为对教育者教育情怀能力的培养是不可或缺的，对职前教育师范生的培养亦是如此，师范生教育情怀的良好养成是国家教育高质量发展的助推剂。

---

①吴皖赣.学前教育专业师范生教育情怀培育：内涵、价值与策略［J］.成都师范学院学报，2020，36（6）：21-26.

②刘庆昌.核心素养教育呼唤教师的教育情怀［J］.课程教学研究，2017（11）：4-6.

③马云鹏.小学教师的教育情怀［J］.小学教学（数学版），2020（11）：1.

④齐学红.班主任的教育情怀从何而来——基于教师生活史的叙事探究［J］.班主任，2017（01）：5-8.

2. 师范生教育情怀能力基础理论研究

笔者将“师范生教育情怀”在知网搜索发现大约只有200篇文献，由于“情怀”是比较中国化的词，且“教育情怀”这个概念近十几年来才被提及，所以关于师范生教育情怀这个主体的文献十分有限，关于师范生教育情怀的文献更是少之又少，与此相似的教师情感、师德为主题的文献较多。

从国内的研究来看，张伟（2010）曾提出：“教师发展的专业情怀是指中小学教师立足职业奉献的价值情怀，在创造中享受职业快乐的幸福情怀，与学生互助合作、共同进步的成长情怀。三者共同支撑着中小学教师的发展。”①刘文英（2018）提出：“师范生教育情怀应包括认同感、责任感和使命感、服务意识和奉献精神及关心学生等内涵，并从招生、培训及待遇等方面提出策略。”②高汝伟（2018）在对苏霍姆林斯基教育理论反思基础上提出：“要重视师范生对乡村教育道德感、理智感及审美感等综合教育情怀的培育。”③而国外学者也对教育情怀方面有相关的研究，Ninetta Santoro等学者（2012）进行了一项研究，调查结果表明职前教师从上一辈教师中学习到的经验可以激发他们对教学工作的热忱，使他们将教学看成是一项终身性的工作，从而对教育产生更深切的情怀。④PatriciaH Phelps和TammyR Benson（2012）介绍了一项研究的结果，其中包括对13位校长认为具有职业情怀的教师进行访谈，旨在描述对

①张伟.中小学教师专业发展的生命情怀［J］.上海教育科研，2010（2）：44-45.

②刘文英.核心素养背景下的师范生农村教育情怀培养策略［J］.创新创业理论研究与实践，2018，1（08）：56-57.

③高汝伟.基于苏霍姆林斯基情感教育观的师范生乡村教育情怀培育［J］.中学政治教学参考，2018（33）：93-96.

④Ninetta Santoro，Marilyn Pietsch，Tracey Borg. The passion of teaching: learning from an older generation of teachers［J］. Journal of Education for Teaching，2012，38（5）：585-595.

教师职业热忱的老师之间的共同点，找出在教师候选人中灌输类似激情的方法，鼓励教师教育者保持和塑造热情。①

综上，从当下教育情怀的研究现状来看，有关于师范生教育情怀的研究整体来说是比较少的，并且大多数学者以经验总结和概念分析为主要研究方向，从而缺乏对教育情怀系统的研究，尤其是对师范生教育情怀的研究更加匮乏。

九、方法工具研究

通过对大量文献的阅读和整理，发现大部分学者都采用了文献研究法、访谈法、问卷调查法等，如表1-3-4所示，通过运用这些研究方法来分析问题，结合现状提出问题所在和问题产生的原因，最后在此基础上提出改进的意见和解决的对策。

综上所述，本研究结合以上几位研究者所用的研究方法进行思考，最终确定本研究所用的方法为：文献研究法、问卷调查法、访谈法以及SPSS定量分析法。通过分析师范生教育情怀发展的现状，结合现状提出问题所在和问题产生的原因，最后在此基础上提出改进意见和解决对策。

表1-3-4　方法工具研究

应用者	时间	方法
韩　玉②	2010年	文献分析法、问卷调查法、访谈法
叶泽来③	2010年	文献研究法、调查研究法、观察法

①PatriciaH. Phelps, TammyR. Benson. Teachers With a Passion for the Profession［J］. Action in Teacher Education, 2012, 34（1）: 65-76.

②韩玉.德育的关怀：迈向教师的意义世界［D］.重庆：西南大学，2010.

③叶泽来.中小学教师职业道德建设机制研究［D］.重庆：重庆师范大学，2010.

表 1-3-4（续）

应用者	时间	方法
陈　星①	2017年	文献法、问卷调查法、访谈法
张敏敏②	2018年	文献法、问卷调查法、访谈法、统计分析研究法
李雪玲③	2019年	文献法、问卷调查法、访谈法
柯　焱④	2020年	文献研究法、定性分析法、观察分析法
陆德梅⑤	2020年	文献研究法、问卷调查法、访谈法、调查研究法
胡　绪⑥	2021年	文献研究法、问卷调查法、专家咨询法、访谈法
赵　洁⑦	2021年	文献研究法、定量分析法、定性分析法、交叉研究法
李淑惠⑧	2021年	文献研究法、问卷调查法、访谈法、观察法、比较研究法
朱晓彤⑨	2022年	文献分析法、问卷调查法

十、政策法律研究

为了响应总书记关于厚植教师情怀的重要指示精神，也为了我国教育事业能得到持续高质量的发展，教育部等多个部门出台了各种关于培养教师队伍的政策，如表1-3-5就列举了部分国家发布的文件，文件从多层次明确了教育情怀对新时代教师重要程度和实践向度，对提升教师的教育情怀

①陈星.应用型高校产教融合动力研究［D］.重庆：西南大学，2017.

②张敏敏.高中思想政治教师教学素养提升研究［D］.徐州：江苏师范大学，2018.

③李雪玲.卓越教师培养背景下高师小学教育专业教师教育课程改革研究［D］.南充：西华师范大学，2019.

④柯焱.新时代教师情怀与高中思政课亲和力提升研究［D］.南昌：江西科技师范大学，2020.

⑤陆德梅.产出导向下学前教育师范生的师德培养研究［D］.南宁：南宁师范大学，2020.

⑥胡绪.教师一般育人能力及其发展研究［D］.重庆：西南大学，2021.

⑦赵洁.习近平“立德树人”教育观研究［D］.乌鲁木齐：新疆师范大学，2021.

⑧李淑惠.内蒙古普通本科院校通识课程育人现状及对策研究［D］.包头：内蒙古科技大学包头师范学院，2021.

⑨朱晓彤.高校思想政治理论课教师师德存在的问题及应对策略研究［D］.天津：天津师范大学，2022.

提出了具体要求，也明确了师范生培养和努力的方向，由此教育情怀上升为国家政策导向下教师能力的关键素养。

总之，在新时代背景与相关政策的导向下，我国教师队伍建设需要从关注教师外部物质条件支持转向对激发教师内部生动力的强调为主要内容。作为未来教师的师范生同样应该厚植教育情怀，高校要培养造就大量具有深厚教育情怀、扎实专业基础的高素质专业化的职前教师，乃至成为创新型中小学教师。本文以教育情怀作为研究切入也是基于对时代发展与国家政策的积极响应与思考。

表1-3-5 政策法规研究

文件	时间	主要内容
《普通高等学校师范类专业认证实施办法（暂行）》	2017年	把“教育情怀”被列为认证标准之一①
《关于实施卓越教师培养计划2.0的意见》	2018年	将教育情怀纳入了卓越教师培养的改革任务和重要举措中，进一步对教师提出来了更高的要求②
《中共中央国务院关于全面深化新时代教师队五建设改革的意见》	2018年	提出要培养“教育情怀深厚”的高素质复合型教师③
《关于加强新时代中小学思想政治理论课教师队伍建设的意见》	2019年	强调培养“厚植家国情怀、传道情怀和仁爱情怀”的教师队伍④

①教育部关于印发《普通高等学校师范类专业认证实施办法（暂行）》的通知［EB/OL］.（2017-10-26）［2021-09-27］.http：//www.moe.gov.cn/srcsite/A10/s7011/201711/t20171106_318535.html.

②教育部关于实施卓越教师培养计划2.0的意见［EB/OL］.（2018-09-30）［2021-01-20］.http：//www.moe.gov.cn/srcsite/A10/s7011/201810/t20181010_350 998.html.

③中共中央国务院关于全面深化新时代教师队伍建设改革的意见［N］.人民日报，2018-02-01（001）.

④教育部等五部门印发《关于加强新时代中小学思想政治理论课教师队伍建设的意见》［J］.青少年法治教育，2019（12）：15-16.

表 1-3-5（续）

文件	时间	主要内容
《关于加强新时代乡村教师队伍建设的意见》	2020年	强调要厚植乡村教育情怀，激发乡村教师奉献乡村教育的内生动力①
《关于进一步激发中小学办学活力的若干意见》	2020年	明确提出“要充分激发广大教师的教育情怀和工作热情”②
《新时代基础教育强师计划》	2022年	将教师师德师风建设提至教师队伍建设的首要位置，厚植教师教育情怀是新时代基础教育强师队伍建设的关键③

十一、研究述评

整体而言，通过梳理国内外有关的教育情怀的文献，相关学者对师范生教育情怀的研究是比较少的，但是对于教育情怀、教师师德、教师情怀的培养等方面的发展的理论还是比较丰富的，给人以深刻的启发。但是，现有理论研究仍有诸多不足之处：首先，已有的研究绝大部分讨论的是一般意义上的教师，没有未涉及职前教师的教育情怀的情况；其次，已有理论研究对于情怀的定义缺乏时代特色。情怀是一个很中国化的词，它是新时代的产物，已有研究对于新时代下教育情怀内涵的诠释存在不足。最后，已有研究的研究对象不够细化，只是笼统的进行介绍，没有分门别类进行探讨。在借鉴吸收前人观点的基础上，本研究将具体探讨师范生教育情怀能力，并从已有研究所缺失的视角出发，遵循“是什么-为什么-怎么

①教育部等六部门关于加强新时代乡村教师队伍建设的意见［EB/OL］.（2020-09-03）［2022-05-20］.http：//www.moe.gov.cn/srcsite/A10/s3735/202009/t20200903-484941.html.

②教育部等八个部门关于进一步激发中小学办学活力的若干意见［EB/OL］.（2020-09-22）［2021-04-28］.http：//www.moe.gov.cn/srcsite/A06/s3321/202009/t20200923-490107.html.

③教育部等八部门关于印发《新时代基础教育强师计划》的通知［J］.早期教育，2022，（26）：35.

样-如何做”的理论范式开展研究。

兴国必先重教，重教必先强师。如今新时代到来，教师担负着立德树人的重要任务，对青年人、特别是小学生的价值观、世界观、人生观有重要影响和引领作用，因而对师范生的教育情怀和教学能力进行培养就是教师队伍高质量发展的重要途径。对师范生来说，更需要不断地追求自身的完善和发展，不断推进教育情怀的培养，以促进教师团队的不断发展最终使教育行业充满活力，促进教育现代化发展。

因此，本研究根据教育情怀的相关文件和要求出发，结合多种研究方法对兴义民族师范学院的师范生进行深入调查，分析师范生教育情怀的发展现状，针对研究现状和问题，提出有助于师范生教育情怀高质量发展的相关意见。

第四节 新时代小学教育专业师范生教学设计能力高质量发展研究

一、绪论

（一）研究背景

1. 国家要求

国家教育部根据《中华人民共和国教师法》和《中小学教师继续教育规定》的有关精神，制定了《中小学教师教育技术能力标准》，并于2004年12月25日正式颁布了《中小学教师教育技术能力标准》，这是我国中小学教师的第一个专业能力标准。2008年国家师范教育司把教师资格认定的核心归结为教师的教学实践能力，这是第一次把教师的教学能力放在资格认定的核心位置上[①]。2010年袁贵仁部长在在面对记者提问时强调加强职前教师的实习工作，这也重点突出国家对师范生职前教学能力的培养[②]。2012年教育部出台的《中学教师专业标准（试行）》提出终身学习理念，更加

①王沛，关文军，王阳.中小学教师教育教学能力的内涵与结构［J］.课程·教材·教法，2010（06）：92-96.

②袁贵仁.中国教育步履鉴定影响深远［EB/OL］.http：//finance.people.com.cn/GB/13183328.html

指出教师能力的重要性①。教师专业化的体现就是在教学设计能力方面，是检验教师教学能力的重要依据，也是各类高等师范院校为提高师范生从师任教的重要培养内容。2013年9月25日，习近平在联合国“教育第一”全球倡议行动纪念活动上发表贺词并提出教育是国之大计、党之大计，从我国的改革发展实践中提出新观点、构建新理论，努力构建具有中国特色与风格的学科体系、学术系统、话语体系。2021年3月习近平在全国政协十三届四次会议发表的讲话中提到“百年大计，教育为本”。国家的事业发展对高等教育的发展以及对科学知识和人才的需要比以往更为迫切。2022年10月党的二十大报告指出：“我们要办好人民满意的教育，全面贯彻党的教育方针，发展素质教育，以此促进教育公平”，因此要着力造就拔尖创新人才，聚英才而用之。

2. 时代呼唤

新时代下，各行各业都存在巨大的竞争，许多行业对工作的要求也越来越高，就业压力就越来越大，因此未来的就业竞争实质是人才的竞争，而人才的培养离不开教育，离不开教师的教育教学。教学不仅是一门科学，更是一门艺术，这就要求教师要把自身所学的理论知识运用到实际教学中，对教师的要求也会越来越高。教师不仅是知识的传播者，更是教书育人的践行者。“谢雪在著作中指出在2016年的两会期间，人大代表提出衡量小康社会建设的前提是教育质量的好坏，而决定教育质量的重要原因之一就是教师的教学能力”。

本研究对小学教育专业师范生教学设计能力高质量发展研究的背景是从师范生教师职业能力标准、师范生的教学设计能力的发展以及已有的研究的不足三个方面进行阐述。

①关于印发《师范教育司 2011年工作要点》的通知［J］.中小学教师培训，2011（03）：3-4.

（1）师范生教师职业能力改革的背景

2021年5月7日由教育部出台的《小学教育专业师范生教师职业能力标准（试行）》中指出要重视培养师范生的教学设计能力，师范院校针对师范生的培养任务的重点就是如何提升师范生的教学设计能力。教学设计是课堂的必要环节，能够充分体现教师的教学思路，是上好一堂课的先决条件。教师水平的高低决定学生一生的未来，只有高水平的老师，才会培养出高水平的学生。

（2）师范生教学设计能力发展的背景

师范生的教学设计能力高质量发展是近年来教育改革的热点话题之一，也是影响未来师资水平的重要因素，教学设计能力是师范生是否具备完整教学先决条件，而高校师范生作为未来教师的“后备军”，则师范生的教学设计能力愈发地引起社会的格外关注。为适应时代的发展，有效地促进教师队伍整体水平的提升，国家出台了许多的政策，2021年由教育部出台的《小学教师专业师范生职业能力标准（试行）》中就提到了有关提升师范生教学设计能力的相关要求，该标准对师范生的教学设计能力提出了更高的要求，要求师范生理应具备教学设计能力，并把自身学会的教学设计能力运用到未来的教学课堂中。

另一方面，2000年和2008年美国教育技术国际协会（ISTE）两次修改制定的《面向教师的美国国家教育技术标准》中也对教师教学设计能力提出了要求。教学设计作为课前的准备工作之一，它融入了教师的知识理念，教育理念、教学方法以及教学实施等多个方面。师范生作为未来的“准教师”只有保证了科学的教学设计才能保证未来的教育教学工作得到顺利的开展。

（3）现有研究的不足

近年来，我国的教育学者对教学设计的研究逐渐增多，但真正对教学设计能力研究是从20世纪90年代开始，通过在中国知识资源库—CNKI系列数库中以“教学设计能力”为关键词经过检索，自2000年至今一共搜索到相关的硕士论文165篇，但是具体研究教学设计能力的文章却很少，这就导致了有关论点的空白，无法整理出有用的建议，对于这方面的研究就显得格外的重要，这有助于给师范生提出有用的教学建议，为以后的工作教学中奠定基础。本文通过搜索借取硕士论文66篇，从中借鉴各位学者的有关研究观点，为师范院校师范生教学设计能力的培养提出有用的建议。

（二）意义

小学属于学生的教育启蒙阶段，小学教育专业师范生作为未来学生启蒙阶段的的接力大军，不仅要促进学生的知识的增长，还要提升学生的创新精神和实践能力，更要承担着为学生做好“人生的指路灯”的重任，研究小学教育专业师范生教学设计能力高质量发展更能促进师范生的教学实践能力的增长，因此本研究具有理论意义和现实意义。

1. 理论意义

（1）完善教学设计高质量发展的理论研究

根据2021年由教育部颁布的《小学教育专业师范生教师职业能力标准（试行）》对师范生教学设计的相关要求，聚焦于小学教育专业师范生的教学设计能力，对此所产生的问题及其现象提出相应的对策及建议，完善教学设计能力高质量发展理论依据的不足，以望能对师范生教学设计能力高质量发展的研究贡献自己微薄之力。

（2）改善师范生对教学设计能力高质量发展的认知

在实际的学习中，很多的师范生并不了解教学设计能力到底是什么，该如何做才能使得自身的教学设计能力得到高质量的发展，当下大多数的师范生习惯性地认为只要能站上讲台就已经完全教师的职务，但是始终没有对教学设计能力的提升有一个系统的认知，从而导致大多数的师范生对于教学设计能力感到茫然。基于此，本研究将已有研究者的研究成果和新的教学设计能力理念作为基础，在分析怎样能更好地促进小学教育专业师范生教学设计能力高质量发展的同时改善师范生的教学设计能力，使得师范生在新的工作环境得到更好的提升，让提升师范生得教学设计能力得策略落实到实处。

2. 现实意义

（1）有助于促进小学教育专业师范生教学设计能力高质量发展

以兴义民族师范学院小学教育专业学生教学设计能力的现状为出发点，深入分析小学教育专业师范生在教学设计能力高质量发展方面存在的问题和原因，根据存在的实际问题，采取相应解决策略，助力小学教育专业师范生教学设计能力得到高质量发展。

（2）有助于师范院校更好的落实“师范生教学设计能力高质量发展”

教学设计能力是师范生在为以后工作打下的基础，是关乎到未来教师行业的教学水平，是师范生教学能力最主要的因素，促进师范生的教学设计能力高质量发展的同时也能促进教师的职业能力整体水平的提高。本研究是以兴义民族师范学院小学教育专业的师范生为主要的研究对象，从对师范生的教学设计能力水平出发，深入探析其存在的问题以及由此而产生的原因，从而研究出相对应的策略，助力于师范院校能更好地落实师范生教学设计能力高质量发展的培养任务。

二、文献综述

（一）文献年份与主题研究

为了更好地了解我国新时代小学教育专业师范生教学设计能力高质量发展研究的现状，通过“中国知网数据库”以2000—2022年为时间维度进行搜索，分别以“小学教学设计”“教学设计能力”和“高质量发展”为关键词进行搜索，搜索的范围是相关的学位论文文献以及期刊类文献，这样做的目的是缩小搜索范围，提高搜索文献的质量。通过以上条件，搜索出含有“小学教学设计”的期刊类文献有2368篇，学位论文一共有317篇，其中硕士论文311篇，博士论文6篇；重复以上操作搜索“教学设计能力”和“高质量发展”分别得到期刊类文献16105篇，学位论文1059篇，其中硕士论文有986篇，博士论文109篇和期刊91383篇，学位论文1091篇，其中硕士论文998篇，博士论文93篇。

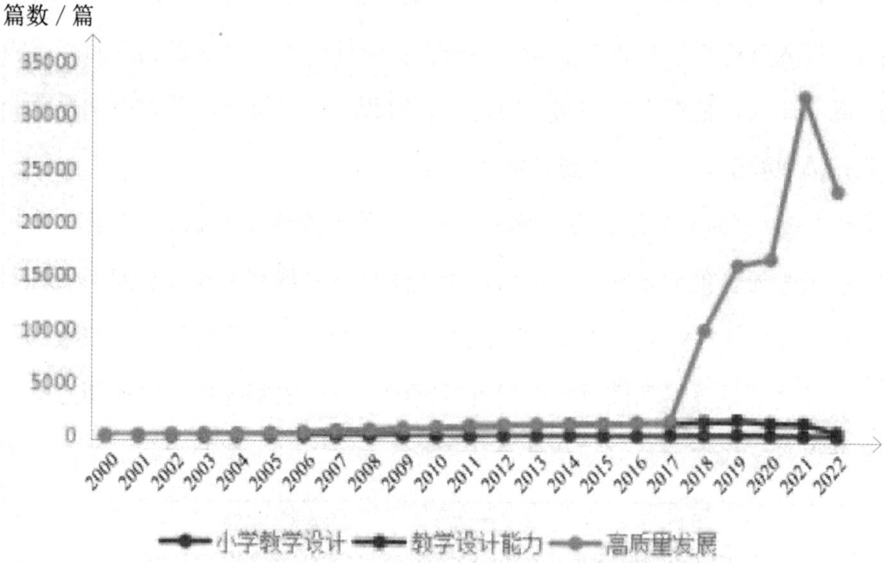

图1-4-1　新时代小学教育专业师范生教学设计能力高质量发展研究文献年份分布

图1-4-1是将三个关键词的相应年份的期刊数量和学术论文数量分别相加起来得到的分布图。从图中可以看出“高质量发展”在这22年间变化趋势是最大的，最初提出有关高质量发展的术语是作为经济单独指出的，在2000—2016年“高质量发展”的研究始终趋于平缓，自从2017年之后，尤其是在2020年中全国首次在教育领域提出“高质量发展”理念后，相关的研究更是呈直线上升，在2021年更是达到了顶峰，已经超过30000篇研

究文章；其次“小学教学设计”和“教学设计能力”在这22年间的文献都在5000篇以下，但从总体趋势上看，有关的研究文献在这22年间是在逐年增加的，说明教学设计能力高质量发展在一步步地加强，教师队伍对教师的要求也越来越高，为了更好地提高“教学设计能力”的教育任务，近年来师范院校对师范生的教学设计能力高质量发展的要求也随之增加。本研究在新时代对师范生的要求之下，根据以上文献和2021年由教育部下发的《小学教育专业师范生教师职业能力标准（试行）》中涉及到的相关教学涉及能力的要求对兴义民族师范学院小学教育专业师范生的教学设计能力高质量发展进行调查研究。

（二）概念研究

从教学设计能力的研究历程来看，最初教学设计能力是被教育技术人员作为核心能力而提出来的。教学设计能力是每一位教师在教学过程中不可或缺的一种能力，它不仅是教学组织完整的体现，也是每一位教师能力的体现。小学教育专业师范生对于教学设计能力是必须掌握的，是不可或缺的部分，只有精确地掌握教学设计能力，我们在教学过程中才知道如何组织课堂，如何把握教学进度，如何完成规定的教学任务。师范教育是未来教育工作者的养成阶段，是教师教学能力形成的初始阶段，在某种程度上师范教育阶段生成的教学设计能力正是影响入职后教师教育教学能力发展的水平和空间关键因素。

1. 能力

能力在许多学科中的概念有所不同，在已有的研究中并没有明确的概念标准，不同学科的内涵以及外延有所不同，通过查找有关的著作，整理出能力在不同学科之间所包涵的概念。

从表1-4-1我们可以看出，虽然能力的概念没有一个具体的标准，但是在不同著作中的理解都有所不同，能力的重要体现不仅是结果的呈现，更是个人从事某一事件的一种活动过程的体现；不仅对活动过程实施者的高度要求，更是检验是否达到相应水平的理论评价。

表1-4-1 能力的概念

学科	主要概念
心理学①	心理学中的能力指在成功完成某种活动时产生的个性心理特征
辞海②	辞海中的能力指在受到教育和培养，以群众的智慧与经验而发展起来的，在完成某种活动时所需的本领、具体方式以及具体的心理特征
哲学	在哲学上能力指人的综合素质，在某种活动过程中获得的能力和力量，也是人与社会发展的积极力量，更是实现人生价值的有效方式
Spencer（1995）③	指人持续化的过程特征，并由此而产生的优秀工作行为

2. 教学设计能力

教学能力是指教师在完成教学目标，取得教学效果的一个过程，由许多的因素构成，反映教师完成教学任务的心理活动特征。④而教学设计能力属于教学能力的一种，在一般情况下，它是指教师在教育教学活动中所具有的一种能力，但是，关于教学设计能力的概念，目前还没有一个清晰的定义。杜威曾说："好的老师注重有条理地指导学生运用以往所学的知识，以帮助他们理解现在的课程"⑤。史密斯（P. L. Smith）和雷根

①张生，齐媛.教师教学设计能力述评［J］.现代教育技术，2009（3）：24-25.

②舒新城.辞海［M］.上海：上海辞书出版社，1979：479.

③缪蓉.教师教育技术能力［M］.北京：北京大学出版社，2012：32.

④教育部师范司.教师专业化的理论与实践（修订版）［M］.北京：人民教育出版社，2003：59.

⑤［美］杜威.民主主义与教育［M］.王承绪，译.北京：人民教育出版社，2001：178.

（T. J. Ragan）认为教学设计是一种使用系统方法，将教学过程中的具体计划系统化的过程，它还强调了知识的前前后后之间的关联性，因此，教师应该控制好整堂课，并按照知识的先后顺序来讲解。[①]经查阅资料得出，国内许多学者也对教学设计能力进行研究，如1999年唐玉光在对教师专业成长的研究中认为，教师具有教学能力的体现，就是能够按照教学任务制定出教学目标，进而能够将教学流程进行全面、有效地执行。[②]2000年蒋后强指出教师的教学能力泛指在教学活动中对学生进行思想层面的教育的能力。[③]2004年张景焕等学者将“教学设计”视为教师对任务、客体、目标、目的、方法、手段，媒体以及效果评估等六大要素。[④]2005年余承海等人指出教师的教学能力就是将自身的教学知识、技能以及自身的个人才智运用到具体的教学活动中，从而形成的一种专业的能力。[⑤]2013年覃渝认为，“教学设计”是一种教师在特定的教学活动中，必须具备的一种教育与教学技巧。这一过程主要包括四个部分，即教师的教案设计、教学过程实施、教学方法选择、教学目标实现。[⑥]所以，教师的教学设计能力就是指教师在实现所期望的教学目标过程中，所表现出的分析、设计、监控、评价等方面的综合职业能力。[⑦]

总结以上研究者的研究历程大致可以把教学设计能力的概念概括为：

①何克抗，郑永柏，谢幼如．教学系统设计［M］．北京：北京师范大学出版社，2002.

②唐玉光.教师专业发展的研究［J］.外国教育资料，1999（6）：39-43.

③蒋后强.高等院校法学教师基本素质探析［J］.成都中医药大学学报（教育科学版），2000，2（1）：56-57.

④张景焕，金盛华，陈秀珍.小学教师课堂教学设计能力发展特点及影响因素［J］.心理发展与教育，2004（1）：59-63.

⑤余承海，姚本先.论高校教师的教学能力结构及其优化［J］.高等农业教育，2005（12）：53-56.

⑥覃渝．“课例研究”对农村小学语文教师教学设计能力的影响研究［D］.重庆：重庆大学出版社，2013（5）：4.

⑦孙亚玲.课堂教学有效性标准研究［D］.上海：华东师范大学，2004.

教学设计能力是教学能力的一部分，是教师必备的一项教学技能，主要体现在教学准备、教学方法的选择，教学过程的实施、教学反思四个方面。

3. 高质量发展

“高质量发展”是中国共产党在全国代表大会上首次提出的一个新概念。在党的十九大报告中，习近平总书记曾提出：我国的经济已经由高速增长阶段，进入了高质量发展阶段。在2018年，习近平总书记曾指出，高质量发展是一种新理念的发展，它将经济发展从“有没有”转变为“好不好”。从实质上来说即追求数量的同时更注重质量。[①]2021年王建华从多个方面总结了“发展”这个词的各种意义，并给出了多种诠释，当“发展”做动词时，它的意义主要是指“发展”的本质或途径是“高质量”，而当它做名词时，它主要是指“高质量”的发展成果。[②]2022年王鉴、谢雨宸等学者认为，高质量发展不仅是一种在发展水平、发展阶段上的转换与突破，而且是一种从数量到质量的变化。[③]由此可见，要想实现师范生教学设计能力的高质量发展，首先要改变现有的教育理念，从量变到质变，整体提升教学设计能力的相应组件。

（三）内涵框架研究

对于小学教育师范生的教学设计能力高质量发展的研究，研究者们在这方面的研究中，有着各自不同的研究维度，本文对国内一些学者的研究进行了归纳，具体内容见表1-4-2。

美国教育与交流技术协会（AECT）和国际培训、表现与教学标准

①必须把发展质量问题摆在更为突出的位置——习近平总书记关于推动高质量发展重要论述综述.［EB/OL］.（2020-12-17）［2021-12-05］.http：//www.gov.cn/xinwen/2020-12/17/content_5570027.htm.

②王建华.什么是高等教育高质量发展［J］.浙江学刊，2019（1）：91-95.

③王鉴，谢雨宸.乡村学前教育高质量发展的内涵、逻辑与长效机制［J］.东北师范大学（哲学社会科学版），2022（2）：2.

（IBSTPI）是国际上较有影响的两个组织。IBSTPI（2001）将教学设计能力分为四个维度：专业化基础、计划与分析、设计与开发、实施与管理。梅里尔在其《教学设计新宣言》中指出："教学是一种科学，教学设计就是一种技术，即教学设计是一种科学性技术。"①

综上所述，小学教育专业师范生教学设计能力高质量发展主要是由教师的教学设计知识与教师的教学技能两大部分组成，而教学设计知识又包含了师范生自身的道德素质知识和专业学科知识。教学技能则包括了：如何组织教学、如何进行课堂突发事件的把控以及如何进行教学反思。

表1-4-2　内涵框架研究

作者	相关维度
钟启泉（1987）②	教学设计是对教学内容、学习环境、教师行为等因素所产生的影响进行预测，并根据自己的想法而进行的一种教学过程
孟育群（1990）③	将教师的能力划分为五个维度，分别是认知力、设计力、沟通力、组织力和沟通力五个维度
申继亮，王凯荣（2000）④	将教学实习能力分为三个方面："教学监督、教学认识、教学操作"
祝智庭（2005）⑤	认为教学设计就是将信息技术和资源充分运用起来，合理地安排教学过程中的每一个环节，从而实现最优的教学过程
刘志平（2008）⑥	将教师的教学设计能力分为三个层次：能力基础，核心能力和发展性能力

①盛群力，李志超.现代教学设计［M］.杭州：浙江教育出版社，1998：1-2.

②钟启泉.从现代教学论看教学设计的原理与课题［J］.教育研究，1987（7）55-58.

③孟育群.现代教师的教育能力结构［J］.现代中小学教育，1990（03）：30-33.

④申继亮，王凯荣.论教师的教学能力［J］.北京：北京师范大学学报（人文社会科学版），2000（01）：64-71.

⑤祝智庭.现代教育技术——走向信息化教育［M］.北京：科学教育出版社，2005.

⑥　刘志平.小学数学教师教学设计存在的问题及其对策研究［D］.北京：北京师范大学，2009.

表 1-4-4（续）

作者	相关维度
齐媛（2009）①	综合已有对教学设计能力的研究，在此基础上，提出了一种新的教师教学设计能力模式，并将其划分为两个层次：教学设计知识和教学能力
冯晓丽（2009）②	在其论文中将教学实践能力划分了三个维度，分别是“基础教学实践能力，教学操作能力，教学发展能力”
杨爱君（2012）③	认为师范生是教师培养的时期，具有教学设计能力的学生是教师初学阶段的教师素质。教师的教学能力是指教师实现目标教学的可能性，它体现了教师的完成教育过程的心理特点，是一种外在的表现形式，它是由许多因素组成的
金碚（2018）④	“高质量发展”是一个看似简单、实则不易掌握的概念，其本质特点是“多维”、“丰富”
小学教育专业师范生教师职业能力标准（试行）	在对小学教育专业师范生教师职业能力标准展开一个系统的探讨过程中，教学设计能力是一个重要的方面

注：以上的研究维度均是研究者自编的师范生教学设计能力研究的调查问卷及量表。

（四）影响因素研究

通过网络检索的形式，在中国知网中检索出有关教学设计能力研究的相关论文，并在各大学者的研究基础上总结出了他们研究的主要成果及其观点，得出影响新时代小学教育专业师范生学会教学设计能力的影响因素如下。

①齐媛.信息技术环境下中小学教师教学设计能力研究［D］.长春：东北师范大学，2009.

②冯晓丽.高师院校硕士研究生教学实践能力的培养策略研究［D］.曲阜：曲阜师范大学，2009.

③杨爱君. 免费师范生教学能力研究［J］. 教师教育研究，2012：7.

④金碚.关于“高质量发展”的经济学研究［J］.中国工业经济，2018（4）：5-18.

表1-4-3　影响因素

作者	影响因素
张景焕（2004）	1. 学历；2. 任教学校的水平（主要影响因素）
钱柱（2007）①	1. 地区因素；2. 自身因素；3. 教育因素
罗燕（2011）②	发现影响农村初中数学教师课堂教学设计能力的因素主要有：1. 环境因素；2. 教师自身因素；3. 学生因素；4. 教材因素和评价方式因素
刘丙利（2018）③	1. 备课时间；教师的资质与教学设计能力的起点水平；教学内容；2. 教学方式与教学设计能力相关的培训质量等
涂正正（2019）④	1. 教师个人因素（如教学设计概念模糊、教学设计动机不强）；2. 教育相关部门因素（如教学设计培训覆盖面小且培训效果不理想、教学设计能力评价及激励机制不完善）；3. 学校因素（如学校领导不够重视教师开展信息化教学设计、学校硬、软件资源配套设施需要进一步完善）

由表1-4-3综合已有研究者的研究成果，可以总结出影响师范生的教学设计能力高质量发展的因素有以下几点：

1. 师范生自身因素

（1）专业知识的欠缺

而到了大学，我们发现，大部分师范院校的学生都将大学时光当成是用来享受的，他们没有及时、深入地学习相关专业所需要的专业知识，也没有去思考和研究，这样就造成了在进入实际的教学工作中，不能将在学校学到的知识应用到解决问题之中，会影响到师范生在以后工作中教学设

①钱柱.农村中学物理教师教学设计能力的调查与提高策略研究［D］.长春：东北师范大学.2007：16.

②罗燕.农村中学数学教师课堂教学设计能力的现状研究［D］.重庆：西南大学.2011：32.

③陈珂.小学教师教学设计能力提升策略研究［D］.2018：9.

④涂正正.农村中小学教师信息化教学设计能力现状调查研究［D］.2019（06）：45-50.

计能力的提高。

（2）师范生对教学设计概念的模糊

师范生对教学设计能力的概念还存在着一些模糊的认识。目前，大多数师范生都认为，只要能够站在讲台上，能够流利地说出自己的话，就算是上好一节完美课堂的体现。但是，他们并不了解教学设计的流程及模式，也不懂得如何设计教案、掌控课堂教学过程，以及课后的反思等。然而，他们并没有意识到，在一节完美的课堂中，教学设计对学生来说是多么的重要。只有具备了良好的教学设计能力，才会孕育出一个高效率的课堂，也就是一节完美的课堂。

2. 学校因素

（1）学校不重视师范生教学设计能力的培养

在师范院校中，小学教育专业一直是一个“冷门”专业，这也让许多学校的领导对小学教育专业的学生们关注程度较低，也没有将师范生的教学设计能力放在心上，导致一些小学教育专业的学生们对自身的教学设计能力并不重视。因此，学校的领导和教师们要给这些小学教育专业的学生们更多的鼓励和支持，让他们在学习中不断提高自身的教学设计能力，为师范生在以后走上工作岗位时奠定坚实的基础。

（2）学校的硬、软件资料配套设施要进一步完善

相关软件资源和硬件设备的配置是影响师范生提高教学设计能力的一个关键因素。就拿师范院校来说，当前很多师范院校在开设微课教室上都存在着数量上的不足，这就使得相关专业的师范生在实践中得不到有效的锻炼，进而也就不能提高师范生的教学设计能力。

3. 教育相关部门因素

如今，社会对教师资格证书的考试要求门槛比较低，无论是否是师范院校的学生，还是社会考生，都可以考取教师资格证书，即可进入教师行

业。这就造成了师范院校对师范生教学设计能力的培养被淡化，也造成了师范生就业压力的增加，他们看不到自己的发展方向，就不愿意去提高自己的教学设计能力，这就使得师范生教学设计能力的高质量发展陷入了停滞状态。因此，教育有关部门应该采取必要的措施，来提高师范生对教师事业的热爱，推动师范生教学设计能力高质量发展。

（五）对策研究

优秀的老师来自于出色的教学设计能力，对小学教育专业师范生的教学设计能力高质量发展的研究，旨在提高小学教育专业师范生的教学设计能力，为其未来的教育事业作出贡献，并为小学教育专业的师范生指出怎样提高自己的教学设计能力，以取得理想的结果。结合已有研究的研究成果，梳理出相应的对策观。

通过表1-4-4的整理，综合以上研究者的研究成果以及师范生的实际情况，总结了师范生教学设计能力高质量发展提升策略有以下几点：

1. 加强自身知识的储备

有句谚语说得好："活到老，学到老"，要想成为一名真正称职的人民教师，就必须要在学习的道路上持续前进，要想给学生一碗水，自己就要有一桶水。因此，增强自身的知识储备是一种大势所趋，不仅要强化对自身理论知识的提升，更要学会运用理论知识，达到我们想要的教学效果，以此来提升自身的教学设计能力。

2. 增加教学实践活动

通过实际锻炼，展开实践教学活动，在实际教学活动中，提高自身的教学设计能力。如果想要真正地学会教学设计，仅仅依靠理论知识是不可取的。很多的师范生本身的专业素质和能力并不差，但他们缺乏实际的锻炼，在面对学生的时候会表现出胆怯，害怕面对学生，他们不能适应站在讲台上给学生上课。因此，师范生要多利用实际锻炼的机会，来提高自己，例如，参加实习（包括顶岗实习等），这些都是切实提升师范生教学设计能力高质量发展的方式。

表1-4-4 对策观点

作者	相关的对策观点
张景焕、陈秀珍（2006）①	提出的对策与建议包含职前预备和职后培训两方面。职前预备主要是将教学设计理论融于教育类课程中，不断完善师范学校课程结构；职后培训则是结合教师的实际需要拟定科学合理的培训计划
冯秀琪、任莎莎（2009）②	认为可以多通过校内培训活动来促进教师的教学设计能力的全面提升，并且指出培训活动实施的三大阶段：1. 初步认识阶段；2. 探索实践阶段；3. 反思总结阶段
夏熙瑞（2011）③	在其论文中针对师范生能力培养现象，提出了培养策略。1. 构建新的能力结构模型；2. 制订新的培养任务
綦春霞，李孝诚，史晓锋（2013）④	应当积极利用网络平台来促进教师素养以及教学设计综合能力，同时还要转变教师的观念，这样才能真正有效的改变当下师范生教学设计能力发展现状
李莹（2014）⑤	认为新时代下的师范生可以通过网络学习进行教学设计能力的培养与发展，如利用网络进行自主学习、交流合作学习以及主题学习等

①陈秀珍，张景焕.小学教师关于课堂教学设计能力形成与发展的反思［J］.当代教育科学.2006.

②冯秀琪，任莎莎.提高教师课堂教学设计能力的校本培训方法［J］.中国教育技术装备，2009（01）：43-46.

③夏熙瑞.免费师范生教育技术能力结构分析与课程体系重构［D］.武汉：华中师范大学，2011.

④李孝诚，綦春霞，史晓锋.初中数学教师教学设计能力发展的实证研究［J］.中国电化教育，2013.

共同体教师专业发展的个案研究［J］.中国电化教育，2013（3）：56-61.

⑤李莹.基于虚拟学习社区的师范生信息化教学设计能力培养模式研究［D］.重庆：西南大学，2014.

表 1-4-4（续）

作者	相关的对策观点
谢雪（2017）[①]	在其论文中提出促进师范生教学能力的建议：1. 从师范生自身角度，加强能力提升意识；2. 从学校培养的角度，增加实践教学活动；3. 从各项指标方面，发挥现有优势提升个别能力
姜春宵、林刚[②]	1. 认为要实现能力的提升首先要转变教师的观念，让教师自觉在教学设计理论的指导下进行实践；2. 鼓励教师创设具体的教学情境，在实践中反思学习；3. 认为在教师培训过程中要重视学习方式，主抓教学媒体的选择与应用

3. 合理开设相应的课程

当师范院校在开设与小学教育教学设计相关的课程的时候，应该考虑到学校的具体情况，请学校之外对应学段的老师来教授相应内容，因为只有对应学段的老师才知道怎样才能拥有相应的教学设计能力。例如，师范学校可以聘请小学相关学科的老师来学校讲课，让学生更好地理解相关的教学设计，进而提高师范生的教学设计能力。

4. 学校的重视

师范院校要足够的重视提升小学教育专业师范生的教学设计能力教育任务，对于师范生而言，不是只学习理论知识，单单学习理论知识而不实际锻炼只能得到事倍功半的效果，只有得到学校的支持，对症下药，师范生才会有足够的机会进行能力的提升，才能为之后的教学工作打下基础。

5. 教育相关部门的支持

教育相关部门应出台有关的政策支持，减少师范生毕业后的就业压

①谢雪.物理示师范生课堂教学能力现状与影响因素研究［J］.课程与教学论（物理），2017（05）：68-70.

②姜春霄，林刚.“教学设计”培训策略研究——中小学教师教学设计能力现状的调查与思考［J］.现代教育技术，2007（2）：67-70.

力，这样小学教育专业的师范生还会用心的去学会教学设计能力，才能为未来的教育事业提供优秀的人才。比如相关部门出台有关教育事业的资格证书除师范院校以外的学生的考生不得考取；提高教育事业的专业要求，这样才会从根本上降低师范院校的师范生毕业后的就业压力，师范生才会用心的提升自身的能力。

（六）理论基础研究

有关教学设计能力的理论基础是研究师范生教学设计能力高质量发展的重要保障，本研究在查阅有关学者的相关著作，从而整理出与之对应的理论框架，以及核心内容，以下是部分作者的理论基础研究。

从表1-4-5我们可以看出，学习理论以及智能推理理论在有关教学设计能力的研究中站着绝对统治地位，从而给我们的研究指明方向，就此本研究在已有作者的相关理论基础之上整理出了以下的理论基础。

表1-4-5 理论基础

作者	相关理论	主要内容
霍华德（1990）①	《多元智能理论》	《智能的结构》一书中提出了人类智能结构理论（多元智能理论），他最初认为人类拥有7种智能，在后续著作中又命名第8种智能。
霍力岩（2000）②	《智能理论》	在传统的智能理论中，他认为智能就是把语言和数理逻辑智能整合产生的一种能力。

①加德纳.智能结构［M］.沈致隆，译.北京：光明日报出版社，1990：25-26.

②霍力岩.加德纳的多元智能理论及其主要的依据探析［J］.北京师大国际与比较教育研究所，2000.

表 1-4-5（续）

作者	相关理论	主要内容
刘文灵（2006）[①]	《传播学理论》	在著作中提出，教师的教学设计能力是以学生的主动性将教学内容与之相适应的教学媒介传递给学生，并进行实践验证或证实结果。所以，作者认为教育设计以传播学理论作为依据
及淑颖（2013）[②]		作者通过阅读我国教育学者关于教学设计的理论基础，她认为系统理论、学习理论、教学理论以及传播理论是大多数学者所认同的教学设计的理论基础
马芳、王聿泼（2018）[③]	《构建主义学习理论》	作者通过资料整理，总结出了构建主义学习理论的特点：①主动建构；②社会性；③情境性等
Richard Ramsey（2020）[④]	《有意义学习理论》	巴恩斯的研究指出，有意义学习理论不仅对学术学习的迁移能产生积极作用，并且对“教学实践的效果”也有显著的影响效果

从图1-4-2可以得知每一种智能都是独立起作用的，它们互相影响，共同影响着外在的智能行为。如语言智力影响逻辑-数学智力；视觉-空间智力影响音乐智力；身体-运动智力影响人际智力；自知智力和自然智力。

①刘文灵.两种发展了的传播模式对教育教学的启示—再论拉斯韦尔的“5W”模式和香农—韦弗模式［J］.安阳工学院学报，2006（03）：150-152.

②及淑颖.师范生数学教学设计能力的调查研究［D］.石家庄：河北师范大学，2013.

③马芳，王聿泼.教育心理学［M］.南京：南京大学出版社，2018：64.

④Richard Ramsey、Rob Ward.Challenges and opportunities for top-down modulation research in cognitive psychoiogy［J］.Acta Psychoiogica，2020（34）：25-46.

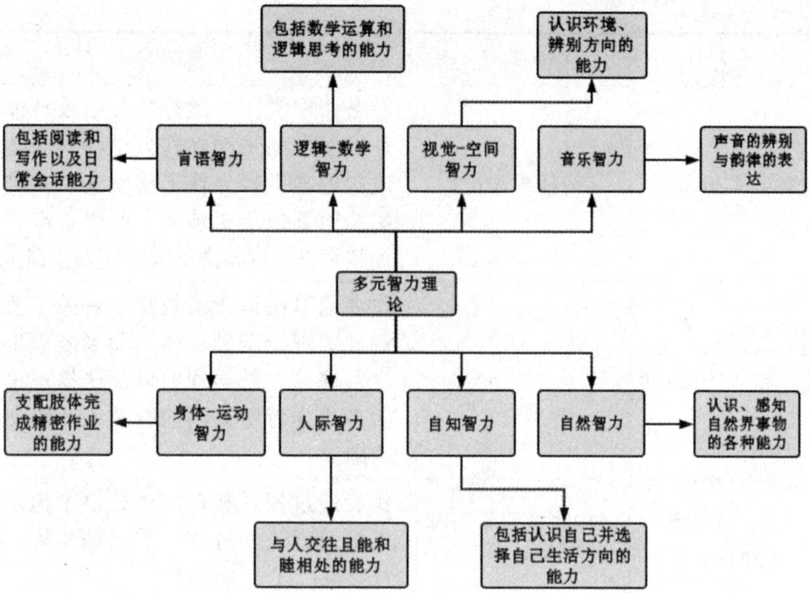

图1-4-2　多元智能理论

2. 学习理论

（1）有意义学习理论

在国外，在有意义学习理论的框架下，“先行组织者”策略被认为是教学设计中不可缺少的一环，并被划分为两类：说明性组织者和比较性组织者；波斯特曼在他的实验中发现，图片展示训练可以促进图片素材的记忆。①此外，雷诺也通过实验得出一个结论，即有组织的认知结构有助于机械学习。②

①Ricbard Ramsry, Rob Ward. Challenges and opportunities for top-down modulation research in cognitive psychoiogy［J］.Acta Psychologica, 2020（34）: 25-26.

②Foto, Lisamarice.Instructional practices in co-teaching classes for meaningful leaming［D］. New YorkSt: John' s University, Scbool of Education and Human Services, 2016: 26.

（2）建构主义学习理论

建构型学生观认为，在课堂上，教师不应忽视学生的现有经验，而应将其视为新知识的生长点，引导学生在原有的基础上“生长”出新的知识；建构主义教育观认为，在学习过程中，教师不应仅仅是知识的传授和灌输者，而应是帮助和促进。教学不再仅仅是将客观而确定的现成知识传授给学生，而是将学生的知识经验进行激发，推动学生的知识建构活动，从而促使知识经验的重组、转换和改造；在构建主义的学习观中，它强调了学习共同体是由学习者（包括教师、专家等）共同组成的一个团体。这些群体在学习的过程中，常常会相互之间进行沟通交流，共享自己的学习资源，一起完成学习任务，从而形成一定的规范和文化。

3. 多元智能理论、学习理论在教学中的应用

在对不同学习阶段的教学模式进行探索的时候，建构主义者提出了“随机通达教学”。它的具体操作方式是：①展现情境；②随机进入教学；③思维发散训练；④小组合作学习；⑤学习效果评价。建构主义者认为，学习的关键就是要建立起一个由事实、概念、策略以及泛化的知识所构成的网络，从而形成一个随机通达的状态。当教学以具有感染力的现实事件或问题为依据时，就会产生抛锚式教学（抛锚式教学也被称为情境教学），它对培养学生的创新能力、解决问题的能力、独立思考的能力及合作能力有很大的帮助，构成抛锚式教学的基本步骤是：创设情境—确定问题—自主学习—协作学习—效果评价。

（七）方法工具研究

通过对相关文献的查阅和整理，大数据的的利用，查找从2006—2022年十七年间十一位作者的相关作品，得出这些作者涉及的研究方法有十一种，分别有文献研究法、问卷调查法、访谈法、个案研究法、德尔菲法、历史研究法、理论分析法、录像分析法、内容分析法、比较法以及数据统计分析法。

从表1-4-6可以看出有关教育设计能力研究文献中使用最多的研究方法是文献研究法、问卷调查法、访谈法等，还有少数的研究运用到了案例分析以及数据统计分析法。根据已有作研究工具与方法的借鉴，本研究采用的研究工具以及研究方法分别是：文献研究、问卷调差、访谈法以及SPSS数据统计分析。以此为自身论文的数据信息起着一个有利的理论支撑。

表1-4-6 方法工具研究

作者	时间	涉及的研究方法
傅 俊①	2006年	文献研究法、问卷调查法
高越飞②	2010年	文献研究法、问卷调查法、德尔菲法
周娅娟③	2011年	文献分析法、问卷调查法、访谈法
周晓鸣④	2011年	文献研究法、问卷调查法、个案研究法
龙云开⑤	2012年	文献研究法、访谈法、问卷调查法、比较研究法
郭晓靖⑥	2014年	文献分析法、问卷调查法、个别方案法
杨纳名⑦	2016年	文献分析法、历史研究法、理论分析法、问卷
崔 路⑧	2016年	个案研究法、问卷调查法、比较法
王凯萍⑨	2017年	文献研究法、问卷调查法、访谈法

①傅俊，中小学教师信息技术与课程整合能力的培养［D］.现代教育技术，2006.

②高越飞，职前教师信息化教学设计能力结构构成与应用研究［D］.教育技术学，2010.

③周娅娟.信息技术环境下新入职中小学教师教学设计能力现状及发展对策研究［D］.计算机教育应用，2011.

④周晓鸣，中小学教师信息化教学设计能力培养研究［D］.现代教育技术，2011.

⑤龙云开，培养化学师范生利用思维导图进行教学设计的研究［D］.化学课程与教学论，2012.

⑥郭晓靖.师范生教学实践能力的现状调查与培养研究［D］.小学教育，2014.

⑦杨纳名.整体提升师范生教师专业能力研究［D］.教育领导与管理，2016.

⑧崔路.职前与新手教师数学教学设计能力及发展个案比较研究［D］.比较教育，2016.

⑨王凯萍.TPACK视角下师范生教育技术能力结构构建研究［D］.教育技术学，2017.

表 1-4-6（续）

作者	时间	涉及的研究方法
何晓燕[①]	2020年	内容分析法、个案研究法、访谈法
吕　宣[②]	2022年	文献研究法、文本研究法、访谈法、录像分析法

（八）政策法律研究

2003年9月17日，《关于进一步加强农村教育工作的决定》（简称《决定》），是为了促进农村基础教育的健康发展，而制定的，也是为了促进农村基础教育的可持续发展。《决定》明确提出，“加强农村基础教育，是构建社会主义和谐社会的一项重大任务。”[③]《中小学教师教育技术能力标准》（以下简称《标准》）是我国教育部在2004年12月25日发布的首个中小学教师职业能力标准，《标准》对教师、管理人员、技术支持人员等三类人员的教学工作提出了明确的要求。《职业能力标准》的发布，使教师的教学工作有了更多的规范。《标准》把“教学设计”作为教育技术的一项重要内容，作为教育技术的一项重要内容，作为教育技术的一项重要功能，教学设计是每一位教师都应当具备的一项基本功能。[④]《全日制义务教育数学课程标准（版）》已于2011年12月由教育部发布。新课程标准中指出：“教师要重视学生在学习过程中的主体地位，教师是数学学习的组织者、引导者与合作者，学生是数学学习的主人。”[⑤]根据相关的政策，我们可以发现，在所有的教育中，教学设计能力是一种不可或缺的能力，它

①何晓燕.职前教师的数学教学设计能力发展研究［D］.数学教育，2020.

②吕宣.师范生数学教学设计与实际差异及成因研究［D］.数学教育，2022.

③国务院关于进一步加强农村教育工作的决定.国发（2003）19号.http：//fagui.eol.cn/html/200909/35.shtml.

④教育部关于印发《中小学教师教育技术能力标准（试行）》的通知.教师［2004］9号.http：//fagui.eol.cn/html/200909/1709.shtml.

⑤中华人民共和国教育部制定. 全日制已于教育数学课程标准［S］. 2011.

是一种在任何教育中都需要具备的能力。而对这种能力进行培养的最佳时期，就是在大学阶段。这就着重强调了在新的时代背景下，小学教育专业师范生掌握教学设计能力的重要意义，从而为师范院校提供了一个明确的发展方向。在提高教学设计能力方面，也要受到学校的充分关注，才能让学生们学有所成，用有所取。

（九）文献评述

通过对文献的整理和相关理论的收集，可以看出，目前对于小学教育专业师范生教学设计能力方面，考察教学设计能力高质量发展的研究还是很有限，鉴于目前对师范生的教学设计能力高质量发展的关注与日俱增，该研究将把与教学设计能力高质量发展有价值的相关文献进行重新整理、归纳，对教学设计能力概念进行一个界定，同时与小学教育专业师范生的教学能力相兼容，并将师范生的教学设计能力高质量发展理论进行深度挖掘。该研究认为教学设计能力高质量发展是师范生已有的知识和信念，通过对教学目标的设计、内容的分析、评价的设定，加之对各学科的特点融合，实现能在学生思想等方面提升的心里个性特征。该研究将依托以上的文献，合理选择研究的对象和方法，细致分析出师范生教学设计能力高质量发展的相关策略，值得我们思考与借鉴。同时，现有文献研究中也有一些不足之处，比如概念界定不清楚、研究维度方针性不强、策略多样等。

1. 研究内容方面的问题

大部分研究者都是对教学设计的不同分类对其进行研究，但是忽略了师范生教学设计能力高质量发展应具体从哪些方面进行发展，从而很多研究在分析影响因素和对策时都大同小异。

2. 研究方法方面的问题

研究者在探讨教学设计能力高质量发展的研究时，大多采用的理论和实践经验进行定性分析，运用定量和相关的数据研究相对较少。导致很多方法在实际运用中没有达到相应的效果，最后的研究结果缺少说服力。

3. 策略运用方面的问题

近几年来，随着教师队伍的不断增强和推进，使得越来越多的师范院校重视师范生的教学设计能力的高质量发展，很多的师范院校在提升师范生的教学设计能力方面已经采用了许多的解决对策，但是对其运用效果的阐述却少之又少，所以对于其建议和策略的采用已经实际的效果还有待深层次的研究。

综上所述，我国的教学教育专业是一个新型的专业体系，在对师范生教学设计能力的研究还存在许多的不足，研究不够深层次，对于具体研究教学设计能力高质量发展的研究更是屈指可数，所以要想了解小学教育专业师范生教学设计能力，还需要加大对该类师范生多方面开展调查研究。本研究将根据最新的《小学教育专业师范生教师职业能力标准（试行）》的第二部分教学实践能力中的学会教学设计的相关要求从熟悉课标、掌握技能、分析学情以及设计教案四方面出发，运用多种研究方法，以兴义民族师范学院小学教育专业师范生为对象，进行调查研究，从而分析现行的小学教育师范生教学设计能力的现状，并针对现状提出有助于提升教学设计能力高质量发展的具有创新和实际意义的意见。

第五节 新时代小学教育专业师范生课程教学能力高质量发展文献研究

一、绪论

（一）研究背景

1. 国家要求

众所周知，教育从古至今一直存在，并且在不断地随着社会的发展而创新、变革，现如今，在社会经济飞速发展的前提背景下，各领域为了跟进社会经济的发展，不断地寻求创新，以提高自身质量。特别是“高质量发展”的兴起，习近平总书记在不同场合从各方面就推动高质量发展做出了一系列重要指示。各领域也随之在不断的发展和创新。如此看来，教育领域也需要进行创新和变革才能跟时代发展的脚步。面对新的教育改革与发展，以及“双减”政策下发与落实的要求，若要提高教育质量，则需要提高教师的专业素养和文化水平，如此看来，培养优秀的师资预备军，为师资力量做好充足准备已然成为能直接影响教育教学改革和深化的一个关键问题。一直以来教师都是以培养人才为本、为国家乃至世界培养人才的神圣职业，更是一种实践性职业。我们都知道当今社会是一个信息、科技极为发达的社会，而这一切皆源于人们对知识认知的不断拓宽与钻研。因此，党中央和国务院便早早提出“科教兴国”战略，并把教育放在优先发展的重要战略地位。在2001年，国家颁布《基础教育改革纲要》中明确提出“一切为了学生的发展”。[①]由此可见，要做一名合格且优秀的教师，不仅要身怀丰富的知识，还要具备足够高的专业能力素养。那么，在教师职业素养培养的过程中，实施课程教学专业素养便有不可替代的重要地位。在2021年，教育部印发《中小学教育专业师范生教师职业能力标准（试行）》等五个文件，分别明确了中学教育、小学教育、学前教育、中等职业教育专业和特殊教育专业师范生职业基本能力，《标准》对师范生毕业要求要按照“一践行，三学会”即师德践行能力、教学实践能力、综合育人能力、和自主发展能力。”[②]

2. 时代号召

随着科学的进步，社会的发展，教育领域也随之发生改变，2012年工程教育专业认证对“以学生为中心”、“持续改进”等做出了一定的归纳，拟定了相应的基本理念，2018年全国高等学校本科教育工作会议强调，教师要坚持“以本为本”，推进“四个回归”，要加快建设高质量、高水平的本科教育，为培养人才的能力做出相应的要求。在2019年，教育部便印发了《关于一流本科课程建设的实施意见》，这一实施意见的提出，便迅速加快了课程建设、全面提高课程教学质量的要求。因此，面对如此要求背景，如何保障课程教学质量，已然成为所有高校所必须面对的问题。[③]

目前，我国新时代本科小学教育专业培养的师范生，教师专业素养大多都没有得到有效的发展，很大程度上的原因是受到职前教育没有做好的影响，从而使其缺乏有效的实践训练。特别是2022年新课标的颁布实施

---

①胡洪羽.化学教学论课程实施中化学师范生教育教学能力的形成机理［J］.四川师范大学，2022（43）：12.

②教育部办公厅.《中小学教育专业师范生教师职业能力标准（试行）》等五个文件的通知［N］.教育部，2021.

③朱建芳.“以学生为中心”的高校内部教学质量保障体系研究与实践［J］.黑龙江高教研究，2019（5）：138-1.39

对教师的课程教学能力要求更高更严格。“在新时代、新发展的大背景条件下，结合现阶段教育教学的思想，学校对于师范生培养的教学目标、教学形式、教学内容、教学方法和教学评价等方面应当进行适当的干预和改变。”[①]并且在全球化、信息化的社会背景下，人才竞争已经成为各国提升综合国力的关键，而人才的培养便需要依靠教育，教育的质量高，人才培养的效率也就高。由此可以看出教育在很大程度上决定着国家的人才培养，从侧面也映射出其能在一定程度上决定着国家的综合国力。在2022年发布“新课标”的背景下，教师的角色转变势在必行，当下教师的教学最重要的是教授学生如何自主学习，传授学习的方法，而不是授人以鱼。因此，全面提升小学教育专业师范类学生的专业能力是极为重要的。在新课改与双减政策背景下，学校作为主阵地，大力提高师范生课程教学能力高质量发展已成为大学教师的重要任务之一，而现阶段小学教育专业实施课程教学能力却是学校教师培养过程中较为薄弱的环节。所以在“新课标”和“双减”政策背景要求下新时代小学教育专业亟待建立适合小学教育特点的实践课程教学体系，提高小学教育专业师范生课程教学能力高质量发展。

（二）研究意义

教育是国之根本，国家对于教育极为重视，就目前教育领域的发展趋势而言，我国教育已趋于信息化、多元化、人性化等方向发展，对小学教师所具备专业素养的要求也随之变得更为严格。因此，在新时代“高质量发展”兴起的大背景下提升小学教育专业师范生课程教学的能力迫在眉睫。

1. 理论意义

（1）完善课程教学能力高质量发展的理论研究

目前学界关于课程教学能力的研究主要集中于各学科的课程开发和各

①董胜利，林克明，徐虎波，等.普通高校体育教学模式改革和发展对策的研究与实现［J］.中国体育科技，2001.（11）：18-21

学科课程实施的影响，而关于小学教育专业师范生的课程教学能力的研究极少，关于这方面的理论还不够完善，本研究有助于完善课程教学能力高质量发展的研究理论。

（2）完善师范院校对师范生课程教学能力培养的教学体系

本研究有助于师范类高校更加系统化的培养未来的教师，更加清晰小学教育专业师范生对专业能力的培养和教师教学能力的构成，建构适应小学教育专业的基础教育课程和教育资源设施，丰富师范类高校培养小学教师的专业化发展和教育基础设施，从而提升师范生的专业素养和进入岗位后的适应能力。本研究丰富了教育教学的基本理论，深化了师范类高校对师范生成长规律的认识，从而为师范类高校教育小学教育专业师范生的课程教学能力的培养提供理论指导。

2. 现实意义

通过分析对小学教育专业师范生的调查和访问的结果，以及对相关文献、政策进行分析对比，发现当今小学教育专业师范生的课程教学能力存在的问题，和培养过程出现的弊处，做出相应的对策建议，对各高校小学教育专业师范生的课程教学能力培养的课程设置、安排、教师教学方法、培养方案、教育资源安排以及相关的实践教学等具有重要的意义。

二、文献综述

（一）文献年份与主题研究

为了了解我国新时代小学教育专业师范生课程教学能力高质量发展研究的现状，笔者通过“中国知网数据库”，将搜索时间规定在2000—2022年，以小学教育、课程教学、高质量发展为主要关键词搜索相关的学位论文文献和期刊类文献。经检索发现，含有“小学教育”关键词的硕博士论文有2275篇，期刊18500篇，报纸204篇等，共44200篇；含有“课程教学能力”关键词的硕博士论文有953篇，期刊22200篇，报纸11篇等，共33600篇；含有“高质量发展”关键词的硕博士论文有1148篇，期刊56000篇，报纸29600篇等，共94500篇。

由图1-5-1可知，关于“小学教育”“课程教学能力”“高质量发展”三个关键词的相关研究文献在2000—2017年成小幅度的上升趋势，关于“小学教育”“课程教学能力”的相关文献在2000—2019年都是成小幅度上升的变化趋势，2019年后就逐渐减少。值得关注的是“高质量发展”这一关键词，在2000—2017年关于高质量发展的研究极少，在2016以前一直处于平稳状态，2016至2017年间有极其缓慢的上升趋势，直到习总书记在2017年针对经济发展提出了“高质量发展”一词后，相关研究便开始迅速大幅度上升。从教育高质量发展方向的研究的数量上看，关于小学教育专业师范生课程教学能力高质量发展还未深入研究，本研究遵从国家要求、新时代背景的响应以当代小学教育专业师范生为主要目标，对小学教育专业师范生课程教学能力及其培养状况进行研究。

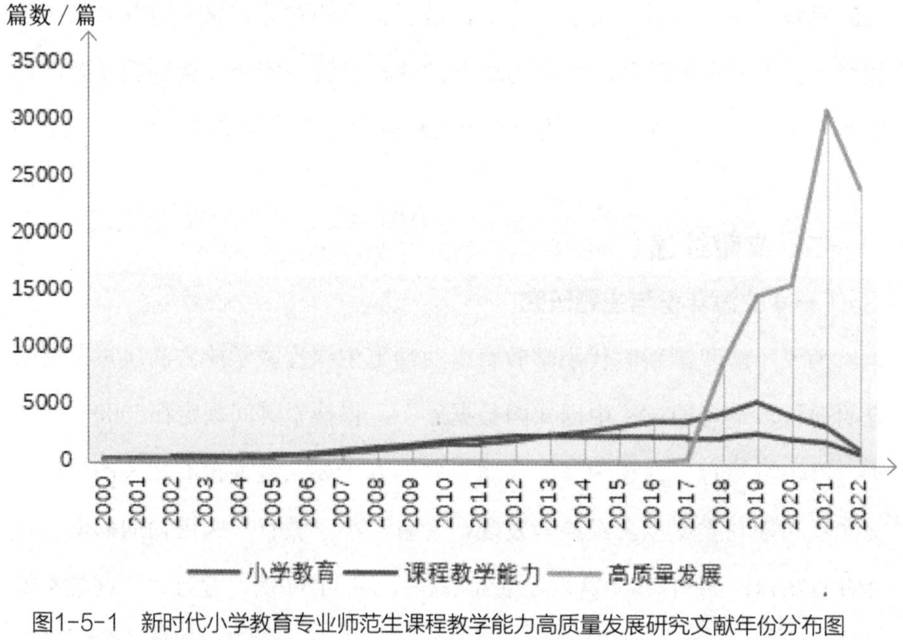

图1-5-1 新时代小学教育专业师范生课程教学能力高质量发展研究文献年份分布图

（二）概念研究

本研究的主题是“小学教育专业师范生课程教学能力高质量发展”，与之相关的概念有以下几点：

1. 课程

关于“课程”不同学者各持有不同的观点：有学者认为课程是教育的核心，是“所有教育的最终目的”；也有学者认为课程是学习的中心，它是“教学过程的中心”；还有学者认为课程是学生发展的中心，课程应该成为“教学与研究的中心”；还有学者认为课程应该是学校或学校组织中的一种教学方式，并不能独立于教学内容而存在。由此可见，我国学者对课程内涵理解还不够深入，认为课程仅仅是“学科”、“教材”或“教法”，还不够全面。在西方国家，学者们普遍认为课程是一种活动，是学生获得知识、能力、态度和价值观的过程。其目标在于促进学生全面发展，而非培养专业人才。对此，关于课程的相关概念界定各家观点如表1-5-1所示。

表1-5-1　与课程相关的观点

提出者	内容
斯宾塞①	是从拉丁语“Currere”一词派生出来的，意为“跑道”（Race-course）。根据这个词源，最常见的课程定义是“学习的进程”（Course of study），简称学程
斯滕豪斯②	课程要以过程为中心，而不应该是已事先规定好了的结果为中心

①H.Spencer.Education Intellectural, Moral, and Physical［J］.27 April 1820－8 December 1903.45–47.

②王淑芬.中小学教师课程能力的培育策略［J］.江苏教育研究，2018（10）：30–34.

表 1-5-1（续）

提出者	内容
美国《新教育百科辞典》①	课程是指在学校教师的指导下出现的学习者活动的总体
《辞海：教育心理分册》②	将课程定义为教学的科目，可以指单独一个教学科目，也可以指学校或一个专业全部教学科目，或指一组教学科目
《中国大百科全书》③	课程的释义有广义和狭义之分，广义是指所有学科（教学科目）的总和，或学生在教师指导下各种活动的总和;狭义是指一门学科或一类活动
Smith④	课程是为了促进学生知识、技能和洞察力的发展而进行决策的过程、预设的学习结果以及相关的评价方案
宋莉娟⑤	课程是与确定学习目标、选择学习内容、安排学习顺序，确定学习重点、设定学习内容以及评价学习效果等相关的一系列决策
刘功伟，黄越贞⑥	国外学者关于课程的界定有两种颇有影响力的观点问。一种课程即经验，课程是让受教育者体验各种各样的经历，在体验过程中让学习对象将包括知识但不仅限于知识，转化为自身经验，并且实现自身的辩护过程。另种课程即活动，学习者通过与活动对象的相互作用实现自身各方面的发展
泰勒⑦	将课程定义为：课程是一系列可以安排的学习活动，这些活动可以通过教师安排，也可以通过学生自己安排。在不同的课程中，我们会有不同的教学目标，我们在进行课程设计时，就要考虑我们所教授的课程要达到什么样的教学目标

①DAVID G.ARMSTRONG.当代课程论［M］.北京：中国轻工业出版社，2007.

②辞海.教育心理分册［M］.上海：上海译书出版社，1980.

③中国百科大全书.教育［M］.北京：中国百科大全出版社，1985.

④钟海泉.课程论［M］.北京：教育科学出版社，2007.

⑤宋莉娟.医学院校本科生死亡教育及其课程设置研究［D］.上海：海军军医大学，2021.

⑥张念宏.教育学词典［M］.北京：北京出版社，1987.

⑦张念宏.教育学词典［M］.北京：北京出版社，1987.

表 1-5-1（续）

提出者	内容
普拉斯①	课程并不是由教师和学生安排的一系列的活动，课程应该以学生为中心，为学生提供适当的机会，让学生能够对所学内容产生兴趣
威尔斯和邦迪②	课程即学习计划，所以，应该由目标来决定学什么
陈敏③	课程是一个随社会发展的变化而变化的概念，并不局限于说是各种科目的集合，它是包括学习过程，还有教师对教学内容、教学时数的安排和实施及教学目标的实现

2. 课程实施

关于“课程实施”的内涵讨论由来已久，对此各家也是众说纷纭，观点多达几十种，笔者通过不完全的查阅资料、文献找到以下各家观点。如表1-5-2所示：

表1-5-2　与课程实施相关的观点

提出者	内容
富兰④	课程的实施是将某种想法、方案或者某一种活动付诸实践的过程，给那些希望进行改革或者正在进行改革的人带来一些新的东西
古德莱德⑤	认为：“课程实施是在学校的日常中或者科学教学中所发生的事情，而教师自身所持的关于在课堂中应该做些什么的观点跟他们在实际教学中真实发生的情况可能会有很大的不同”

①张念宏.教育学词典［M］.北京：北京出版社，1987.

②宋莉娟.医学院校本科生死亡教育及其课程设置研究［D］.上海：海军军医大学，2021.

③陈敏.艺术类体育课程的理论研究和实践探索［D］.南京师范大学，2008.

④Fullan, M and pomfret, A Rescarch on curiculum and instruction implementation ［J］Review of Educational Research 1977, 47（1）: 335-397.

⑤GoodLlad J I.The Scope of Curiculum Field.［M］.In: Goodlad J I, Curriculum Inquary The Study of Curiceulum Practice New York: McGraw-Hill, 1979: 63.

表 1-5-2（续）

提出者	内容
李臣之[①]	教学所要教的内容使借助不同形式彰显出来。教学是依靠课程来支撑，课程是教学的内容，两者是内在统一的，课程实施就是教学
王路青[②]	课程实施是教师与学生以及课程设计者思想视野的融合过程，也可以理解教师与学对话文本，以及课程创造的意义与生成的过程，是教师与学生合作探究、经验共享的过程
白洁[③]	把与新课程方案的相关课程计划用于实践当中的过程，是达到预期课程目标的基本过程
杨丹[④]	课程实施是结合课程目标和方案实施的基本要求，结合学校现实情况，具体开展的过程
毛玮洁[⑤]	课程是实施利用的课程资源进行组织设计，最终对学生产生教育影响的过程
王英[⑥]	从课程实施的过程给子定义，他提出课程实施是通过对课程目标的理解，然后搜集课程资源，设计课程实施方案，进行课程的落实管理和评价为一体的综合性过程
施良方[⑦]	认为“课程实施”是为了实现课程理想和课程目标的预期值效果的一种基本途径，是把已编排制作完整的课程方案、计划应用于实践的过程，且对于课程实施的研究所注意的焦点并不只是关注课程计划，还要关注课程计划在实操中所出现的情况和影响

①李臣之.课程实施：意义与本质［J］.课程.教材.教法，2001（09）：13- 17.

②王路青.A小学科学课程实施的现状、问题与对策［C］.湖南科技大学，2018，4.

③白洁，于泽元.学校课程实施协同主体建构研究——协同论的视角［J］.国家教育行政学院学报，2020（05），76-81.

④杨丹.小学音乐课程实施的困境与走向［J］.课程教材.教法.2020（08）：109-115.

⑤毛玮洁，崔允漷.义务教有阶段体有课程实施的问题、成因与对策［J］.教育科学，2021（02）：22-30.

⑥王英.论高校美有课程实施中存在的问题及对第［J］.当代教育科学，2014（07）：63-64.

⑦施良方.课程理论课程的基础、原理与问题［M］.北京：教育科学出版社，1996：128.

表 1-5-2（续）

提出者	内容
马云鹏①	认为对课程实施不是单纯地对课程方案本身进行研究，还要研究某些课程改革在实际实践过程中的表现，研究的焦点也是课程改革在实际实践中哪些因素影响其实施的进行
王翠丽②	对于课程的实施的研究，应当关注课程在实践操作上发生的变化，也就是实施的情况如何；除此之外，还应关注课程在实施过程中，会受到哪些因素影响
葛嘉③	认为课程实施是指在课程目标的引领下，课程实施者开展对课程资源的开发和落实，并对落实后的效果进行精准评价的实施过程

3. 课程教学能力

目前对于“课程教学能力”这方面的研究，大多数研究者只是从“课程”或者“教学”进行研究阐述，而在新时代教育背景下，教师课程能力既以教学能力为基础，又是对它的超越，两者相互影响。对此，笔者通过查阅资料、文献找到并整理了以下各家观点，如表1-5-3所示：

表1-5-3　与课程教学能力相关的观点

提出者	内容
张会平④	教学是以学生为中心、成果导向、持续改进的教学质量保障体系的反馈机制是保证和提高本科教学质量的必要条件。
王淑芬⑤	即课程以过程为中心，将教师的课程意识建立在课程研究的基础上，表现出有效的课程实施行为。

①有宝华.综合课程论［M］.上海：上海教育出版社，2002：16-25.

②王翠丽.西南民族地区小学科学课程实施及影响因素研究［D］.西南大学，2020，6.

③葛嘉.小学美育课程实施存在的问题与对策研究［D］.渤海大学，2021，10.

④张会平，朱凯.基于持续改进的课程教学质量监控反馈机制的研究［J］.河南平顶山.2022：12.

⑤王淑芬.中小学教师课程能力的培育策略［J］.江苏教育研究，2018（10）：30-34.

表 1-5-3（续）

提出者	内容
马文娟[①]	信息化教学能力是师范生所要掌握的能力，是其在学习实践活动中所展现出与技术应用有关的意识与态度、知识与技能、活动与表现和责任与义务。具体包括师范生的计算机操作技能、对教与学理论的掌握、对教学各环节的设计以及对待知识与技能的道德素养
高月[②]	师范生信息化教学能力的培养应该以“意识与态度”为动力、以“知识和技能”为基础、以“应用和创新”为目标、以“社会责任”为价值导向
陆军[③]	认为基于“大课程观”背景下，教师课程能力是课程素养的下位概念，教学能力是课程能力中的一个子概念，属于课程实施的能力。从语法结构来看，“教师课程能力”就是教师关于“课程”的能力，或者是完成“课程”相关任务的能力
方建华[④]	课程涵盖教学、教学涵盖课程;独立论，即课程与教学两者是相对独立的，同属于教育学的下位概念;相互影响论，即课程与教学是有机整合的、相互联系的。目前教育学界较为共识的是使用-大课程”概念，即将“教学”纳入“课程组织与实施活动”范畴中”
回俊松[⑤]	教学能力可以看作是课程实施中的能力，是课程能力中的一个子系统，随者社会的发展、教育理论与实践经验的丰富和积累，教师在课程实践中不但需要作为“搬运工”的知识传递能力，还要有反映时代精神的课程观、复合的课程知识结构及课程开发能力
李瑞[⑥]	教师课程能力是教师为了完成课程计划，在已有的课程知识、技能和经验，将自己掌握的课程意识转化成课程行为在实践活动过程中所体现出的个性心理特征，这表现过程是以课程教育资源为媒介。它是教师素养的重要组成部分，在对课程目标与价值的实现，以及课程运作过程中发挥重要作用。

①马文娟.师范生教育技术能力培养之课程体系研究［D］.南京：南京师范大学，2008.

②高月.《现在教育技术》课程对师范生信息化教学能力提升效果研究［D］.2017.

③陆军.教师课程能力的核心要素及其提升路径［J］.教育理论与实践，2016，36（18）：31-34.

④方建华.从教学能力到课程能力：基于新课程的教师专业发展理念与策略［J］.教育理论与实践，2014（13）：34-38.

⑤回俊松，张彬.课程改革背景下的教师与课程——关于教师课程能力的几个基本问题的思考［J］.江苏教育，2017（86）：11-13.

⑥李瑞.中小学教师课程能力结构与特点研究［D］.济南：山东师范大学，2020.

表 1-5-3（续）

提出者	内容
袁昌仁①	课程能力指教师可以胜任学校所设的教学科目和进程的主观条件
周海涛②	课程能力是教师在课程教学实践中鉴于课程意识和观念，对课程资源做出合理批判性理解，在合适价值选择后组合和建构的能力

4. 高质量发展

“高质量发展”最早源于对经济发展阶段的描述，随着国家在经济领域上对“高质量发展”的重视与强调，作为兴国第一战略的教育领域对教育的“高质量发展”也逐渐重视起来，教育高质量发展也逐步成为热点话题。本研究的“高质量发展”意味着发展是以提高小学教育专业师范生课程教学能力的质量为导向，是相对于前期有质量的发展、更好的发展。笔者知通过知网查阅资料，得出以下各家对高质量发展的一些阐述。如表1-5-4所示。

表1-5-4　与高质量发展相关的观点

提出者	内容
林兆木③	第一生产力的发展是创新的高质量发展，绿色成为普遍形态的发展，经济重大关系协调、顺畅的发展，坚持深化改革开放的发展，共享成为根本目的的发展
LiLi④	高质量发展不能以牺牲其他东西为代价，比如采矿业的发展不能以牺牲空气质量为前提，我们需要在确保能保护空气质量的前提下，来发展采矿业。同样的，举-反三，教育和培训

①李臣之，孙薇.教师课程决定：有为与难为［J］.课程教学研究，2013（5）：5-9.

②周海涛.教师课程能力发展的困境、探因与突围［J］.教育理论与实践，2018，38（28）：48-51.

③陈艳.高质量发展背景下云南H教育培训机构核心竞争力提升研究［D］.昆明：云南师范大学，2022.

④LiT，LiY，AnD，etal Mining of the assciation rules between ndustializain level and ar quality to inform high-quality development in China［J］.Journal of env ironmental management，2019（246）：564-574.

表 1-5-4（续）

提出者	内容
王一鸣[①]	高质量发展就是要从“数量”的重视转向“质量”的提升，从“规模扩张”转向“结构升级”，从“要素驱动”转向“驱动创新”
王莉莉[②]	高质量发展是对于新发展理念的完整诠释，既是一种理想状态，又是一种实践状态，既是一个永恒的主题，也是第一要务。同时，高质量发展不局限于经济发展的单一方面，同样也包括了各个方面的总要求
蔡宗模[③]	从局部的意义上，教育的高质量发展是基于建设现代化经济体系对教育的影响需求;从关系的意义上，教育的高质量发展是教育要做到高效率高质量，才能服务社会，推动现代化经济体系建设：从整体的意义上，教育就是全社会乃至教育本身的高质量对教育发展提出的要求
辛涛[④]	认为教育的高质量发展就是要让教育真正服务于教育的根本目的，即培养德智体美劳全面发展的学生，提升育人质量，促进教育公平，实现教育高效持续的发展
习近平[⑤]	高质量发展必须体现出新发展理念的目标；由于人才是第一资源，创新是第一动力，所以强调关键核心技术对推动我国经济高质量发展的具有重要意；因当前国内外复杂形势下我国经济整体循环的发展而引出高质量发展的内涵
司晓宏[⑥]	义务教育高质量发展，是逐步推进、螺旋上升的过程。它主要以公平为基础、内涵视为重点、质量作为发展根本，让不同的儿童接受到适合自身个性发展的特色义务教育，使儿童教育的社会化和个性化得到结合，因材施教和有教无类有机结合，德智体美劳有机结合，达到一种更高效、更优质和理想教育状态

①王一鸣.高质量发展根本在于经济的活力、创新力和竞争力 [N].证券时报，2018-02-25.

②王莉莉.高质量发展视域下师范院校本科教学质量分析与改进研究—基于28所师范院校《本科教学质量报告》的文本分析［D］.石家庄：河北师范大学，2022.

③张雨婷.高质量发展背景下安徽省义务教育资源配置的均衡性问题研究［D］.蚌埠：安徽财经大学，2021.

④辛涛，李刚.高质量发展时代教育质量评价的功能定位和重点内容［J］.人民教育出版社，2020：20.

⑤中央人民政府.习近平总书记关于推动高质量发展重要论述综述［EB/OL］.2020-12-17.

⑥司晓宏.义务教育迈向以质图强新征程［EB/OL］.2019-12-12.

表 1-5-4（续）

提出者	内容
张雨婷[①]	就是以先进的教育理念为引导，通过强化教育过程质量以确保教学成果的质量，努力建立并保持完善的教育生态环境，协调促进区域、学校、学生之间的优质均衡，实现学生素质教育的全面发展和教育质量的全面提高，最终共享教育改革发展成果
李政涛[②]	将高质量发展阶段的核心内涵概括为“四化”，即现代化，实现基础教育现代化：体系化，构建德智体美劳全面培养的教育体系：科学化，树立科学的教育质量观;生态化，创建公平而有质量的教育生态
靳玉乐[③]	认为高质量教育是更加注重公平、更具智慧、更加开放、更高治理水平的教育
王晓吉[④]	高质量发展是国家在新发展阶段提出的新发展要求。高质量发展不仅仅局限于经济发展方面，也是对经济社会各方面发展的总要求。建设高质量教育体系，实现高质量发展，高等教育包括县域高等教育必须勇于探索、开拓创新，努力实现教育现代化
黄洪兰 姚玉香[⑤]	从语义学的角度分析，“高质量发展”是以“高质量”+“发展”的偏正结构，“高质量”是对“发展”的方式和动力机制的限制，从这个意义上说，高质量发展是一种发展理念
金碚[⑥]	通过对经济增长阶段和经济高质量发展阶段的对比分析，认为高质量发展的根本目的是满足人民对于民主、安全、环境、公平等多方面的需求，要重点关注该需要的供给侧，在战略模式上要表现出高度创新型，供给侧则应以创新为主导，才能更好的满足人民对美好生活向往的需求侧

①张雨婷.高质量发展背景下安徽省义务教育资源配置的均衡性问题研究［D］.蚌埠：安徽财经大学，2021.

②赵昌文.高质量发展背景下安徽省义务教育资源配置的均衡性问题研究［D］.蚌埠：安徽财经大学，2021.

③马珠屏.甘肃省高质量发展动态综合评价［D］.兰州：兰州财经大学，2021.

④王晓吉.长三角一体化进程中县域高等教育高质量发展研究——以江苏太仓S学院为个案［D］.锦州：渤海大学，2021.

⑤黄洪兰，姚玉香.质量革命：新时代高等教育高质量发展的战略［J］.现代教育管理，2020（12）.

⑥金碚.关于“高质量发展”的经济学研究［J］.中国工业经济，2018（04）：5-18.

表 1-5-4（续）

提出者	内容
冯国丝①	认为高质量发展是在我国经济“内循环”为体，国内国外双循环相互促进新发展格局背景下，为解决我国发展中矛盾问题而制定的符合宏观经济发展规律的发展战略

（三）内涵框架研究

1. 国外对课程实施中情境教学的相关研究

国外对课程实施中情境教学的早期研究有杜威的实用主义、构建主义的教育理论、原苏联教育家苏霍姆林斯基及维果斯基的最近发展区理论等，早期的研究并没有专门的系统化的理论。杜威是最早在教育上运用“情境”的研究者，他认为：思维起于直接经验的情境；1987年，瑞兹尼克发表了“学校内外的学习（Learning in School and，Out）”的演说，阐述了日常生活情境与学校情境的区别；1989年，Brown，J.S.and Collins，A. and Duguid，P.发表了《情境认知和知识的学习》（Situated Cognition and the Culture of Learning）一文，其深刻探究了情境教学法的意义，认为知识唯有在产生及应用的情境中才有意义，并且认为知识不可能从它本身所处的环境中孤立出来，因此认为学习知识的最佳方法就是在情境中学习。②

2. 国外对知识技能、过程方法和情感态度三维的培养目标研究

有学者根据我国基础教育课程改革，对小学教师的知识结构调整做出一系列的要求，从而对高师院校的小学教育专业课程设置进行相应的改革。檀满仓在《从小学教师的素质结构谈小学教育专业的课程设置》中指

①冯国丝.双循环背景下东莞中职教育高质量发展研究——以机器人应用与维护专业为例［D］.贵阳：贵州民族大学，2022.

②李晓娇，新课程实施下高中历史情境教学的探索研究［C］.广西师范大学，2020（06）：4-6.

出：根据新课改对师范生的知识与技能、过程与方法和情感与态度三维的培养目标，提出小学教育专业应该适当调整课程设置的内容和结构，增加适当的教育实践训练的课程占比，从而培养出能适应新课改标准要求下的高素质教师。①

3. 国内的相关研究

国内对师范生课程教学能力高质量发展的研究不多，能查阅到的仅仅是与之有些许相关，在中国古代，教育十分重视情境教学的作用，如孔子的“相机教学”，简单来说，便是抓住最佳时机、合理运用当前情境，随时随地、因事因人不受因素限制的对学生进行教育。近现代，我国的教育研究者对情境教学也做了一些研究。在20世纪初，大教育家陶行知就提出了“生活即教育”的教育理念，对情景教学进行初步探究。20世纪70年代，从事小学语文教育研究的李吉林出版了许多有关情境教学的专著，如《情境教育一个主旋律的三部曲》《情境教学实验与研究》等。李吉林对“情境教学”的理论进行系统的创造和构建，她指出：情境教学就是“从情与境、情与辞、情与理、情与全面发展”的辩证关系出发，创设典型有趣的场景，激起儿童冲动、热烈的情绪，把情感活动和认知活动结合起来的一种教学模式。并把情境教学的步骤分为引入情景、分析情境、再现情境、驾驭情境。”在借鉴国外情境教学研究成果的基础上，国内许多学者和一线教师在各自的学科领域里探索适合本国国情和学生学情的情境教学，以情境创设的原则、途径、策略、方法和教学模式的研究为主，构建了具有中国特色的情境教学的理论与实践相结合体系。②

①岳军祥，新时代小学教育专业师范生综合素质影响素质研究［M］.西安：陕西科学技术出版社，2019，32.

②胡良化，高师本科小学教育专业实践教学创新对策［J］.经济研究导刊，2011，8.

（四）影响因素研究

通过知网检索出师范生课程教学能力高质量发展的相关论文，在各大学者的研究基础上总结出了他们研究的主要成果以及观点，得出影响新时代小学教育专业师范生课程教学能力高质量发展的影响因素如下。

1. 观念因素

王霞认为，我国高等本科教育多年来普遍存在着“重知识传授，轻能力培养”“重理论课程，轻实践环节”“重视课堂，忽视课外”的弊病。并且实践教学体系不够完整，实践教育设施不健全，师资力量薄弱，制度的管理也不得当，从而导致师范生的动手能力差、不具备实践能力的问题，严重影响了高师院校的人才培养质量。①陈梦溪认为在“理智取向”的驱动下，实践教学通常会成为理论教学的附属品。而有些实践性教学环节也只是专业人才培养方案中的一个符号，并没有得到落实与实施。②

2. 学校因素

一般来说，课程教学的实践性很强，培养此类人才是需要大量的实践。但因学校实践教学课程的设置不合理，课程安排以及课时数有限而导致师范生没有得到最佳有效的培养。目前，在师范类院校的教育中，实践教学的课时数所占比重十分有限，课程比例失调，使得部分师范生的专业素质出现缺口。除此之外，课程形式内容比较单一，实践教学形式和内容单薄，使得师范生无法掌握并运用全面的教师教育技能，从而影响师资预备军的实践能力、科研能力及创新能力，当下大多数学生普遍表现为掌握理论，但教学实践技能较差。③

---

①王霞，孙彦新，王凤春.教育背景下高校基础实践教学体系的构建［J］.中国电力教育，2009，8.

②陈梦溪，彭玲艺.基于教学实践智慧培养的小学教育专业实践教学策略［J］.当代教育理论与实践，2010，4.

③胡良化.高师本科小学教育专业实践教学创新对策［J］.经济研究导刊，2011，8.

3. 其他因素

教学设施不全面不能很好地满足实践教学的需要。考核评价体系不科学，缺乏独立的实践教学考核体系。社会支持不力也是高校实践教学薄弱的关键。[①]

（五）对策研究

1. 学校层面

杨凤林认为从学校层面来看，教师教育专业实践教学课程的能力培养可以从以下几点来进行改进：

2. 实践教学基地建设

基地建设是实践教学的物质基础和保障，一是加强实验室建设，尤其是微格教学实验室、模拟教学实验室等教学设施的建设，添置更新教学仪器设备，使教学条件大大改善。二是建立校外实践教学基地。为了保证小学教育专业师范生实践教学以及社会实践活动的开展，应建立多个实践教学基地。

3. 组织与制度管理

在组织管理方面，学校应出台相应的实践教学管理办法，形成信息通畅的教务管理平台，具体负责实践教学的组织与实施工作。首先，强化决策功能，实践教学主管领导高度重视。其次，强化实践教学组织实施功能；然后强化执行、督促和检查功能。通过强有力的组织领导，可以加强师范生的专业实践能力。[②]

（1）个人层面

从师范生个人层面来看，师范生可以进行“拜师学教”。“拜师学

①王霞，孙彦新，王凤春.大众化教育背景下高校基础实践教学体系的构建［J］.中国电力教育，2009，8.

②杨凤林.教师教育专业实践教学课程体系的构建与实施［J］.赤峰学院学报，2015（4）：275.

教”是对旧的实践教学模式的一种创新，重点强调师范生在“做中学”，以及与指导老师进行合作与交流，在做的过程感悟教学教法，获取经验。除此还强调对所学的教育教学理论的深化与建构，强调对自己的教学教法、行为的分析与反思，在反思中感悟与提升，通过“拜师学教”活动，让师范生学会教和知道教什么。①

（2）课程体系设置层面

赵炜认为实践教学课程内容设置，应根据人才培养目标进行科学、合理地设置，营造健全、良好的实践教学环境，满足教学实践的需要，科学合理的建立管理监控体系，严谨规范实践教学，实行开放式实验教学，满足培养师范生个性化发展需要。②

（六）理论基础研究

实践课程教学模式是在一定的理论指导下建立的，本研究从认知学习理论、构建学习理论、获得学习理论依据。

1. 认知学习理论

在实践课程教学过程中学生是怎样学习和进行的，又该如何组织人的学习，如何学习才会更有效，认知学习理论能够解答这些问题。

2. 情景（共享）认知理论

情景（共享）认知理论认为：学生的认知发展过程主要有三个阶段：感知，理解，应用。感知是指学生用自己已有的知识和经验去认识客观世界，形成自己的经验与知识系统；理解是指学生把新获得的知识与已有的知识经验联系起来，从而获得新的知识；应用是指学生用已有的知识和经验去解决实际问题。

---

①程愚.“拜师学教”—小学教育专业学生实践教学模式探究［J］.陕西教育，2008.

②赵炜.论实践教学课程体系的构建［J］.煤炭高等教育，2007，3.

3. 元认知理论

元认知理论认为，知识学习的过程是一个元认知加工的过程，学习者在学习时，以自己的经验为基础，主动地调节自己的认知活动，将新旧知识加以联系，对新知识进行分析、综合和概括，从而建立起新旧知识之间的联系。

4. 构建主义学习理论

建构主义学习理论认为学习的本质是建构，是外部环境与认知主体内部心理相互作用的结果。该理论提出同化-顺应的认知建构过程和“平衡-不平衡-新的平衡”的认知发展过程。学习的发生就是主动建构的发生。强调以学生为中心，要求学生由外部刺激的被动接受者转变为信息加工的主体、知识意义的主动建构者，强调认知主体对学习的能动作用。建构主义学习理论强调教学环境对有效形成意义建构的重要作用，指出“情境、协作、会话、意义建构”是建构教学环境的四大属性。该学习理论强调利用各种信息资源来支持学生的学习，倡导在教师的指导下，以学习者为中心，把真实情境创设看作是达成意义建构这一最终目标的必要前提。[①]

（七）方法工具研究

通过对相关文献的整理，几乎所有研究者都使用了文献研究法，大多数研究者使用了问卷调查法、访谈法，也有研究者使用了其他的研究方法。如表1-5-5所示：

表1-5-5　各家研究方法

研究者	方法
王路青	文献研究法、调查研究法（问卷调查法、访谈法）

①虞璐.基于概念图的高职实践课程教学模式的理论建构［C］.浙江师范大学，2009，6.

表 1-5-5（续）

研究者	方法
赵玉婷	文献研究法、问卷调查法、访谈法、案例法
王翠丽	文献研究法、问卷调查法、访谈法、观察法
王　琰	文献法、系统分析法、问卷法、访谈法、参与观察法
方　琼	文献法、教育行动研究法、问卷法、访谈法、教育实验研究法
葛　嘉	文献研究法、问卷调查法、访谈法、
李晓娇	文献研究法、实证研究法、调查研究法
李　瑞	文献法、访谈法、问卷调查法、统计分析法
王晓吉	文献研究法、实证研究法、调查研究法

通过此表我们不难看出，大部分研究者几乎运用了文献研究法、问卷调查法和访谈法，部分研究者还运用了案例法、统计分析法，少部分研究者运用了教育实验研究法和教育行动研究法。

（八）政策法律研究

通过知网搜索关键词“小学教育”，自2003年到2022年间共有2612条结果，如图1-5-2所示，都是国家教育部和地方教育部发布关于小学教育阶段及教师的相关法律法规和相关案例。以“小学教育专业师范生”为关键词搜索，仅有2021年6月教育部发布关于印发《中学教育专业师范生教师职业能力标准（试行）》等五个文件通知。

新课程改革下，小学教育专业主要是以培养和提高学生的学科核心素养为目标。因此，在课程教学上，要始终贯穿发展学生学科核心素养这一目标，同时注重学生实践能力的培养，进一步转变并改进教学模式和优化教学方式，同时对学生的学习方式和评价机进行有效的改善。合理的将教、学、评有机结合，促进学生进行自主学习、合作学习和探究学习，提高学生的自控能力和实践能力，培养其创新精神。[①]

课程的目标是坚持落实立德树人的根本任务。学生通过课程的学习，形成历史学科核心素养，得到全面发展、个性发展和持续发展。[②]通过情境教学实践，培养学生自主创新意识、解决问题的能力，让学生不止停留在知识学习的层面上，符合立德树人根本任务的要求。《关于深化教育体制机制改革的意见》中提出了“要注重培养支撑终身发展、适应时代要求的关键能力。在培养学生基础知识和基本技能的过程中，强化学生关键能力培养。”[③]“培养职业能力，引导学生适应社会需求，树立爱岗敬业、精益求精的职业精神，践行知行合一、积极动手实践和解决实际问题。”[④]

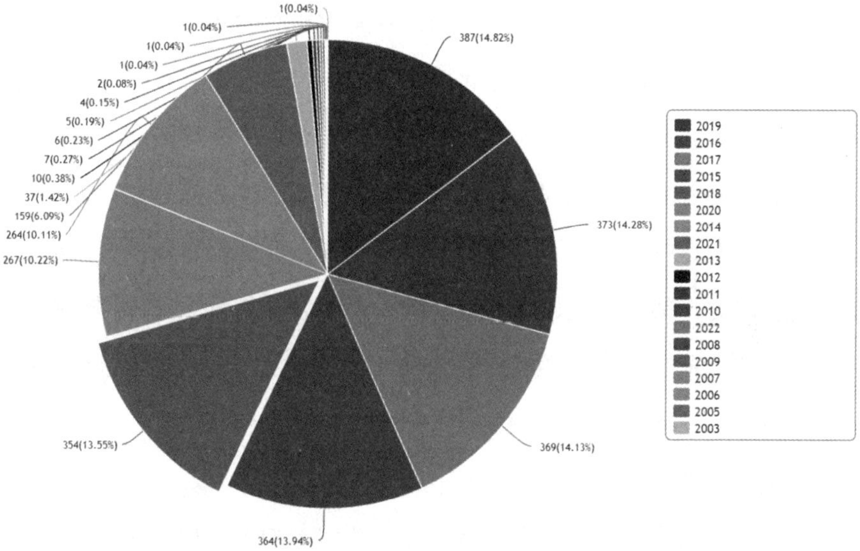

图1-5-2　相关法律法规和相关案例发表量与年份图

①中华人民共和国教育部.普通高中历史课程标准（2017版）［S］.北京：人民教育出版社，2018，3.

②中华人民共和国教育部.普通高中历史课程标准（2017版）［S］.北京：人民教育出版社，2017，6.

③四川省教育厅.四川省人教育厅关于学习贯彻《关于深化教育体制机制改革的意见》的通知［J］.四川省人民政府公报，2017（20）：34-39.

④四川省教育厅.四川省人教育厅关于学习贯彻《关于深化教育体制机制改革的意见》的通知［J］.四川省人民政府公报，2017（20）：34-39.

（九）评述研究

综合上述的研究来看，现如今，大多数研究资料都明显倾向于实施课程教学体系单一方面的研究，所研究的方向大都是关于课程实施的教学方法、教学设计和课程的设置，而针对实施课程教学的全程性的设置、管理与评价以及小学教育专业师范生职前教育、课程教学能力培养的研究相对较少。

1. 结构要素

从结构要素的研究来看，有的学者倾向于研究课程实施的教学设置体系；有的学者倾向于优化实施课程的教学过程；有的倾向于针对小学教育专业加入新的教学模式的研究；有的则是从教育教学实践、教育科研实践课程、教育创新实践课程等理论入手，研究如何构建实施教学课程体系；也有的是研究如何将游戏融入课程中，进行更有趣的教学活动。但都缺少对小学教育专业师范生课程教学能力高质量发展的培养的研究。因此，本研究就是针对这些不足，对高师院校小学教育专业师范生课程教学能力的培养进行研究，努力把理论课程教学融入整个教师教育实践课程当中来，以保证培养师范生课程教学能力的合理性、系统性和有效性，进而形成一个具有系统化、有效性、合理性、创新性的完整的培养系统。

2. 影响因素

从影响因素方面来看，有学者认为，能够影响课程教学能力的因素可以分为新课程的特性因素、自身的因素、学习环境的因素和背景因素，但很少有学者具体深入地去研究小学教育专业师范生的课程教学能力，故而导致课程教学能力的研究结果很片面，说服力也不是很强。因此，想要去了解这一方面具有一定的困难。

所以，笔者根据新课改理念、课程目标、课程内容选择和组织、课程实施和课程评价，针对小学教育专业师范生的课程教学认知、教学情境创设、课程教学组织、课堂学习指导、课堂教学评价五个维度进行研究，编制“新时代小学教育专业师范生实施课程教学能力调查问卷”，然后通过对IK大学小学教育专大一、大二、大三、大四的师范生进行调查和访谈，从而进行数据分析和探讨研究。

第二章 研究设计

第一节 新时代小学教育专业师范生师德规范能力高质量发展研究设计

一、研究问题

1. 如何准确把握“新时代小学教育专业师范生师德规范能力高质量发展”的内涵

根据“小学教育专业师范生师德规范能力的内在规定”，来准确定义小学教育专业师范生遵守师德规范的范畴和边界，梳理出新时代小学教育专业师范生遵守师德规范能力研究中的现实问题。这是本研究的目的意义所在。

2. 如何把握当前师德规范建设的突出矛盾和现实问题

针对小学教育专业师范生遵守师德规范能力高质量发展研究的发展现状进行成因和数据分析，并根据具体的成因来提出一些解决的策略。说清楚影响小学教育专业师范生遵守师德规范建设生成的因素，这些因素对小学教育师范生未来教育事业的生成有着何种影响，如何发挥积极作用，促使未来的教师队伍逐步壮大，构建符合时代要求的未来教师。①

①李志强.新时代研究生导师师德建设研究［D］.长春：东北师范大学，2021：25.

二、核心概念界定

1. 新时代

本论文探讨的是中国特色社会主义发展的新时代，这是历史之新。在这样新时代的背景之下，要广泛践行社会主义核心价值观，要深入的宣传教育，要求着力培养小学教育专业师范生师德规范能力高质量发展，成为有担当民族复兴大任的时代新人。新时代是讲好师德，弘扬高尚师德，发展立德树人的师德，各个高校的教师应做好培育师范生树立新时代教师师德规范形象，立足于新时代的背景下，我跟紧时代发展的步伐，对X院校小学教育专业大一、大二、大三、大四的学生进行师德规范能力高质量发展研究。

2. 规范

本论文主要是从道德规范为出发点，探讨规范具备的隐性教育的色彩，即强调个体行为的示范性，呼吁群体心中达成共识的重要性，并激发出榜样和模范的作用，通过激发群体对崇高道德要求的构想与期待，约束自我的行为，提高小学教育专业师范生师德规范能力高质量发展的道德责任认同感。

3. 师德规范

本研究认为师德规范实际上是指在一定程度的教育价值理念的指导下，师范院校通过培养小学教育师德队伍，实现师德规范能力高质量发展的建设。

4. 高质量发展

本论文主要从经济层面和教育层面去了解高质量发展的内涵，目前各学者对高质量发展内涵的探讨已十分广泛，因为高质量发展内涵具有多维属性，在经济和教育的内涵理解不完全一致，但普遍肯定了高质量发展概念是对中国教育发展理论的继承性拓展，仍需对此进行系统研究，以实现小学教育师范生师德规范的高质量发展。

本研究在核心概念的界定中，主要以新时代、规范、师德规范、高质量发展进行研究界定，在新时代理念的引领之下，从道德规范出发，在师德规范的教育价值理念的指导下，探讨规范小学教育专业师范生师德规范培养的重要性。通过对核心概念的界定，确定了新时代小学教育专业师范生师德规范能力高质量发展研究主要是基于《小学教育专业师范生职业能力标准（试行）》对小学教育专业师范生在师德规范方面的人才培养要求，根据这要求以及借鉴参考赵佳雪、翁雪招等硕士论文研究成果的基础上确定师德规范，从理想信念、立德树人、坚守准则，角色认同、政治自信、师德实践六个维度进行问卷编制进行研究调查，能够及时地了解当前小学教育专业师范生师德规范能力是否达到了高质量发展要求，以及在小学教育专业师范生师德规范能力高质量发展培养中遇到什么问题，从而去分析和解决问题，最终根据问题提出自己相关的建议，从而促进小学教育专业师范生师德规范能力的高质量发展以及新时代教育的高质量发展。

三、研究方法与思路

1. 研究方法

（1）文献法

主要通过查阅相关文献并对其进行文档整理[①]，筛选最终得到符合本课题研究的资料的方法。

（2）问卷调查法

主要是以书面语言的形式和被调查者进行交流，用来收集研究对象关

①史立会.教师专业化视域下师范生师德培养的课程设置研究［D］.南充：西华师范大学，2018：13.

于教育问题或者教育现象信息和资料的研究方法[①]。本论文主要以X院校小学教育专业大一、大二、大三、大四的师范生为问卷调查对象，根据小学教育专业师范生教师职业能力（试行）中第一部分师德践行能力，并参考赵佳雪、翁雪招等硕士论文研究成果的基础上确定师德规范，理想信念、立德树人、坚守准则，角色认同、政治自信、师德实践六个维度进行问卷编制（见附录1）共35个项目，拟发放问卷240份，回收以及问卷处理分析等。

（3）访谈法

主要采用口头表达的形式，根据被访问者的答复来收集客观的、不带偏见资料的事实材料，进行弥补问卷调查的一些局限性。[②]本文进行访谈的主要目的是进一步探究小学教育专业师范生师德规范能力掌握的现状，弥补问卷调查的一些局限性，以供为本文的后续对策提供充足的理论论据。

本研究结合问卷分析的结果，为尽可能地探究潜在因素对小学教育专业师范生师德规范能力高质量发展的影响，研究设计了3个问题以补充完善研究内容，访问提纲如下表2-1-1。

表2-1-1　访问提纲

1	您在入学至今，内心一直坚信自己未来要做一名老师吗？（如果是）是什么原因让您坚持这么久？（如果不是）为什么呢？
2	您认为当一名优秀教师需要具备哪些素质要求呢？
3	您在曾经的见习或者实习中，面对学生您通常是什么心情，能回忆一个具体的示例来说说这种情感吗？

根据问卷调查的结果设计三个主要问题，主要采访愿意接受访谈的师

①方艳.新时代高校师范生师德教育研究［D］.南昌：江西师范大学，2019：6.

②余华.高校师范生教师职业道德培育研究［D］.成都：四川师范大学，2018：6

范生，共整理来自19级、20级、21级、22级小学教育专业的6位师范生的访谈稿，对受访者的回答进行整理归纳以备研究所用。如表2-1-2是对访谈对象的背景资料进行整理。

表2-1-2 访谈对象的背景资料

	性别	年级	教育实践经历	生源地
访谈1	女	2019级	实习教师	贵州望谟
访谈2	女	2019级	实习教师	贵州望谟
访谈3	女	2020级	教育见习	贵州安顺
访谈4	女	2021级	班级内试讲	贵州遵义
访谈5	女	2021级	暑假兼职教师	贵州贵阳
访谈6	男	2022级	讲解小组作业	贵州兴义

（4）SPSS定量分析法

本研究主要采用SPSS22.0对问卷进行数据分析，加以Excel对分析的数据进行整理统计，对问卷调查的各个维度进行数据处理及分析。如人口变量学统计，调查问卷的信效度分析等方面，以此出相关结论。

2. 研究思路

本文研究的是“新时代小学教育专业师范生师德规范能力高质量发展研究”。在前期研究准备主要是以文献研究法梳理文献综述，研究进程通过问卷调查法和访谈法来了解小学教育专业师范生师掌握师德规范能力的现状，并通过SPSS定量分析法来分析数据及其原因，最后研究结果依据出现的原因探索提出可行性的意见和建议。如图2-1-1所示。

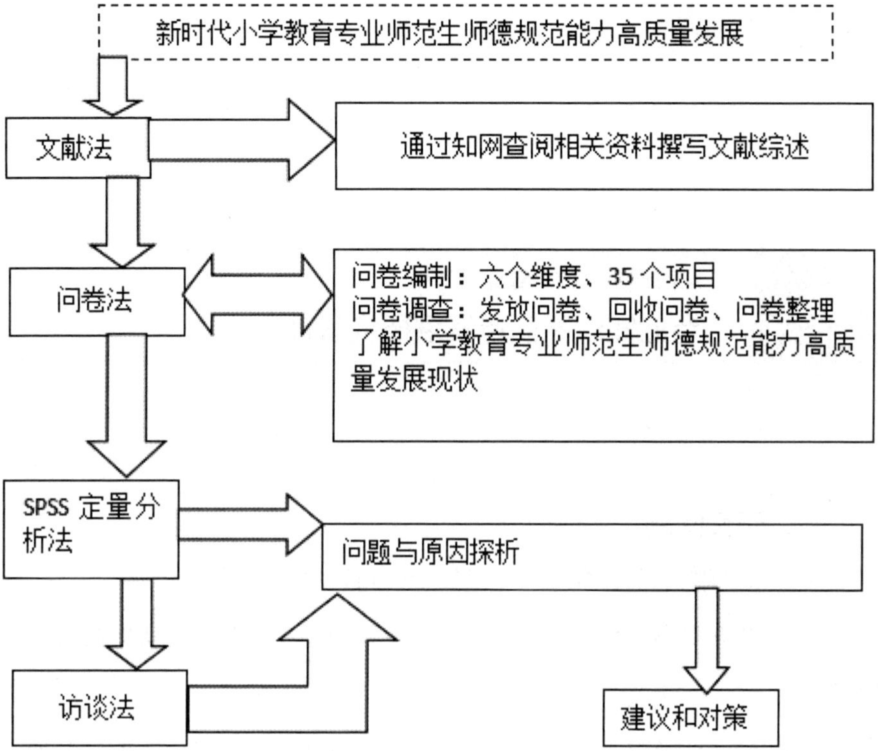
新时代小学教育专业师范生师德规范能力高质量发展
文献法
通过知网查阅相关资料撰写文献综述
问卷法
问卷编制：六个维度、35 个项目
问卷调查：发放问卷、回收问卷、问卷整理
了解小学教育专业师范生师德规范能力高质量发展现状
SPSS 定量分析法
问题与原因探析
访谈法
建议和对策

图2-1-1　研究思路图

第二节 新时代小学教育专业师范生专业知识高质量发展研究设计

一、研究问题

（1）XY学院小学教育专业师范生专业知识的发展现状。

（2）XY学院小学教育专业师范生专业知识的发展现状反映出的问题及原因。

（3）针对XY学院小学教育专业师范生专业知识存在的问题提出对策，从而达到促进小学教育专业师范生的专业知识高质量发展的目的。

二、核心概念界定

1. 专业知识

本研究认为专业知识是科学的做事方法，是被人类先哲们系统化的经验，是一种潜在的力量，是各个领域和行业的成功经验。小学教育专业的师范生必须要具有教师行业的专业知识，只有将专业知识计划和组织起来，才能转化为支撑自己工作的经验。

2. 师范生专业知识

本研究认为师范生专业知识指作为师范生为从事教育教学活动所需要具备的基础的、核心的专业知识，包括所要教的知识和如何教的知识。根据《小学教育专业师范生教师职业能力标准（试行）》和《小学教师专业标准（试行）》，本研究将小学教育师范生所要掌握的专业知识分为了四类，分别是教育教学知识、学科知识、通识性知识和实践知识。

3. 高质量发展

本研究认为教育的高质量发展主要从地方师范院校和小学教育专业的师范生两个主体出发。第一，要求地方师范院校根据自身实际情况更新办学理念和办学目标，使其符合社会经济的需要，让学校的办学水平向更高层次发展。第二，要求学生的专业知识水平符合《小学教育专业师范生教师职业能力标准（试行）》和《小学教师专业标准（试行）》对教师专业知识的要求，达到教师岗位对毕业师范生的招聘要求。

4. 新时代小学教育专业师范生专业知识高质量发展研究

通过整理小学教育专业师范生专业知识发展的相关文献，发现大多数研究者是以《小学教师专业标准（试行）》为依据划分维度，并没有糅合没有达到新时代融合教育、随班就读、新兴技术、班级管理等方面的知识，并没有达到国家提出的"建设高质量教育体系"的要求。本研究以《小学教育专业师范生教师职业能力标准（试行）》和《小学教师专业标准（试行）》为依据，将小学教育专业师范生的专业知识分为教育教学知识、学科知识、通识性知识和实践知识等4个维度，这4个维度是小学教育专业师范生的专业知识能否得到高质量发展的关键因素。因此，本研究根据这4个维度设置调查问卷，发放250份问卷，对兴义民族师范学院小学教育专业师范生的专业知识掌握程度进行调查，回收数据，对小学教育专业师范生的专业知识发展现状进行分析，找到促进小学教育专业师范生的专业知识高质量发展的对策，使小学教育专业的师范生的专业知识在4个维度中的掌握程度整体能够达到95%，从而实现小学教育专业师范生专业知识高质量发展。

三、研究方法与思路

1. 文献法

文献研究法指的是对文献展开查阅、分析、整理，并努力寻找出事物的本质属性的研究方法。[①]文献法是一种系统地收集和整理文献，运用科学的方法，通过分析和研究，来认识和理解社会现象的方法。[②]本研究主要通过图书馆、CNKI和魔力云学术网查阅相关文献资料，为本研究撰写文献综述、概念界定提供理论基础。

2. 问卷调查法

在工作分析中，最常见的一种方法就是问卷调查法，它是一种利用调查表来获取工作分析的信息，也就是让相关的人以书面的方式，对与工作岗位相关的问题做出答复的一种工作分析方法。[③]本研究编制的问卷是《新时代小学教育专业师范生专业知识调查问卷》，以《小学教育专业师范生教师职业能力标准（试行）》和《小学教师专业标准（试行）》为依据，对兴义民族师范学院小学教育专业的师范生进行问卷调查。《小学教育专业师范生教师职业能力标准（试行）》主要从教育基础、学科素养、信息素养和知识整合等4个方面出发，而《小学教师专业标准（试行）》主要从小学生发展知识、学科知识、教育教学知识等4个方面出发，来研究专业知识。本研究将两个《标准》中对专业知识的要求进行整合，最终形成4个维度，如表2-2-1所示：

---

①袁振国.教育研究方法［M］.北京：高等教育出版社，2000.

②李秉德.科学研究方法［M］.北京：人民教育出版社，1987.

③王青.工作分析理论与应用［M］.北京：清华大学出版社，2009.

表2-2-1　维度与项目划分

维度	项目
教育教学知识	1. 您掌握了教育理论的基本知识。 2. 您能够遵循小学教育规律。 3. 您了解小学生认知发展特点。 4. 您能熟练运用教育原理和方法。 5. 您能运用说“教育机智”解决教育教学实践中的问题。 6. 您掌握了主科课程的课程标准和教学知识。 7. 您掌握了小学生养成良好行为习惯的知识。 8. 您能为随班就读的特殊儿童提供针对性的教育与服务。 9. 您了解学习科学相关知识。 10. 您了解融合教育的意义和作用。
学科知识	11. 您掌握了主教学科的基本知识、基本原理和基本技能。 12. 您了解小学学科的教材，能够建立起新旧知识之间的联系。 13. 您了解兼教学科的基本知识、基本原理和基本技能。 14. 您具有一定的综合运用学科知识的能力。 15. 您熟悉常见的儿童科普读物和文学作品，能够帮助小学生提高写作能力和语言构建能力。 16. 您具有一定的阅读理解能力、语言和肢体语言表达能力。 17. 您知道小学少先队活动能够促进学生德育的发展。 18. 您能够适应小学综合性教学的要求。 19. 您知道小学学科之间的内容具有相关性。 20. 您具有一定的跨学科知识。 21. 您能指导综合性学科教学活动。
实践知识	22. 您知道信息时代对人才培养的新要求。 23. 您掌握了新兴教育设备技术的常用操作。 24. 您有用慕课、翻转课堂等方式提升教学技能的意识。 25. 您具有安全、合法使用信息技术的意识。 26. 您能熟练运用希沃白板和多媒体辅助课堂教学。 27. 您能够将启发式教学、因材施教等教学原则融会贯通。 28. 您了解班主任应当承担的责任与工作。 29. 您知道班级管理的有效途径。 30. 您能够制定一套人性化的班级管理制度。

表 2-2-1（续）

维度	项目
通识性知识	31. 您能够培养小学生的创新思维和实践能力。 32. 您了解中国教育的基本情况。 33. 您能够促进小学生美育方面的发展。。 34. 您能用玩游戏、讲故事等方式增加课堂教学的趣味。 35. 您知道影响小学生身心发展的重要因素。 36. 您知道家庭、学校和社会都是小学生青春期和性教育的主体。 37. 您会关注国家发布的小学生生存、发展与保护的政策。 38. 您掌握了随班就读的基本知识及相关政策。 39. 您知道小学学科整合能够促进素质教育的发展，减轻教学负担，提高教学质量。 40. 您掌握了各种应对侵犯和伤害小学生安全的防护知识。 41. 您知道怎样培养学生的独立意识。

由上表可以知道，该问卷的设置主要是将两个《标准》中关于小学教育专业师范生专业知识的相关内容进行整合，将小学教育专业师范生的专业知识分为通识性知识、教育教学知识、学科知识、和实践知识等4个维度41个项目，收集有效数据进行分析，并得出相关结论，从而促进小学教育专业师范生专业知识的高质量发展。

3. 访谈法

访谈法指的是研究人员以研究目的和需求为依据，采用面对面的口头谈话的方式向被访问者提出有关的问题，并利用被访问者的回答来收集客观的、不带偏见的数据的一种研究方法。[①]本研究采取的是半结构化访谈，设计访谈提纲，对兴义民族师范学院小学教育专业的师范生进行访谈，每班随机抽两名学生，共12名。该提纲针对问卷和小学教育专业师范生4个维度的专业知识进行编写。问题如下：

①杨小薇.教育研究的原理与方法（第二版）［M］.上海：华东师范大学出版社，2014：114-115.

（1）您是否了解什么是师范生专业知识，您学习专业知识的主要目的是什么？

（2）您经常反思掌握的专业知识能满足教学的需要，能促进融合教育的发展？

（3）您认为阻碍自己的专业知识发展的因素有哪些？

（4）您认为什么方式或方法能够促进自己专业知识的发展？

4. SPSS定量分析法

本研究主要用SPSS16.0和Excel对数据进行统计，对小学教育专业师范生的基本信息和专业知识掌握程度进行定量分析，并得出相关结论。

5. 研究思路

本研究主要围绕文献法、问卷调查法和SPSS定量分析法来展开，具体研究思路如图2-2-2所示。

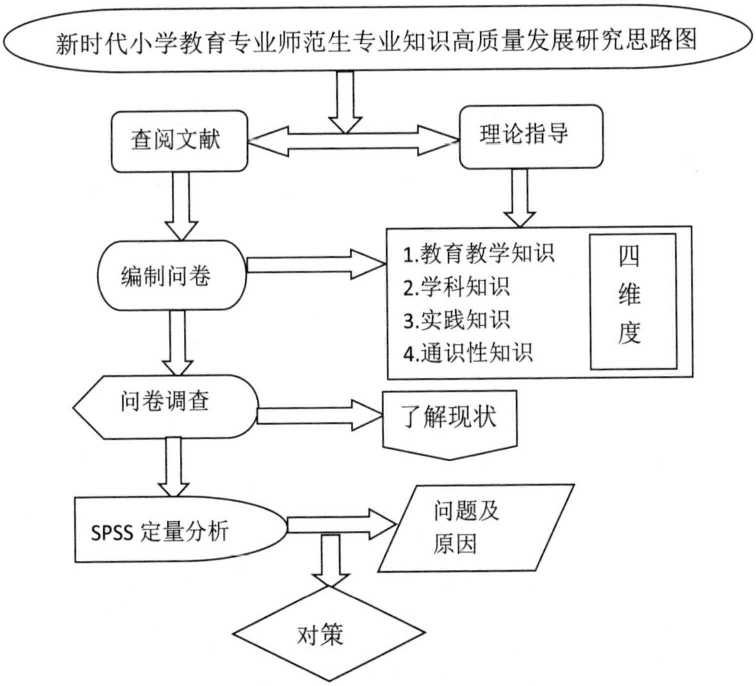

图2-2-2 研究思路图

由上图可以看出，本研究主要分为4步。首先，通过文献法查找、分析和整理文献，了解小学教育专业师范生专业知识发展现状，确定核心概念与调查维度。其次，运用问卷调查法，根据已经确定的4个维度和41个项目编制调查问卷，细化和完善调查问卷，并发放242份调查问卷了解兴义民族师范学院小学教育专业师范生专业知识的发展现状。再次，利用SPSS定量分析法整理数据，为产生该现状的原因及问题提供数据支撑。最后，提出应对该现状的对策，实现新时代小学教育专业师范生专业知识高质量发展。

第三节 新时代小学教育专业师范生教育情怀高质量发展研究设计

一、研究问题

本研究以兴义民族师范学院小学教育专业师范生为主要调查对象，对小学教育专业师范生教育情怀如何高质量发展这一问题进行深入研究。

第一，通过查阅相关文献资料，对资料进行整理分析，从而构建小学教育专业师范生教育情怀高质量发展的理论框架。

第二，通过问卷与访谈等方式了解小学教育专业师范生教育情怀的发展现状以及存在的问题。

第三，针对研究发现的问题进行分析并提出解决策略，希望有助于今后小学教育专业师范生教育情怀的高质量发展。

二、核心概念界定

通过相关的文献资料发现在各学者的研究中尽管某些关键词相同，但是相关的概念界定确实存在一定的差异。因此，本研究结合已有的相关研究和文献综述部分，对本研究的相关核心词做出以下解释。如表2-3-1所示。

表2-3-1 概念界定

核心词	概念界定
新时代	本研究中的新时代指的是中国历史上崭新并具有重大意义的时期即中国特色社会主义新时代
教育情怀	本研究的教育情怀是指教师在教育教学实践过程中所主动塑造或外在培育的一种情感倾向与品质，包括教师对自身价值的追求、对学生无私的爱与奉献以及对教育事业的热爱等方面
师范生教育情怀	本研究中的师范生教育情怀是指在高校学习的师范生，在大学生活和学习互动中产生的对教师职业的认同感与归属感，以及为了教育而忘我奋斗、无私奉献的胸怀，对教育的认同、热爱以及坚守，表现为主观上的从教意愿和专业发展愿景，并有为之付出教育行动的意向
高质量发展	本文的高质量发展是基于《小学教育专业师范生职业能力标准（试行）》中提出的关于小学教育专业师范生教育情怀的要求，分别从认同之感、热爱之情、坚守之志三个方面进行研究，并且结合现代化发展的需要，尊重和发挥学生个性差异，高质、高量、高效地加强人才培养，使高校对师范生教育情怀的培养朝着更加合理、科学的方向迈进，使师范生的教育情怀能力得到普遍的提高

综上所述，本研究主要是以新时代、教育情怀、师范生教育情怀、高质量发展进行核心界定，在新时代理念的引领下，从研究师范生教育情怀的现状出发，探讨在师范生教育情怀培养的过程中遇到的各类难题，从而进行有效的分析，最终根据问题提出自己的建议，以此促进小学教育专业师范生教育情怀的高质量发展以及新时代背景下教育的高质量发展。

三、研究方法与思路

1. 研究方法

（1）文献研究法

文献研究法就是对文献进行查阅、分析、整理并力图寻找事物本质的一种研究方法。[①]本研究主要通过中国知网、万方数据库等方式，查询有关教育情怀、师范生教育情怀、教育情怀高质量发展等方面的内容文献，汇总搜集好的文献资料进行研读和学习，尝试对现有研究成果进行观点归纳和总结，利用学者们丰富深厚的研究启发自己的研究思路，深入研究师范生教育情怀高质量发展的相关内容。

（2）问卷调查法

本研究运用半开放半封闭式问卷调查，对220名师范生进行问卷调查，问卷共划分为三个维度（认同之感、热爱之情、坚守之志）35个项目，具体项目见附录。最后，收集有效数据，对人口学变量的统计，调查问卷的信度、效度，独立样本“T”检验，单因素方差分析，回归，聚类，开放式问题汇总等方面进行分析研究。

（3）访谈法

访谈法就是以口头形式，根据被访问者的答复收集客观的、不带偏见资料的事实材料，准确地说明样本所能代表的总体的一种方法。[②]本研究运用半开放式访谈法对部分师范生进行访谈。访谈提纲如下：

第一，您认为在提高自身的教育情怀过程中面对的挑战是什么？

第二，您认为影响小学教育专业师范生教育情怀培养的因素有哪些？

第三，您认为在提高师范生教育情怀的过程中有没有必要开设相关课程呢？

（4）SPSS定量分析法

SPSS是世界上通用并具有权威性的统计分析软件包。[③]本研究主要运用SPSS和Excel对数据进行统计分析，对人口学变量、独立样本“T”检验、

①袁振国.教育研究方法［M］.北京：高等教育出版社，2000.

②裴娣娜.教育研究方法导论［M］.合肥：安徽教育出版社，1994.

③王晓芬.体育统计与SPSS［M］.北京：人民体育出版社，2002.

单因素方差分析等方面进行分析，并得出相关结论。

2. 研究思路

遵循理论到实践再到理论的研究思路，围绕“教育情怀”和“师范生教育情怀”等关键概念，在阅读和反思相关理论著作及文献的基础上，围绕文献法、问卷调查法以及SPSS定量分析等方法进行展开，具体研究如图2-3-1所示：

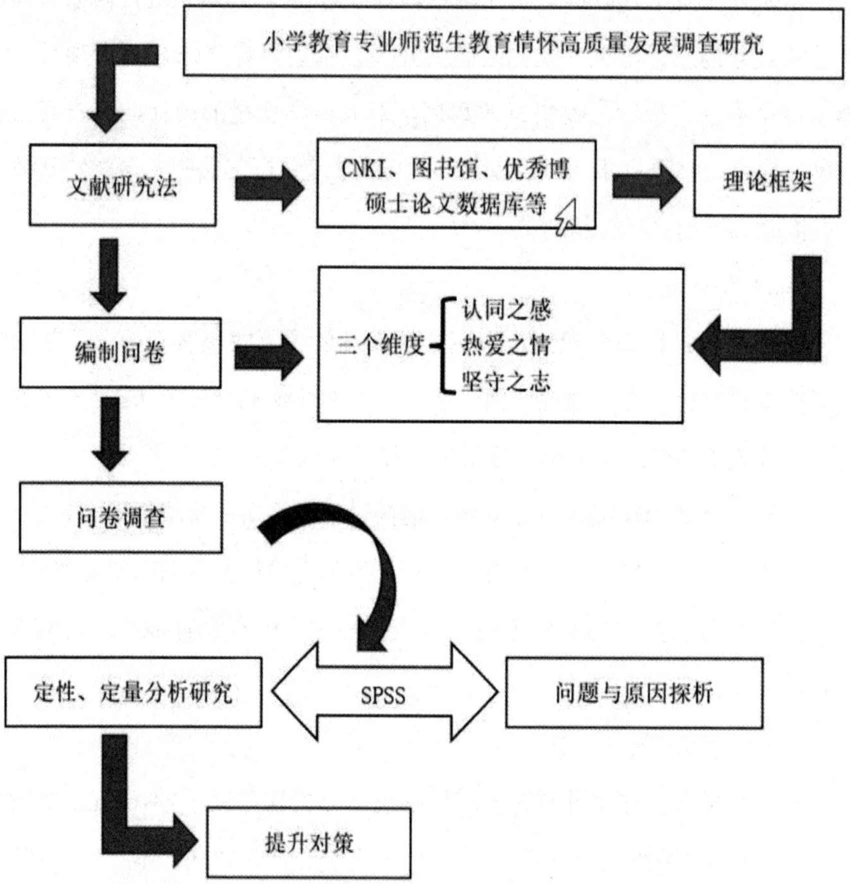

图2-3-1 研究思路图

由上图可以看出，本研究主要分为四步，第一步，查找资料明确相关概念，界定出小学教育专业师范生教育情怀的内涵结构和理论框架，以及确定问卷调查的维度。第二步，设计“师范生教育情怀高质量发展现状”的问卷调查和访谈提纲。第三步，利用SPSS定量分析法来整理数据，分析小学教育专业师范生教育情怀现状及其影响因素。第四步，结合相关理论以及调查数据，针对问题提出具有可行性的对策和建议，实现师范生的教育情怀得到高质量发展的目的。

第四节 新时代小学教育专业师范生教学设计能力高质量发展研究设计

一、研究问题

本研究是以兴义民族师范学院小学教育专业师范生为例，对小学教育专业师范生教学设计能力高质量发展这一问题进行研究。通过实证研究，阐述了师范生教学设计能力高质量发展的过程，并对其进行评价，从中总结出促进小学设计能力高质量发展的系列策略。

为了更好地解决小学教育专业师范生教学设计能力高质量发展这一研究问题，必须要解决以下三个问题：

（1）调查小学教育专业师范生教学设计能力的发展现状。

（2）找出小学教育专业师范生教学设计能力发展的现状反映出的问题及原因。

（3）针对小学教育专业师范生教学设计能力存在的问题提出相应的解决对策。

二、核心概念界定

1. 能力

能力在已有研究中并没有明确的界定，通过整理已有学者的相关观点可以总结出能力是一个人综合素质的体现，是指达到某种目标所需具备的相应技能，能力重点指过程中解决问题的具体表现。

2. 教学设计能力

本研究中的教学设计能力是指教师必备的教学技能，是从事教学活动过程的体现，针对师范生教学能力的现状展开研究，最主要的研究方向是师范生的教学准备能力、教学过程能力、教学反思能力三个方面。

3. 高质量发展

本研究中的高质量发展是指师范生教学设计能力的高质量发展，根据教学设计能力的组成部分以及新时代下师范生已经具备相应的能力基础上，提出提升相应教学设计能力的方法，以此让师范生明白如何准备教学，如何实施教学过程以及教学反思。

三、研究方法与思路

1. 研究方法

本研究的研究对象是针对兴义民族师范学院小学教育专业的师范生，主要采用文献研究法、问卷调查法、观察访谈法、SPSS量化统计分析法，探析小学教育专业师范生教学设计能力高质量发展的现状以及所存在的问题，最后总结出有关提高教学设计能力的意见和对策。

（1）文献研究法

主要通过互联网、大数据、以及图书馆等渠道查阅相关的文献资料，并对收集的资料进行整理，最终筛选出对本研究课题有用的材料，建构支撑论文框架理论。

（2）问卷调查法

通过书面语言的方式与被调查者进行一个交流，根据收集被调查者填写的问卷来研究有关教学设计能力问题的信息和资料的方法①。本论文的问卷调查对象主要针对兴义民族师范学院小学教育专业的学生，根据最新的2022年《小学教育专业师范生教师职业能力标准（试行）》中的第二大部分中的学会教学设计能力，由此确定以设计认知、设计依据、设计技术、学情分析设计、设计评价以及教学过程五个维度进行问卷的编制（主要内容见表2-4-1），其中“符合程度”大致分为五个层次“很不符合”、“较不符合”、“基本符合”、“比较符合”以及“非常符合”，并发放问卷180份，最后就是问卷的回收以及数据的分析处理。

表2-4-1 问卷调查维度项目

维度	内容
设计认知	对学生来说，提高他们教学设计能力十分必要；师范生要具备对教材的理解、对学情的分析、对教学过程的组织和对课堂教学的反思等能力；师范学生应该培养终身学习的能力；在师范教育中，师范生要重视自己的专业知识；初等教育专业是为小学教育而开设的全科课程
设计依据	能熟悉拟任教学科的课程标准和教材；理解教材的编写逻辑和体系结构；合理掌握不同学段目标与内容的递进关系；依据课标进行教学的意识和习惯
设计技术	具备钢笔字、毛笔字、粉笔字、简笔画等基本功；具备普通话与相关学科实验操作等教学功底；能通过微格训练学习，系统掌握导入、讲解、提问、演示、板书、结束等课堂教学基本技能操作要领与应用策略；能依据单元内容进行整体设计；能科学合理地依据教学目标及内容设计作业，并实施教学
学情分析	能根据小学生已有的知识水平、学习经验和兴趣特点分析学生的兴趣特点；能根据实际分析教学内容与学生已学知识的联系，预判学生学习的疑难处；能根据学生的兴趣爱好进行教学把控；根据学生的理解能力进行分层布置作业是有必要的；能在教学过程中融入爱国主义思想；能时刻关注学生的学习压力，并掌握缓解学生学习压力的方法

①方艳.新时代高效师范生师德教育研究［D］.南昌：江西师范大学，2019.

表 2-4-1（续）

维度	内容
教学过程	能预测教学内容、学习环境、教师行为所引起的效果；能根据自己的设想所形成教学过程；能根据实际的教学内容把控教学进度；能根据学生的整体水平设计教学计划；能应对教学过程中出现的突发问题
设计评价	能准确把握教学内容，理解本课（单元）在教材中的地位以及与其他课（单元）的关系；能根据课程标准要求和学情分析确定恰当的学习目标和学习重点；能根据课程标准要求和学情分析来设计学习活动；能选择适当的学习资源和教学方法；能合理安排教学过程和环节，科学设计评价内容与方式，形成教案与学案；能根据教学要求和学生兴趣进行教学设计；能充分利用信息技术和资源，对教学过程的各个环节进行合理的安排，以此达到教学过程优化的目的

（3）访谈法

主要是以口头的形式，设计一些问题进行访谈，根据被访问者的回答收集到客观的，不带任何干扰信息的材料，并由此做一个汇总，将根据被访问者回答的答复进行研究，得出有关影响师范生教学设计能力的因素，并提出相应的对策建议。本研究采取的是个别访谈，设计访谈的提纲，针对兴义民族师范学院小学专业的师范生进行访谈，随机抽6名学生，该访谈提纲是根据调查问卷的六个维度进行编写。问题如下：

①您提升自身教学设计能力的主要目的是什么？

②您认为影响自身提升教学设计能力的因素有哪些？

③您认为能提升自身教学设计能力的方式或者方法有哪些？

（4）SPSS定量分析法

本研究采用SPSS-22.0对数据进行统计，其中会运用到Excel进行辅助分析，对问卷的各个维度的数据进行处理分析，例如各维度的信度检验、效度检验、人口学变量描述统计、独立样本T检验、单因素方差分析、线性回归以及聚类分析七大统计分析，以此得出有关师范生教学设计能力高质量发展的现状以及影响因素，并提出行之有效的建议。

2. 研究思路

通过研究者自身的观察，各科老师与师范生的交谈中可以看出，小学教育专业师范生的教学设计能力都存在明显的差异，为了确定师范生教学设计能力存在的具体差异是什么，设计了研究思路。

通过图2-4-1得知，本研究的研究思路将从文献综述研究开始，在此基础上展开四大部分细分为文献年份与主题研究、概念研究；内涵框架研究、影响因素研究；对策研究、理论、方法工具研究；法律政策研究以及文献评述。在此基础上利用有关的核心概念形成调查问卷的维度以及项目，并由此展开问卷的编制，通过SPSS量化分析得出具体现状，最后提出对策建议，具体的研究思路见图2-4-1。

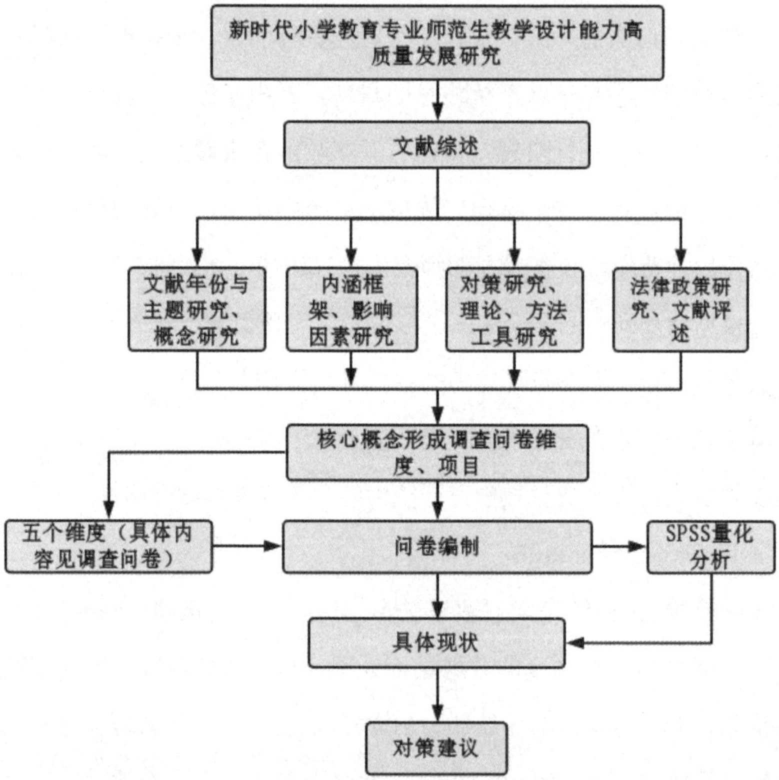

图2-4-1　研究思路

第五节 新时代小学教育专业师范生课程教学能力高质量发展研究设计

一、研究内容

本研究主要使用问卷调查法，通过对H省IK大学小学教育专业师范生的问卷调查结果进行分析，了解当前新时代小学教育专业师范生课程教学能力高质量发展的现状，分析问题出现的原因，并提出可行性策略。

二、核心概念界定

本研究的核心词主要有“课程”、“课程教学能力”和“高质量发展”这三个，对于这三个核心词的概念界定，笔者通过查阅资料、阅读文献，最后结合资料文献对此作了以下解释。如表2-5-1所示：

表2-5-1 核心概念界定

核心词	概念界定
课程	通过查阅文献，本研究认为课程主要是指教育者给受教育者传授各种教育性经验以及对学生产生积极影响的各种因素的总和
课程教学能力	课程教学能力主要是指课程能力与教学能力的关系，课程涵盖教学、教学涵盖课程，两者相互影响，在“课程”的研究与开发过程中，突出了教师是课程的主要设计者的角色地位，这就需要教师具备较高的教师专业能力素养和创新的能力。

表 2-5-1（续）

核心词	概念界定
高质量发展	本研究的“高质量发展”是指基于新时代小学教育专业师范生职业能力标准（试行）中第二部分中的第三小节实施课程教学为标准，提升小学教育专业师范生课程教学的能力，通过在校学习与实践磨练提升师范生的课程教学能力，是相对于前期有质量的发展、更好的发展从而使小学教育专业师范生的课程教学能力得到高质量发展。

三、研究思路

本研究通过文献法了解当前小学教育专业师范生课程教学能力发展的状况，捕捉与本论文主题有关的信息，提出当前小学教育专业师范生课程教学能力发展存在的问题；根据文献的研究建立理论框架，对与本研究相关的概念进行界定并确定了本研究的调查维度，从而编制调查问卷，再发放与回收；通过问卷调查法对小学教育专业师范生进行调查，从而获取与本论文有利的理论数据，通过SPSS统计分析对问卷调查结果进行统计与分析，最后根据统计出的结果进行分析得出的影响因素，结合访谈记录探析影响因素，找出当前小学教育专业师范生课程教学能力高质量发展过程中存在的问题，提出有针对性的解决对策。具体的研究思路见图2-5-1。

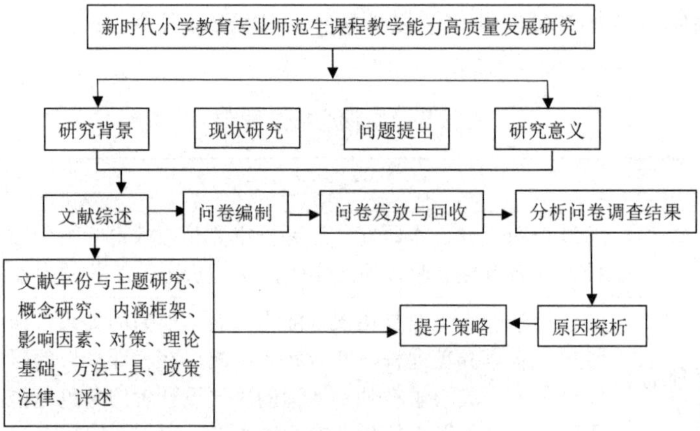

图2-5-1　研究思路

四、研究方法

1. 文献研究法

本研究主要通过万方、CNKI数据库查阅与之相关的博硕论文和期刊等资料，采用科学的手段对所查文献的研究进行分析和总结，获取与本研究相关的观点和有较高价值的资料，然后构建相应的理论框架。基本主要内容如下。

（1）文献主题：“新时代小学教育专业师范生课程教学能力高质量发展”。

（2）文献来源：万方、知网数据库。

（3）文献类型：学位论文、期刊、报纸、专著。

（4）搜索关键词：小学教育、课程教学能力、高质量发展。

2. 问卷调查法

问卷是为了用于统计与调查、以设问的方式表述问题，再制作成表格；是研究中最有用的数据，与访谈相比较，问卷要更详细、完整和易于控制。本研究正是利用问卷调查的可靠性和标准化，对师范院校的师范生进行问卷调查（不包括实习的师范生）。本问卷是根据小学教育专业师范生教师职业能力标准第二部分中的第三点实施课程教学内容确定了课程教学认知、教学情境创设、课程教学组织、课堂学习指导、课堂教学评价五个维度，其中“符合程度”分为五个层次“不符合”“较不符合”“非常符合”“基本符合”以及“基本不符合”。具体工作则是前期进行问卷的编制，中期进行问卷的发放以及问卷的回收，后期则是对问卷的整理和分析，从而得出对本研究有用的数据，以此对研究进行一个数据的理论支撑。具体如表2-5-2所示。

表2-5-2 问卷调查维度项目表

维度	项目内容
课程教学认知	①您已了解什么是课程教学。②您能熟练地运用教育原理进行教学。（五步教学法、四步教学理论）③您能够独立完整地完成一堂课程教学。④您了解小学生学习知识的思维特点。⑤您能及时解决好课堂上的突发教育事故。⑥您已掌握小学生养成良好学习习惯的知识技能。⑦您具备老师应有的担当和责任。⑧您具备作为一名教师所需的职业道德规范
课堂情境创设	①您了解课堂情境创设的教学要求。②您具备情景创设教学的专业能力素养。③您能通过学生的课堂表现创设合适的情境进行有效的教学。④您能创设富有趣味、具有代表性的情景来激发学生的求知欲。⑤您能充分利用好身边的一切教学资源，创造极佳的教学环境和氛围。⑥您能迅速有效地引导学生进入上课的最佳状态
课堂教学组织	①您了解课堂教学组织的教学要求。②您能及时解决好课堂上的突发教育事故并组织学生有序上课。③您能根据不同的知识点设计新颖的课堂教学并能有效的组织教学。④您能够组织完成一堂具有“三全育人”五步教学法特色的课。⑤您能有效的组织学生完成各类活动。⑥您能管理好一个班级
课堂学习指导	①您能正确的指导学生学习。②您有属于您自身的指导学生学习的方法。③您能有效的指导学生学习，为学生创设一定的探究性学习问题情景。④您能在实施探究性学习教学过程中落实教学目标，引导探究、指出误区、把握探究的方向，以及排除学生无法自己解决的困难。⑤您能在教学过程中有效的指导学生学习
课堂教学评价	①您了解课堂教学评价的教学要求。②您能通过学生的诊断性考试来判断出学生的水平并能采取相应的措施使教学计划有效的实施。③您能通过形成性评价在教学过程中调节和完善教学活动。④您能通过期末测评大概判断出学生在本学年的学习情况并为下学年做好教学计划。⑤您能根据不同的评价结果分析原因并能提出有效的建议或实施有效的措施。⑥您能通过评价结果对自己进行一个自我完善

3. SPSS定量分析法

本研究运用SPSS定量分析法，通过人口学变量分析、信度分析、效度分析、总体维度均值比较、各维度均值比较、独立样本T检验、单因素方差分析、线性回归分析、聚类分析等数据分析，探析新时代小学教育专业师范生课程教学能力中存在的问题，并结合当前国家政策、社会以及学校的实际情况提出具有可行性的对策。

4. 访谈法

本研究根据研究维度拟定开放性问题，对高师院校小学教育专业师范生进行实际访谈并记录，通过对访谈结果进行分析，探析新时代小学教育专业师范生课程教学能力的培养过程中存在的问题，结合当前国家教育政策、社会及学校的实际情况提出具有可行性的策略。

第三章　实证研究

第一节　新时代小学教育专业师范生师德规范能力高质量发展实证研究

师范生是教师队伍的中流砥柱，其师德规范能力的高低决定了未来教育的整体风貌。本文研究根据现有文献资料与教育教学实践编制出“理想信念、立德树人、坚守准则、角色认同、政治自信和师德实践”6个维度35个项目的调查问卷，对X院校小学教育专业240名师范生师德规范能力影响现状进行实证研究。研究发现，96.3%的同学认为师德规范能力是影响教师职业能力高质量发展的主要因素。其中，坚守准则95%<理想信念96%=立德树人96%=角色认同96%<政治自信97%<师德实践98%。

一、人口学变量分析

本问卷人口学变量主要有性别、民族、户籍、年级、就业意向、学科方向、普通话等级共七个项目组成。

表3-1-1人口学变量统计

性别	民族	年级	就业意向	学科方向	普通话等级
男18人 女219人 **户籍** 农村204人 城市33人	汉族74人 布依族28人 苗族45人 壮族1人 侗族18人 回族1人 其他70人	大一61人 大二58人 大三59人 大四59人	小学教师180人 初中教师18人 高中教师4人 高职教师3人 考研21人 创业2人 其他9人	小学语文97人 小学数学99人 小学英语27人 其他14人	一甲0人 一乙10人 二甲142人 二乙80人 三甲2人 三乙3人

由表3-1-1得知问卷一共发放240份，回收有237份，回收率为97%；有效问卷237份，有效率97%。

二、信度检验

信度是指测量问卷结果的稳定性和可靠性的程度，目的在于检测本次问卷分为6个维度35个项目的量表结果是否可靠，亦即测量的结果是否真实，客观地反映了被测者的实际水平。①

由表3-1-2得出：本问卷效度为总信度为0.958，理想信念、立德树人、坚守准则、角色认同、政治自信、师德实践6个维度信度主要在0.713～0.896之间，说明测量结果具有稳定性和可靠性，达到了测试的要求。

表3-1-2　信度检验

维度	总维度	维度一	维度二	维度三	维度四	维度五	维度六
a系数	0.958	0.896	0.807	0.847	0.802	0.713	0.824

①张佳吉.高校科研创新团队知识共享影响因素及优化策略研究［D］.保定：河北大学，2022：33-34.

三、效度检验

效度主要是指测量问卷量表问题的准确性和有效性的程度，即测量结果是否反映事物的程度。效度检验一般主要是通过因子分析进行，即理论预设的维度（内容效度）如果与SPSS主成分因子分析的维度结构（结构效度）一致，则问卷的效度较高。①而本问卷理论预设的维度为6个维度35个项目，与SPSS主成分因子分析的维度结构一致，因此本问卷的效度较高。

表3-1-3 效度检验

皮尔逊相关	理想信念	立德树人	坚守准则	角色认同	政治自信	师德实践
理想信念	1	.665**	.712**	.705**	.410**	.623**
立德树人	.665**	1	.752**	.656**	.483**	.687**
坚守准则	.712**	.752**	1	.716**	.499**	.713**
角色认同	.705**	.656**	.716**	1	.445**	.653**
政治自信	.410**	.483**	.499**	.445**	1	.479**
师德实践	.623**	.687**	.713**	.653**	.479**	1

注：**. 在0.01级别（双尾），相关性显著。

通过表3-1-3效度检验结果可以看出，理想信念、立德树人、坚守准则、角色认同、政治自信、师德实践6个维度效度检验结果显示在0.410～0.752之间，说明效度较高，达到了测试的要求。

①贺兆婧.基于信任理论的“小红书”APP网络口碑效应实证研究［D］.昆明：云南财经大学，2021：50.

四、研究原因与结果分析

1.总体维度百分率比较

通过图3-1-1可以看出，总体而言，有79%的同学认为自己的师德规范能力达到了高质量发展水平，21%的同学认为自己的师德规范能力未达到高质量发展水平。在看待新时代小学教育专业师范生师德规范能力高质量发展中，有4%的小学教育专业师范生对自我师德规范能力掌握处于较差的发展水平；有32%的小学教育师范生对自我师德规范能力掌握处于中等发展水平；有66%的小学教育师范生对自我师德规范能力掌握处于较高的发展水平。

原因探析：总的来看，新时代小学教育专业师范生师德规范能力体系有多方面的影响，主要体现在理想信念，立德树人，坚守准则，角色认同，政治自信，师德实践等六个方面。师范生的师德规范能力处于中等偏上水平，从平均水平来看，绝大多数的师范生在学习过程中，师德行为习惯保持在良好的状态，师德规范能力比较强。但是根据目前师范生的学习就业压力，以及应对师德规范实践的体验较差，同时在即将面临毕业时社会的激烈竞争，这一系列的原因都会降低师范生对教师这一职业的热爱。

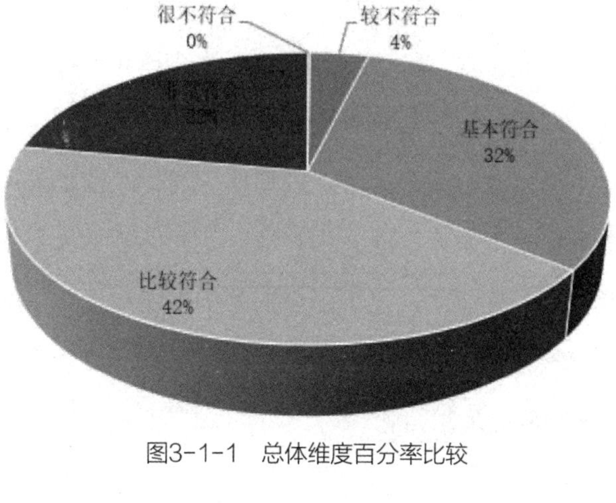

图3-1-1　总体维度百分率比较

2.各维度百分率比较

（1）维度一：理想信念百分率比较

通过图3-1-2可以看出，总体而言，有96%的同学认为自己的理想信念能力达到了高质量发展水平；有4%的同学认为自己的理想信念能力未达到高质量发展水平；有4%的师范生在理想信念方面的自我掌握能力发展处在较差水平；有31%的师范生在理想信念方面的自我掌握能力发展处在中等水平；有65%的师范生在理想信念方面的自我掌握能力发展处于较高水平。

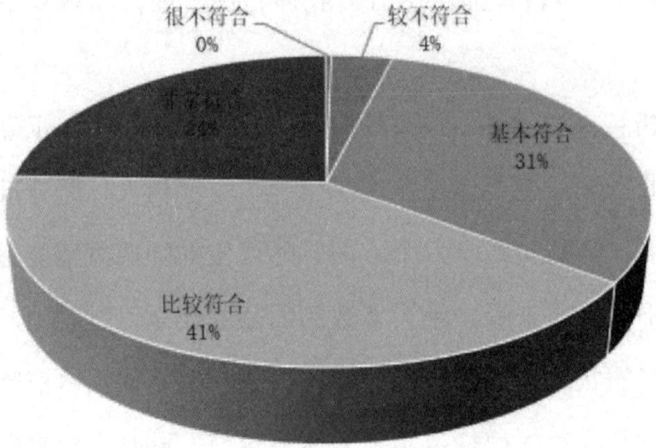

图3-1-2　理想信念百分率比较

原因探析：理想信念不仅是指人们向往、驱动力、追求和奋斗的根本目标，还是我们对人生观、价值观和世界观的选择和把持，有助于师范生指明奋斗方向。在随时代发展到洪流之中，有些师范生自身的主观能动性不高从而导致了思想政治观念淡薄，理想信念弱化，在治学路上见习的机会少，自身很难投身于教育事业之中，缺乏认同，感学风不够端正，难以坚定教师职业崇高的理想信念。大部分的师范生能产生对教师职业的认同感，处于自身对教育事业的热爱，循规蹈矩，尽职尽责，学术端正，从而培养出较高的教师职业理想信念。

（2）维度二：立德树人百分率比较

通过图3-1-3可以看出，总体而言，有95%的同学认为自己的立德树人能力达到了高质量发展水平，有5%的同学认为自己的立德树人能力未达到高质量发展水平。有5%的师范生在立德树人方面的自我掌握能力发展处在较差水平；有36%的师范生在立德树人方面的自我掌握能力发展处在中等水平；有59%的师范生在立德树人方面的自我掌握能力发展处于较高水平。

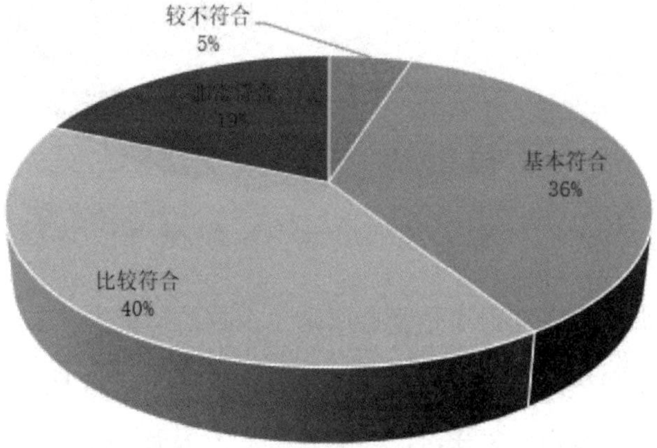

图3-1-3　立德树人百分率比较

原因探析：立德树人首要目标是以德育为为主，而德育主要通过正面教育来引导、感化、激励、树人，总的来说就是以人文本。有少数部分的师范生在德育课时没有掌握德育的基本要领，师德德育教育形式单一，课时过少以至于立德树人观念意识淡薄，大部分的学生在德育课时及时掌握德育要领，且在日常生活之中学会运用，坚信德是做人基础，要着眼于人的全面发展。

（3）维度三：坚守准则百分率比较

通过图3-1-4可以看出，总体而言，有96%的同学认为自己的坚守准则能力达到了高质量发展水平，有4%的同学认为自己的坚守准则能力未达到高质量发展水平。有4%的师范生在坚守准则方面的自我掌握能力发展处在较差水平；有30%的师范生在坚守准则方面的自我掌握能力发展处在中等水平；有66%的师范生在坚守准则方面的自我掌握能力发展处于较高水平。

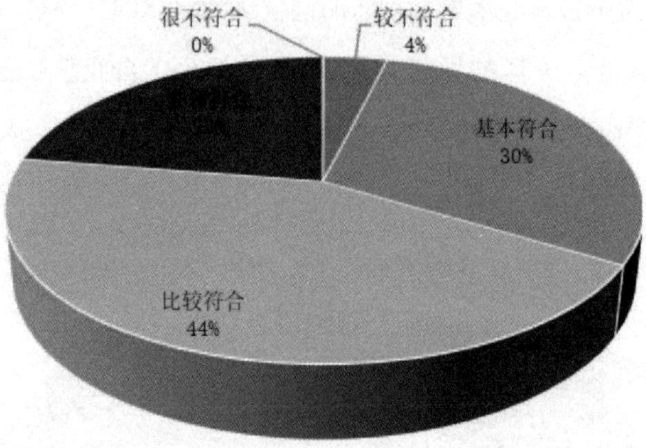

图3-1-4　坚守准则百分率比较

原因分析：坚守准则即是坚持原则，少数的师范生意志不坚定不能坚持自己的意见和想法，其行为想法容易受到外界因素的干扰，或是在日常的学习过程中约束控制不住自己，缺乏自我约束力，专心程度不高，学习效率低，甚至会出现厌学行为。还有对待事物随心所欲，放松对自己的要求，没有自己的行为准则，最终导致看轻师德规范要求，从而没有把握坚守准则的内涵；大部分学生认为坚守就是引导自己走向正途的行动指南，十分赞同坚守准则才能准确的看待事物。

（4）维度四：角色认同百分率比较

通过图3-1-5可以看出，总体而言，有97%的同学认为自己的角色认同能力达到了高质量发展水平，有3%的同学认为自己的角色认同能力未达到高质量发展水平。在看待角色认同上，有3%的师范生在角色认同方面的自我掌握能力发展处在较差水平；有30%的师范生在角色认同方面的自我掌握能力发展处在中等水平；有67%的师范生在角色认同方面的自我掌握能力发展处于较高水平。

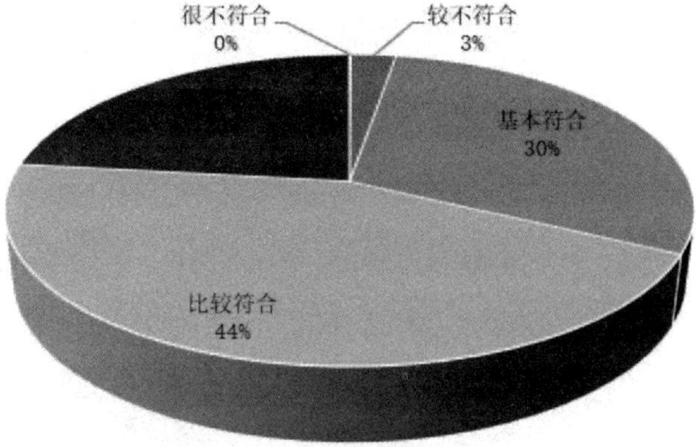

图3-1-5　角色认同百分率比较

原因分析：角色认同是指一个人的态度想法以及行为与本人当时扮演的角色相互一致，即态度与实际一致，有少部分的师范生在扮演教师角色时，不能亲身体验接受教师角色，从而对角色认同理念的发展水平不高；大部分的学生能亲身体验教师的角色，并产生一种坚定的理想信念，有了教师的自尊心和荣誉感。

（5）维度五：政治自信百分率比较

通过图3-1-6可以看出，总体而言，有97%的同学认为自己的政治自信能力达到了高质量发展水平，有3%的同学认为自己的政治自信能力未达到高质量发展水平。在看待政治自信上，有3%的师范生在政治自信方面的自我掌握能力发展处在较差水平；有31%的师范生在政治自信方面的自我掌握能力发展处在中等水平；有66%的师范生在政治自信方面的自我掌握能力发展处于较高水平。

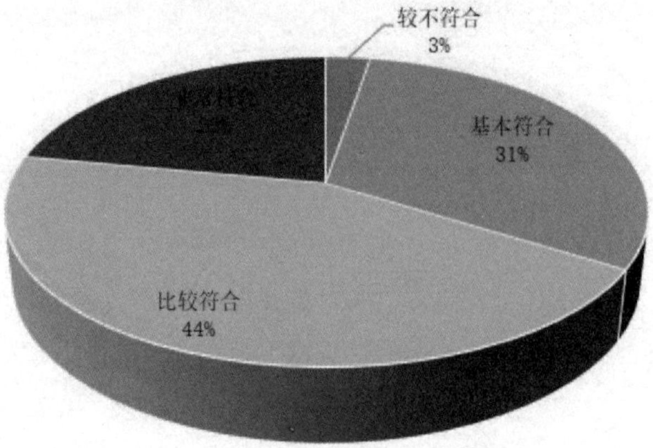

图3-1-6　政治自信百分率比较

原因分析：政治自信是持有积极和肯定的态度表现出来的政治理念。少数部分的师范生腼腆害羞，不开朗，其自我面容、行为和言行举止等影响自信的发展，加上在学习对思政课以及师范生知识素质道德素质教育的学习不到位，导致政治自信不高；大部分的师范生在学习时思想觉悟高，从而道德水准、文明修养的提升快。

（6）维度六：师德实践百分率比较

通过图3-1-7可以看出，总体而言，有98%的同学认为自己的师德实践能力达到了高质量发展水平，有2%的同学认为自己的师德实践能力未达到高质量发展水平。在看待师德实践上，有2%的师范生在师德实践方面的自我掌握能力发展处在较差水平；有25%的师范生在立德树人方面的自我掌握能力发展处在中等水平；有73%的师范生在立德树人方面的自我掌握能力发展处于较高水平。

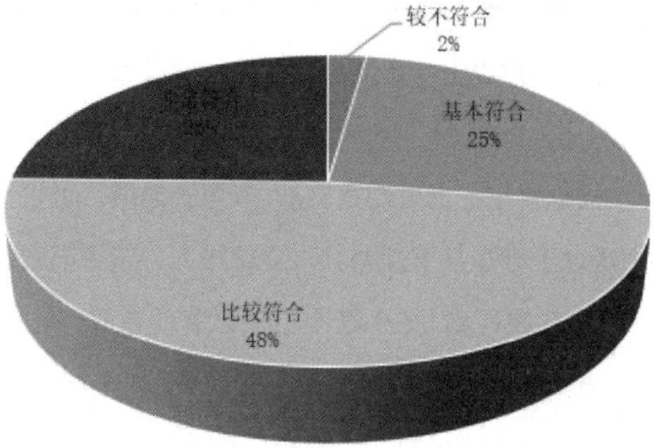

图3-1-7　师德实践百分率比较

原因分析：师德实践是指关于培养和促进全体教师素质提高的一种有效活动，师范生作为未来的教师，其校师德实践活动有助于激发师范生的热情，帮助师范生积累实践经验，提高师范生道德素质。一些师范生进行师德实践时，自身知识不够，师德建设的效率不佳，便会认为师德实践的发展不适合学生的发展，大部分的学生进行师德实践时，效率较好，便会认同师德实践发展体系适合学生发展。

五、独立样本T检验

独立样本T检验的统计法，主要是用于比较两个独立样本之间的均值差异。经常在统计数据资料时，需要进行组和组之间平均水平或均数比较。对两组数据的均数做显著性检验时，可以采用t检验，它要求该两组资料部分服从正态分布或近似正态分布，并且要求两组方差具有齐同性。

1.性别与6个维度的独立样本T检验

从表3-1-4可以看出，在莱文检验中，理想信念：F=0.839，Sig=0.152（显著性）>0.05；立德树人：F=0.436，Sig=0.095（显著性）>0.05；坚守准则：F=1.013，Sig=0.315（显著性）>0.05；同理，通过观察角色认

同、政治自信、师德实践在性别与6个维度上无显著性差异，说明方差齐性。在平均值等同性T检验中，在理想信念这一维度上得出T=-2.197，自由度=235，Sig（双尾）的值=0.018<0.05，表明方差不齐，即数据理想信念存在显著差异。同理得出，通过观察Sig（双尾）的值，可以得到，理想信念在性别与6个维度上存在显著性差异，立德树人、坚守准则、角色认同、政治自信、师德实践在性别与6个维度上无显著性差异。结合均值可知，维度政治自信=-0.09665>师德实践=-0.14231>坚守准则=-0.36606>角色认同=-0.49391>立德树人=-0.71157>理想信念=-3.18721。在坚守准则、角色认同、政治自信、师德实践维度上女生均比男生占优势，且维度政治自信>师德实践>坚守准则>角色认同>立德树人>理想信念。

表3-1-4　性别与6个维度独立样本T检验

维度	文莱方差等同性检验		平均值等同性 T 检验						
	F	显著性	T	自由度	Sig（双尾）	平均值差值	标准错误差值	差值 95% 置信区间	
								下限	上限
理想信念	.839	.361	-2.375	235	.018	-3.18721	1.34198	-5.83107	-.54336
立德树人	.436	.510	-.828	235	.409	-.71157	.85948	-2.40484	.98170
坚守准则	1.013	.315	-.364	235	.716	-.36606	1.00490	-2.34583	1.61371
角色认同	.029	.865	-.684	235	.495	-.49391	.72223	-1.91679	.92896
政治自信	.215	.643	-.147	235	.883	-.09665	.65824	-1.39346	1.20015
师德实践	1.201	.274	-.197	235	.844	-.14231	.72118	-1.56313	1.27850

原因分析：大部分女性想要规划自己的职业，想要实现经济、思想独立，对自我的专业要求高，且心思细腻，希望能在未来进入国家机机关，有一个稳定的工作，相比而下，男性做事马虎粗糙，对本专业知识学习没有深入的把握。

2.户籍与6个维度独立样本T检验

由表3-1-5可以看出，在莱文检验中，理想信念：F=2.061，Sig=0.152（显著性）>0.05；立德树人：F=2.818，Sig=0.095（显著性）>0.05；坚守准则：F=0.011，Sig=0.918（显著性）>0.05：政治自信：F=0.481，Sig=0.489（显著性）>0.05；说明方差齐性齐；角色认同：F=6.899，Sig=0.009（显著性）<0.05；师德实践：F=4.397，Sig=0.037（显著性）<0.05；表明方差不齐性。在平均值等同性T检验中，在理想信念这一维度上T=2.197，自由度=235，Sig（双尾）的值=0.029<0.05，因此得出数据理想信念存在显著差异。同理得出，通过观察Sig（双尾）的值，可以得到，理想信念、角色认同、师德实践在户籍与6个维度上存在显著性差异，立德树人、坚守准则、政治自信在户籍与6个维度上无显著性差异。结合均值可知，维度理想信念=2.25980>角色认同=1.76827>师德实践=1.28520>坚守准则=1.24376>立德树人=0.93405>政治自信0.81373。因此，农村户籍在理想信念立德树人、坚守准则、角色认同、政治自信、师德实践的认识均高于城市户籍，且维度理想信念>角色认同>师德实践>坚守准则>立德树人>政治自信。

原因分析：户籍为农村的学生资源缺少，且眼界较狭窄、见识量少、交际范围小，但是为了改变自身的环境，有更好的发展机遇，在学习过程中比较认真且更加珍惜机会，因此，农村户籍对理想信念、立德树人、坚守准则、角色认同、政治自信、师德实践的认识高于城市户籍。

表3-1-5 户籍与6个维度独立样本T检验

维度	文莱方差等同性检验		平均值等同性 T 检验						
	F	显着性	T	df	Sig（双尾）	平均差异	标准误差	95% 差异数的信赖区间	
								下限	上限
理想信念	2.061	.152	2.197	235	.029	2.25980	1.02866	.23324	4.28637
立德树人	2.818	.095	1.424	235	.156	.93405	.65582	-.35800	2.22609
坚守准则	.011	.918	1.626	235	.105	1.24376	.76490	-.26317	2.75070
角色认同	6.899	.009	3.268	235	.001	1.76827	.54106	.70233	2.83421
政治自信	.481	.489	1.624	235	.106	.81373	.50092	-.17314	1.80059
师德实践	4.397	.037	2.356	235	.019	1.28520	.54551	.21050	2.35991

六、单因素方差分析

方差分析又称变异分析，主要为单因素方差分析、双因素方差分析和多因素方差分析三种。①它不仅可以作多组均数之间的显著性检验，还可以作方差之间的显著性检验。本文研究主要是采用单因素方差分析。单因素方差分析是同一因素的多个水平对测量值（指标）的差异影响，即分析样本水平之间的显著性差异，用到多重比较的检验方法。②

1.民族与6个维度方差分析

由表3-1-6可以看出，表中带*的Sig值均小于0.05，表明民族与师德规范能力有差异显著；表中没有带*的Sig值均大于0.05，表明民族与师德规范能力差异不显著。但从均差值这一栏看，在理想信念方面，民族为布

①岳军祥.新时代小学教育专业师范生综合素质影响因素研究［M］.西安：陕西科学技术出版社，2019：226-227.

②刘建建.关于CMO试题及成绩的统计分析［D］.沈阳：东北大学，2013：12.

依族、苗族、侗族、其他为负值，说明布依族、苗族、侗族师范生对理想信念的认识比较深刻；在立德树人方面，民族为苗族和侗族的师范生为负值，说明苗族、侗族师范生对理想信念的认识比较深刻；在坚守准则方面，民族为苗族和侗族的师范生为负值，说明苗族、侗族师范生对理想信念的认识比较深刻；在角色认同方面，民族为苗族、壮族和侗族的师范生为负值，说明苗族、壮族和侗族师范生对理想信念的认识比较深刻；在政治自信方面，民族为苗族、壮族和侗族的师范生为负值，说明苗族、壮族和侗族师范生对理想信念的认识比较深刻；在师德实践方面，民族为布依族、苗族和侗族的师范生为负值，说明布依族、苗族和侗族师范生对理想信念的认识比较深刻；总体来说，民族为汉族的师范生对这6个维度的师德规范能力发展目标的定位方面认识较为清楚，且维度理想信念>角色认同>师德实践>政治自信>坚守准则>立德树人。

表3-1-6　民族与6个维度多重比较

因变数	（I）民族	（J）民族	平均差异（I-J）	显著性
理想信念	汉族	布依族	-.07730	.950
		苗族	-1.37412	.189
		壮族	.63699	.822
		侗族	-3.08524*	.034
		回族	5.13699	.194
		其他	-.08689	.926
立德树人	汉族	布依族	.27984	.717
		苗族	-.86301	.191
		壮族	.13699	.939
		侗族	-2.19635*	.017
		回族	3.13699	.208
		其他	.09221	.875

表 3-1-6（续）

因变数	（I）民族	（J）民族	平均差异（I-J）	显著性
坚守准则	汉族	布依族	.27006	.765
		苗族	-1.07915	.163
		壮族	.94863	.650
		侗族	-2.35693*	.029
		回族	.69863	.811
		其他	.28072	.684
角色认同	汉族	布依族	.33953	.598
		苗族	-.78904	.151
		壮族	-.83904	.573
		侗族	-1.25571	.100
		回族	3.41096	.101
		其他	.70947	.148
政治自信	汉族	布依族	.00978	.981
		苗族	-.49498	.164
		壮族	-.81164	.399
		侗族	-.89498	.070
		回族	1.43836	.285
		其他	.11000	.729
师德实践	汉族	布依族	-.20205	.757
		苗族	-.78539	.159
		壮族	.04795	.975
		侗族	-1.06317	.170
		回族	2.54795	.227
		其他	.13003	.794

注：*. 平均值差异在 0.05 层级显著。

原因分析：各民族之间有不同的文化风俗习惯，其对师德教育的也产生深远的影响，如侗族的鼓楼文化为师德提供的“和谐”理念；萨坛文化为师德提供“善性”源泉，各少数民族的师范生从小深受影响，对师德规范的认识把握比较高。

2.年级与6个维度方差分析

由表3-1-7可以看出，表中带*的Sig值均小于0.05，表明年级与师德规范能力有差异显著；表中没有带*的Sig值均大于0.05，表明年级与师德规范能力差异不显著。但通过均差值这一栏可以得出，年级为大四的师范生在理想信念方面的把握较好，年级为大一的师范生对此方面的把握较差；在立德树人方面，年级为大四的师范生对此方面的把握较好，年级为大一的师范生对此方面把握较差；在坚守准则方面，年级为大四的师范生对此方面的把握较好，年级为大一的师范生对此方面的把握较差；在角色认同，政治自信，师德实践等方面的排序为大四、大四、大四，其中年级为大四的师范生对这些方面的了解把握较好，年级为大一的师范生对这方面的把握较差。总体来说，大四的同学对这6个维度的师德规范能力发展目标的定位方面认识较为清楚，且维度政治自信>角色认同>师德实践>坚守准则>立德树人>理想信念。

表3-1-7　年级与6个维度多重比较

因变量			平均差异（I-J）	显著性
理想信念	大一	大二	-.79621	.389
		大三	-2.01334^{*}	.029
		大四	-6.11503^{*}	.000
立德树人	大一	大二	-1.63567^{*}	.006
		大三	-1.42790^{*}	.016
		大四	-4.02112^{*}	.000
坚守准则	大一	大二	-.67383	.326
		大三	-1.23256	.072
		大四	-4.48680^{*}	.000

表 3-1-7（续）

因变量			平均差异（I-J）	显著性
角色认同	大一	大二	.20661	.681
		大三	-.53126	.290
		大四	-2.59906*	.000
政治自信	大一	大二	-.39316	.411
		大三	-.82829	.083
		大四	-1.86218*	.000
师德实践	大一	大二	-.33041	.508
		大三	-.82106	.099
		大四	-2.95665*	.000

注：*. 平均值差异在0. 05层级显著。

原因探析：随着年级的增高，大四的学生经过教育见习的教育实践经验，比大一、大二、大三的学生实践的次数多，越来越意识到合理的理想信念、立德树人、坚守准则、角色认同、政治自信、师德实践对他们未来工作学习有很大的作用和影响。

3.就业意向与6个维度方差分析

表3-1-8　就业意向与6个维度多重比较

因变量	（I）就业意向	（J）就业意向	平均差异（I-J）	显著性
理想信念	小学教师	初中教师	1. 77778	. 189
		高中教师	1. 80556	. 513
		高职教师	6. 72222*	. 035
		考研	. 05556	. 965
		创业	1. 05556	. 786
		其他	4. 72222*	. 012

表 3-1-8（续）

因变量	（I）就业意向	（J）就业意向	平均差异（I-J）	显著性
立德树人	小学教师	初中教师	1.03889	.233
		高中教师	.84444	.635
		高职教师	2.59444	.206
		考研	.26111	.748
		创业	1.59444	.524
		其他	1.37222	.254
坚守准则	小学教师	初中教师	.93889	.356
		高中教师	2.35556	.257
		高职教师	2.10556	.379
		考研	-.56111	.554
		创业	2.10556	.471
		其他	1.32778	.344
角色认同	小学教师	初中教师	.93889	.191
		高中教师	1.74444	.235
		高职教师	1.16111	.492
		考研	-1.31508	.050
		创业	2.49444	.227
		其他	1.93889	.051
政治自信	小学教师	初中教师	1.40000*	.002
		高中教师	1.73333	.065
		高职教师	.73333	.496
		考研	-.12381	.772
		创业	1.23333	.349
		其他	.51111	.419
师德实践	小学教师	初中教师	.77778	.285
		高中教师	1.69444	.255
		高职教师	2.61111	.128
		考研	.32540	.631
		创业	.94444	.651
		其他	1.16667	.246

注：*. 平均值差异在0.05层级显著。

由表3-1-8可以看出，表中带*的Sig值均小于0.05，表明就业意向与师德规范能力有差异显著；表中没有带*的Sig值均大于0.05，表明就业意向与师德规范能力差异不显著。但从均差值这一栏看，在理想信念方面，就业意向为小学教师和高中教师以及其他的同学存在显著性差异，小学教师与高中教师差异较小，就业意向为小学教师的同学在理想信念方面的认识较为深刻；在政治自信方面，就业意向为小学教师和初中教师同学存在显著性差异，就业意向为小学教师的同学对政治自信方面认识较为深刻；就业意向与立德树人、坚守准则、角色认同，师德实践等方面差异能力不显著。总体来说6个维度，理想信念>坚守准则>立德树人>师德实践>角色认同>政治自信。

原因探析：对小学教育专业师范生来说，师德规范培养是以立德树人为己任，让其立志成为有理想信念、有扎实学识、有道德情操以及有仁爱之心的“四有好老师”，首先冲击的是对未来就业意向为小学教师的师范生，因为根据学校培养的目标方向，加上自身通过实习或见习等渠道的实践经验，很明白社会需要什么样小学教师，因此对于师德规范能力高质量发展体系有很深的影响。

4.学科方向与6个维度方差分析

表3-1-9 学科方向与6个维度多重比较

因变数	（I）学科方向	（J）学科方向	平均差异（I-J）	显著性
理想信念	小学语文	小学数学	-1.45387	.063
		小学英语	.19145	.868
		其他	3.83185*	.014
立德树人	小学语文	小学数学	-.43048	.386
		小学英语	.37177	.611
		其他	2.69196*	.007

表 3-1-9（续）

因变数	（I）学科方向	（J）学科方向	平均差异（I-J）	显著性
坚守准则	小学语文	小学数学	-1.19281*	.040
		小学英语	-.30999	.717
		其他	2.26637	.050
角色认同	小学语文	小学数学	-.91603*	.029
		小学英语	.21803	.723
		其他	1.11458	.181
		小学英语	-.89655	.343
政治自信	小学语文	小学数学	-.32547	.222
		小学英语	.34519	.380
		其他	1.26637*	.018
师德实践	小学语文	小学数学	-.65923	.110
		小学英语	.87033	.153
		其他	2.05506*	.013

注：*.平均值差异在0.05层级显著。

由表3-1-9可以看出，表中带*的Sig值均小于0.05，表明学科方向与师德规范能力有差异显著；表中没有带*的Sig值均大于0.05，表明学科方向与师德规范能力差异不显著。但从均差值这一栏看，在理想信念方面，学科方向为小学语文教师和其他的师范生存在显著性差异，差异值为0.014，学科方向为小学语文教师的师范生在理想信念方面的认识较为深刻；在立德树人方面，学科方向为小学语文教师和其他的师范生存在显著性差异，差异值为0.007，学科方向为小学语文教师的师范生对立德树人方面认识较为深刻；在坚守准则方面，学科方向为小学语文教师与小学数学教师的师范生存在显著性差异，差异值为0.040，学科方向为小学语文教师的师范生对坚守准则方面认识较为深刻；在角色认同方面，学科方向为小学语文教师与小学数学教师的师范生存在显著性差异，差异值为0.029，学科方向为小学语文教师的师范生对角色认同方面认识较为深刻；在政治自信方面，学科方向为小学语文教师和其他的师范生存在显著性差异，差异值为0.018，学科方向为小学语文教师的师范生在政治自信方面的认识较为深刻；在师德实践方面，学科方向为小学语文教师和其他的师范生存在显著性差异，差异值为0.013，学科方向为小学语文教师的师范生在师德实践方面的认识较为深刻；总体来说，学科为小学语文教师的师范生对这6个维度的师德规范能力发展目标的定位方面认识较为清楚，且维度理想信念>立德树人>师德实践>政治自信>坚守准则>角色认同。

原因分析：语文是语言文学，主要以文字为主要内容的学科，其富有思想性、趣味性，在日常教学中易渗透德育教育，与师德德育联系较为密切，因此学科方向选择为小学语文的师范生在长期的潜移默化，深远持久语文文化氛围中受到影响，对师德规范能力的理解和把握较为深刻。

5.普通话等级与6个维度方差分析

表3-1-10　普通话等级与6个维度多重比较

因变数	（I）普通话等级	（J）普通话等级	平均差异（I-J）	显著性
理想信念	一乙	二甲	-1.50141	.401
		二乙	.37500	.838
		三甲	-.60000	.887
		三乙	5.23333	.147
立德树人	一乙	二甲	-1.45915	.202
		二乙	-.30000	.798
		三甲	-.10000	.970
		三乙	-.26667	.907

表 3-1-10（续）

因变数	（I）普通话等级	（J）普通话等级	平均差异（I-J）	显著性
坚守准则	一乙	二甲	-.42113	.751
		二乙	1.12500	.409
		三甲	.10000	.975
		三乙	1.76667	.509
角色认同	一乙	二甲	-1.15352	.228
		二乙	-.31250	.750
		三甲	-2.90000	.201
		三乙	1.60000	.406
政治自信	一乙	二甲	-.69577	.257
		二乙	-.11250	.858
		三甲	-.40000	.783
		三乙	-.90000	.466
师德实践	一乙	二甲	-1.46338	.128
		二乙	-.71250	.469
		三甲	-.40000	.860
		三乙	-1.73333	.369

注：*. 平均值差异在0.05层级显著。

由表3-1-10可以看出，Sig值均大于0.05，所以对师德规范能力没有显著性影响。但是可以从表中均值比较看出普通话等级为一乙的师范生在理想信念方面高于二乙和三乙的师范生，普通话等级为一乙的师范生在理想信念方面低于二甲和三甲的师范生；在立德树人方面，普通话为一乙的师范生均低于二甲、二乙、三甲和三乙的师范生；在坚守准则方面，普通话为一乙师范生除了低于二甲的师范生外，其余方面都高于其他不同层次普通话等级的师范生；在角色认同方面，普通话等级为一乙的师范生除了高于三乙的师范生外，其余各方面都低于不同层次普通话等级的师范生；在政治自信和师德实践方面，普通话等级为一乙的师范生均高于其他不同层次普通话等级的师范生，且维度理想信念>坚守准则>立德树人>师德实践>角色认同>政治自信。

原因探析：普通话具有跨时代的意义，消除了各地方言的隔阂，促进了社会和谐发展，社会发展靠教育，因此师范生的普通话等级培养意义重大，通过调查发现，师范生普通话等级普遍在二甲和二乙，个别等级为一乙和三甲。主要原因在于，首先师范生个人原有的方言影响，在很多的字音读音方面带有浓厚家乡口音，在短期的时间内很难改正，其次，部分师范生由于自身的咬字发音的方面不全面影响，最后，没有正确的指导和发音习惯。

七、线性回归

回归分析（regression）主要是研究一个因变量或多个变量和一个自变量之间是否存在某种线性关系或非线性关系的统计学分析方法，能够确定自变量和因变量关系的密切度。一元线性回归分析主要是在排除其他影响因素或假定其他影响因素确定的条件下，在分析某一个因素（自变量）是如何影响另一具体事物（因变量）的过程，所进行的分析所比较理想化。①

1.人口学变量与整体回归

将人口学变量（性别、民族、年级、户籍、就业意向、学科方向、普通话等级）与整体高质量发展总值进行线性回归比较，得出运用高质量发展总值进行回归分析时复相关系数最高，为0.459，因此选用进行回归分析。

①时立文.SPSS统计分析从入门到精通［M］.北京：清华大学出版社，2012：14.

（1）模型摘要

表3-1-11 模型摘要

模型	R	R 平方	调整后的 R 平方	标准偏斜度错误
1	.459[a]	.211	.187	16.29713

a. 预测值（常数）：普通话等级，就业意向，性别，户籍，民族，学科方向，年级。

由表3-1-11可以看出R2=0.211，调整的R2=0.87，估计标准误差为16.29713，因此，因变量高质量发展总值与自变量普通话等级，就业意向，性别，户籍，民族，学科方向,年级等确实存在着较高的线性关系。判定系数为0.459。

（2）高质量发展总值与人口学线性回归

表3-1-12 高质量发展总值与人口学线性回归

模型		非标准化系数		标准化系数	T	显著性
		B	标准错误	Beta		
1	（常量）	133.004	11.323		11.747	.000
	性别	.733	4.081	. 011	. 180	. 858
	民族	-.150	.438	-.020	-.342	.733
	年级	6.459	.999	.402	6.468	.000
	户籍	-7.274	3. 096	-. 140	-2. 349	. 020
	就业意向	-.376	.560	-.041	-.671	.503
	学科方向	-.438	1.252	-.021	-.350	.727
	普通话等级	-1.601	1.718	-.056	-.932	.352

注：a. 总变量：高质量发展总值。

由表3-1-12中非标准化系数可知，设X1=性别，X2=民族，X3=年级，X4=户籍、X5=就业意向，X6=学科方向，X7=普通话等级，拟合结果为Y=133.004+0.733X1-0.150X2+6.459X3-7.274X4-0.376X5-0.438X6-1.601X7。所以，常数项与回归系数都具有统计学意义，自变量与因变量的线性关系显著。性别、年级起积极作用，民族、户籍、学科方向、就业意向、普通话等级起消极作用。

2.各维度与整体回归

将各维度（理想信念、立德树人、坚守准则、角色认同、政治自信、师德实践）与整体高质量发展总值进行线性回归比较，发现运用高质量发展总值进行回归分析时复相关系数最高，为0.994，因此选用进行回归分析。

（1）模型摘要

表3-1-13　模型摘要

模型	R	R 平方	调整后 R 平方	标准偏斜度错误
1	.994[a]	.988	.987	2.03314

注：a. 预测值（常数）：师德实践，理想信念，立德树人，角色认同，政治自信，坚守准则。

由表3-1-13可以看出R2=0.988，调整的R2=0.987，估计标准误差为2.03314，因此，因变量高质量发展总值与自变量理想信念、立德树人、坚守准则、角色认同、政治自信、师德实践等六维度确实存在着较高的线性关系。判定系数为0.994。

（2）高质量发展总值与6个维度的线性回归

表3-1-14高质量发展总值与6个维度的线性回归

模型		非标准化系数		标准化系数	T	显著性
		B	标准错误	Beta		
1	（常量）	.730	1.009		.723	.470
	理想信念	.987	.038	.302	25.884	.000
	立德树人	1.054	.063	.204	16.663	.000
	坚守准则	.977	.062	.221	15.701	.000
	角色认同	1.011	.073	.165	13.835	.000
	政治自信	.931	.122	.097	7.650	.000
	师德实践	.992	.073	.161	13.496	.000

注：a. 总变量：高质量发展总值

由表3-1-14中非标准化系数可知，设X1=理想信念，X2=立德树人，X3=坚守准则，X4=角色认同、X5=政治自信，X6=师德实践，拟合结果为Y=0.730+0.9876X1+1.054X2+0.977X3+1.011X4+0.931X5+0.992X6。所以，常数项与回归系数都具有统计学意义，自变量与因变量的线性关系显著。理想信念、立德树人、坚守准则、角色认同、政治自信、师德实践等起积极性作用。

八、聚类分析

我们对样本进行数据探索分类的方法叫聚类分析方法，“物以类聚”，聚类分析也称为群分析，主要研究样品（或指标、变量）分类问题的一种多元统计分析方法，用聚类方法更为准确、科学，能克服主观性与任意性等定量分析的弊端。聚类分析主要是用于解决一些事先不知道应将样品或指标分为几类，而需根据样品或变量中的相似程度，能够更好地反映样本之间的差异和结构之间的关系，进行归组并类的问题。[①]

表3-1-15每个聚类中的个案数

每一个聚集中的观察值数目		
聚集	1	131.000
	2	1.000
	3	105.000
有效		237.000
遗漏		0.000

表3-1-15给出聚类结果，本研究分主要为3类人，有效总数为237人，其中第一类人的总数有131人，而第二类人数仅有1人，第三类人有105人，缺失个案数为0个，各个项目的效度均比较高。

分析后得出结论，第一类人的编号为：1，4，7，12，13，17，26，27，28，29，30，31，32，33，34，35，36，38，39，44，45，48，49，52，53，54，55，56，57，59，61，71，74，75，76，77，78，79，80，81，82，83，84，88，90，91，97，98，99，104，119，120，121，124，128，129，130，135，139，143，144，147，148，149，155，171，172，173，174，175，176，177，178，179，180，181，182，183，184，185，186，187，188，189，190，191，192，193，194，195，196，197，198，199，200，202，203，204，205，206，207，208，209，210，211，212，213，214，215，217，218，219，220，221，222，223，224，225，226，

①郭杨.基于因子分析和聚类分析的山东省各地区综合实力评价研究［D］.济南：山东大学，2019：17.

227，228，229，230，231，232，233，234，235，236，237。第一类人普遍认为师德规范能力发展体系合理。第二类人的编号为：51。第二类人普遍认为师德规范能发展体系比较合理。第三类人的编号为：2，3，5，6，8，9，10，11，14，15，16，18，19，20，21，22，23，24，25，37，40，41，42，43，46，47，50，58，60，62 ，63，64，65，66，67，68，69，70，72，73，86，87，89，92，93，94，95，96，100，101，102，103，105，106，107，108，109，110，111，112，113，114，115，116，117，118，123，125，126，127，131，132，133，134，136，137，138，140，141，143，146，150，151，152，153，154，155，156，157，158，159，160，161，162，163，164 ，165，166，167，168，169，170，176，201，216。第三类人认为师德规范实践能力发展体系基本合理。

九、访谈问题

1.访谈提纲

（1）您在入学至今，内心一直坚信自己未来要做一名老师吗？（如果是）是什么原因让您坚持这么久？（如果不是）为什么呢？

（2）您认为当一名优秀教师需要具备哪些素质要求呢？

（3）您在曾经的见习或者实习中，面对学生您通常是什么心情，能回忆一个具体的示例来说说这种情感吗？

2.访谈问题

问题（1）从对学生的访谈中了解到，学生A在实习的过程中，被孩子们的笑容，真诚，善良所打动，并慢慢对小学教师这个事业慢慢产生吸引。学生B在实习的过程中体会到教师职业将来面对的是学生，社交较为单纯，没有复杂的勾心斗角。学生C在见习之后，看到自己可以帮助学生，学生口中喊着老师好，自己内心十分激动，想早点加入教师行业，教书育人，用自己的所有学说来反馈社会，帮助学生更好的成长。学生D是在父母的期盼之下，以及自己喜欢小朋友，想让他们解释好的教育，所以想坚定的做一名教师。学生E遇到很多对她人生和学习很有意义的指导老师，觉得老师是一份很好的职业。学生F一直坚信自己未来做一名老师，因为个人热爱，也因为这个职业受人尊敬，也希望自己教书育人为社会贡献一份力。

问题（2）中，学生A认为作为一名优秀教师，首先必备的是师德，其次是一定的知识素养，心理素质强大。学生B认为作为一名优秀的教师应该具备专业知识过硬，才高八斗，尊重学生，平等对待学生。学生C认为当好一名优秀教师应当具备有教师职业道德“三爱两人一终身”德才兼备。学生D认为当好一名优秀教师应该具备良好道德素养，过硬知识素养，较强能力素养和心理素养。学生E认为做好一个人民教师应该热爱教育事业、衷心爱护党和国家、关心和关爱学生、教书育人、品德高尚做到为人师表、具有终身学习的理念。学生F认为当好一名优秀的教师要具有良好的职业素养，专业知识和思想道德。

问题（3）中，学生A在实习中，保持的是一种开心的心态，觉得和学生是一种朋友的关系，上课很轻松，学生很配合，在下课时也一起玩，唱歌，学习手势舞，缓解上课的疲惫。学生B在实习之时，面对学生有时候觉得暖心，有时候觉得烦心，在回忆场景时，在教学的过程中学生认真听课上课时觉得很暖心，学生不听话时，觉得烦心。学生C在见习过程中看到学生时，心中有种神圣的使命感。学生D，没有参与教育见习和实习。学生E在暑假辅导班兼职中面对学生时很紧张，很无奈，在教学过程中害怕教错，纠结很久准备很久才能达到效果。学生F在面对学生时是自信和难过，在兼职时，学生完成自己布置的作业时，对于教师这个职业很有信心，但是学生调皮捣蛋自己无能为力时感觉很难过。

通过访谈可以看出，大部分的师范生对目前自己的师德规范能力的掌握程度处于较高的发展水平，而且心态方面的调节能力也比较高，这些对今后的教育工作角色有更期待的作用，而有部分的师范生对目前自己师德规范能力的掌握程度处于较低的发展水平，且心态的调节能力感较差，会影响到今后的教育工作角色。这说明小学教育专业师范生的师德规范能力的发展处于中低等水平，这与我调查的问卷结果是一致的。

十、解决策略

1.深化师范生师德规范认识

深化师范生师德规范认识，实现师德规范在实践的具体落实。教育实习与见习是师范生课堂教学之外的延伸，是对专业特色的一个升华，是促进师范生教师职业认同和职业情感，深化师德规范体验的重要途径。因此，师范院校应认真根据国家相关的政策文件，结合国情、校情以及学情，制定出能够体现新时代师德师风要求的教育实习与见习指导文件，围绕培养适应中小学教育教学所需要的高质量发展在“理想信念、立德树人、坚守准则、角色认同、政治自信、师德实践”师德规范的要求，形成师德规范培育实践的目标体系。在此基础上，明确增加拓展教育实习与见习基地渠道，学校教育不仅要与社会教育实践和职业界密切联系的结合，还与以校企结合的方式来培养师范生的综合能力，为进一步提高小学教育专业师范生师德规范能力和从教技能。让师范生身临其境与学生接触，在相处之中去感受教师职业，感悟师德的美，在实践之中激发出对教师这一职业的热爱，从而自发地孕育出良好的师德规范意识。

2.建立师范生师德规范考核档案

师范院校要根据校情出台一些师德培养方案，来加强对师范生师德规范工作的统筹管理，从宏观上把握师德规范的方向，由师范生自主担任师德规范考核的主人，辅导员从旁担任助理导师，师范生在自主相互监督之下，自行完成师德规范培育系列活动，能够客观给出师德规范考核的动态评价，并装入毕业档案。增设师德规范相关课程和学术讲座，对《中华人民共和国教育法》《中华人民共和国教师法》等相关法律法规专题进行剖析学习，让师范生在日常学习中了解法律知识和行为规范，提高师德规范和依法执教意识。

3.创新师范生课堂形式

高质量发展的师德规范前提是有高质量的教育，而高质量教育体现在每一节课堂学习氛围里。出了日常的理论学习之外，还可以增加一些情境体验、观摩学习、榜样学习的课程。一方面，师范院校应在课堂的教学环节中落实好一个民主和谐的学习氛围，要让师范生在课堂上让自己从学生角色转换到教师角色，鼓励师范生以多种形式多样的方式参与教学，把自我作为一个教师锻炼，上台体验教师感，克服自我紧张，培养师范生自信心。另一方面，师范院校的教师要在课堂教学之中引导师范生要与时俱进，创设民主的课堂教学模式，根据课程内容巧妙设计教学环节，激发学生乐学的兴趣，以此来积累自我的从教经验。此外还可以优化班级文化氛围，让师范生集体焕发生命力，还通过形式多样的方式参与各种政治业务学习，还可以组织师范生身边师德的先进案例，在研习中增设师德规范内容学习努力创建良好学习条件和学习氛，培养一支懂教育，懂师德，善教学的未来教师队伍。让小学教育专业的学生在社会实践中获得感知体验，把职业道德观念从理论知识变成实践知识。

4.发挥学校环境作用

通过对比文献学者提出的对策建议可知，学者们都着重强调教师在培训与学习、关注教师评价制度、思政课师范的作用、以法律为底线、师德与信息技术发展相结合来提高自我师德。除此之外还应该以下方面去完善，首先，师范院校营造尊师重道的校园环境。环境是培养一个人人格形成的关键，营造一个尊师重道的校园环境对于小学教育专业的学生来说极其重要，正如古时候的孟母，意识到良好的环境对孩子的重要性，这才有了千古佳话“孟母三迁”的故事。其次，要落实好尊师重道的校园环境，必须从校园的一草一木做起，通过布置教室、学校宣传栏，展报等让学校每一面墙都开口说话，使学生感受到师德美的熏陶，紧跟时代发展步伐，学习贯彻落实党的十九大精神，做好师德师风教育。最后，职业道德最大的特点在于自觉性和习惯性。作为未来准教师，要树立好正确的职业道德观念，师范院校小学教育专业的学生要从自我做起，在日常的专业学习中训练，把师德规范习惯在每一个行为里。

5.师范生师德规范的自我觉醒

师范生师德规范的自我觉醒，首先主要体现在师范生自律方面。习惯与人生死相随，不但影响人的生活方式和个人成长，还影响一个人的工作效率和生活质量。大学生不似基础教育阶段的学生，老师不再严肃管教，也远离了父母的监督，缺乏这些外在的约束，导致自律不高的师范生，整日浑浑噩噩的荒度光阴。因此，针对此师范院校要采取一些管理措施，一方面要根据考研，毕业创业计划等制定相关目标，进行长期的准备，可培养师范生坚持的毅力，对于日常的上课，进行迟到早退的打卡，进行点名，培养师范生的时间意识。另一方面师范生要自律高质量的度过大学生活，关键要焕发自主管理，要把外部的约束转化为内部动力，因此，师范院校教师要引导培养师范生自己制定目标，落实好自我管理，约束能力，完成计划。其次，勤于学习，端正态度，善于把控自己的情绪。在访谈之中了解到，通过去兼职教师这一角色体验发现，部分师范生与学生相处的过程中产生不愉快，且自身专业知识技能不够，师德规范意识理念不高。因此，要师范生不仅要端正自己的心态正确认识自我和摆正自己的位置，还要不断加以反思和批评自己，明确作为一名未来人民教师所要负的责任。再次，要牢固树立爱护和尊重学生，做到以宽容的态度去面对学生，多花时间研究和了解学生的性格和爱好，要用赏识的眼光去发现学生身上的闪光点。最后，认真学习扩展自己的眼界，正确地去对待压力，乐观开朗地对待学习，不断地去适应未来教师这一角色扮演，去增强教师角色转换和适应能力，调节和控制自我情绪。师范生在于学生接触交流时要保持一颗设身处地的为学生考虑的心，善于理解，能够正确的处理与学生之间发生的矛盾。

6.发挥师范生师德榜样的号召力

新时代小学教育专业师范生师德规范高质量发展在整个学涯中起着重要的奠基作用，为了提高广大师范生的师德规范能力，学校应加强培训渠道，如开展专门的师德主题活动、召开有关师德培养动员大会以及学习道德楷模、先进典型事迹等对师范生进行师德师风的培养和熏陶，在一整个活动的开展师范院校的教师坚持带头学习，以身作则，以领导的榜样示范作用带动整个师德学习的开展，让师范生在整个师德学习活动中感受榜样力量，向榜样学习，培养自我优秀的品格，在他们的感召下，以之为镜，激励兴致不高涨的学生，不断提高自己师德规范能力，唤醒他们教师行业的热爱。

第二节 新时代小学教育专业师范生专业知识高质量发展实证研究

“新时代”背景下，国家提出要“建设高质量教育体系”，这对师范生的专业知识提出了更大的挑战。本研究从教育教学知识、学科知识、实践知识和通识性知识四个维度出发，对G省X大学小学教育专业242名师范生的专业知识发展现状进行通过问卷调查。研究发现，93%的同学认为学科专业知识掌握程度是影响教师职业能力高质量发展的主要因素。其中，94%教育教学知识<91%学科知识<94%实践知识<93%通识性知识。

一、人口学变量描述统计

根据调查研究的目的，本研究以X大学小学教育专业的242名师范生作为调查对象，调查对象基本信息见表3-2-1。

表3-2-1 人口变量学统计

性别	专升本	对工资的期望	年级
男25人，10.3%	是，31人，12.8%	2000～3000元1人，0.4%	大一57人，23.6%
女217人，89.7%	否，211人，87.2%	3000～4000元19人，7.9%	大二93人，38.4%
		4000～5000元69人，28.5%	大三61人，25.2%
		5000～6000元66人，27.3%	大四31人，12.8%
		6000元及以上87人，36.0%	

表 3-2-1（续）

<table>
<tr><th>户籍</th><th>党员</th><th>选择小学教育专业的原因</th><th>民族</th></tr>
<tr><td>农村
219人，90.5%
城市
23人，9.5%</td><td>是，
4人，1.7%
否，
238人，98.3%</td><td rowspan="3">对教育事业的热爱102人，42.1%
就业稳定有保障65人，26.9%
高考分数限制28人，11.6%
老师和家长的意见28人，11.6%
被动调剂的专业3人，1.2%
家庭经济因素2人，0.8%
其他14人，5.8%</td><td rowspan="5">汉族90人，37.2%
回族3人，1.2%
彝族10人，4.1%
布依族16人，6.6%
苗族46人，19.0%
土家族26人，10.7%
仡佬族11人，4.5%
侗族18人，7.4%
水族8人，3.3%
白族3人，1.2%
瑶族1人，0.4%
畲族2人，0.8%
其他8人，3.3%</td></tr>
<tr><th colspan="2">毕业规划</th></tr>
<tr><td colspan="2" rowspan="3">语文老师87人，36.0%
数学老师77人，31.8%
英语老师23人，9.5%
体育老师6人，2.5%
音乐老师2人，0.8%
美术老师1人，0.4%
科学老师3人，1.2%
研究生23人，9.5%
公务员10人，4.1%
创业3人，1.2%
其他7人，2.9%</td></tr>
<tr><th>知识提升</th></tr>
<tr><td>专业知识88人，36.4%
教育学47人，19.4%
心理学20人，8.3%
教育科学知识26人，10.7%
自然科学知识17人，7.0%
通识性知识14人，5.8%
实践知识22人，9.1%
其他8人，3.3%</td></tr>
</table>

由表3-2-1得出：农村219人，城市23人，党员4人，不是党员238人，汉族90人，回族3人，彝族10人，布依族16人，苗族46人，土家族26人，仡佬族11人，侗族18人，水族8人，白族3人，瑶族1人，畲族2人，其他8人，大一57人，大二93人，大三61人，大四31人，对工资的期望2000～3000元1人，3000～4000元19人，4000～5000元69人，5000～6000元66人，6000元及以上87人。

二、信度检验

信度指的是指测量结果的稳定性和可靠性的程度，也就是测量的结果是否真实、客观地反映了被测量者的实际水平。[①]

表3-2-2　信度检验

可靠性统计									
专业知识		教育教学知识		学科知识		实践知识		通识性知识	
Alpha	项数	Alpha	项数	Alpha	项数	Alpha	项数	Alpha	项数
0.967	41	.887	10	.923	11	.890	9	.905	11

由表3-2-2可以看出本研究的问卷总信度为0.967，教育教学知识的问卷信度为.887，学科知识的问卷信度为.923，实践知识的问卷信度为.890，通识性知识的问卷信度为.905，调查数据具有稳定性和可靠性，达到了测试的要求。

三、效度检验与维度项目分布

1.效度检验

效度指的是测量结果的准确性和有效性的程度，也就是测量的结果是否达到了预期的目的。[②]效度检验一般是通过因子分析进行，如果理论预设的维度（内容效度）与SPSS主成分因子分析的维度结构（结构效度）一致，则问卷的效度较高。

表3-2-3　效度检验

皮尔逊相关性	教育教学知识	学科知识	实践知识	通识性知识
教育教学知识	1	.808**	.754**	.684**

①胡中锋.教育测量与评价［M］.广州：广东高等教育出版社，2006.
②刘新平，刘存侠.教育统计与测评导论［M］.北京：科学出版社，2003.

表 3-2-3（续）

皮尔逊相关性	教育教学知识	学科知识	实践知识	通识性知识
学科知识	.808**	1	.802**	.709**
实践知识	.754**	.802**	1	.761**
通识性知识	.684**	.709**	.761**	1

注：**在0.01级别（双尾），相关性显著。

由表3-2-3可以看出，教育科学知识、学科知识、实践知识、通识性知识有效性的相关系数在0.684～0.808之间，说明它们的效度较高。

2.维度项目分布

本问卷的理论预设结构为4个维度41个项目，具体情况如表3-2-4所示：

表3-2-4　维度项目分布

维度	项目
教育教学知识	1～10
学科知识	11～21
实践知识	22～30
通识性知识	31～41

由表3-2-4可以看出，本问卷的理论预设结构与检测的结构完全一致，所以本问卷效度较高，测量的数据具有有效性和准确性。

四、存在问题与原因探析

1. 总体维度百分率比较

通过图3-2-1可以看出，总体而言，93%的学生认为自己的专业知识掌握程度达到了高质量发展，7%的学生认为自己的专业知识掌握程度未达到高质量发展。具体表现如下，7%的学生认为自己没有掌握本专业的专业知识；42%的学生认为自己基本掌握了本专业的专业知识；51%的学生认为自己掌握了本专业的专业知识。

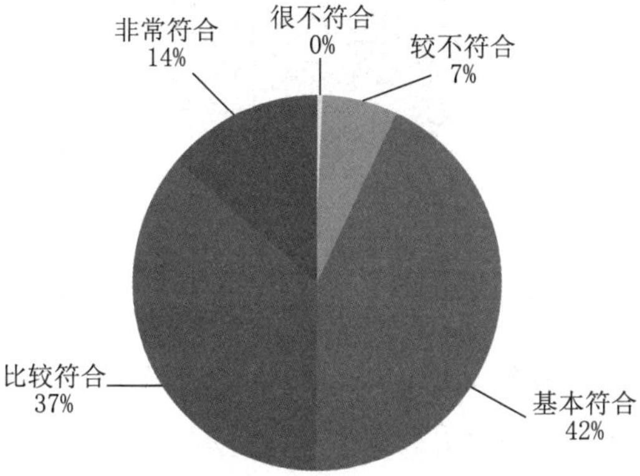

图3-2-1　专业知识总体维度百分率比较

原因探析：新时代小学教育专业师范生专业知识高质量发展体系有多方面影响因素，主要体现在对教育教学知识、学科知识、实践知识和通识性知识的掌握程度上。

2.各维度百分率比较

（1）教育教学知识百分率比较

通过图3-2-2可以看出，总体而言，94%的学生认为自己的教育教学知识掌握程度达到了高质量发展，6%的学生认为自己的教育教学知识掌握程度未达到高质量发展。具体表现如下，6%的学生认为自己没有掌握教育教学知识；43%的学生认为自己基本掌握了教育教学知识；51%的学生认为自己掌握了教育教学知识。

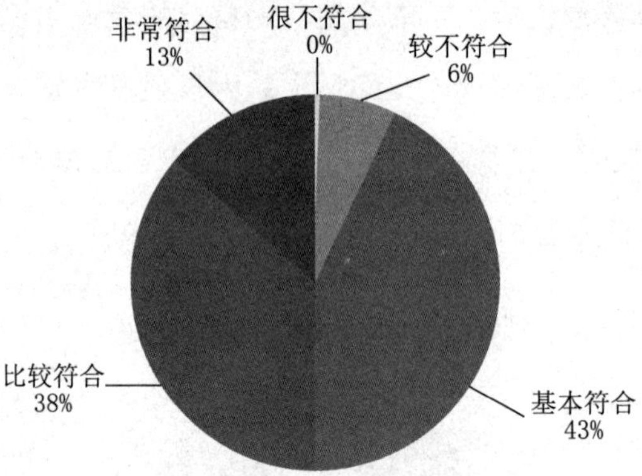

图3-2-2 教育教学百分率比较

原因探析：教育教学知识的掌握程度有多方面影响因素，主要体现在对教育学、心理学课程的掌握程度，对教学方法和德育方法的掌握程度，对随班就读和融合教育的了解程度，以及对小学生发展各阶段的了解。

（2）学科知识百分率比较

通过图3-2-3可以看出，总体而言，91%的学生认为自己的学科知识掌握程度达到了高质量发展，9%的学生认为自己的学科知识掌握程度未达到高质量发展。具体表现如下，9%的学生认为自己没有掌握学科知识；43%的认为自己基本掌握了学科知识；48%的学生认为自己掌握了学科知识。

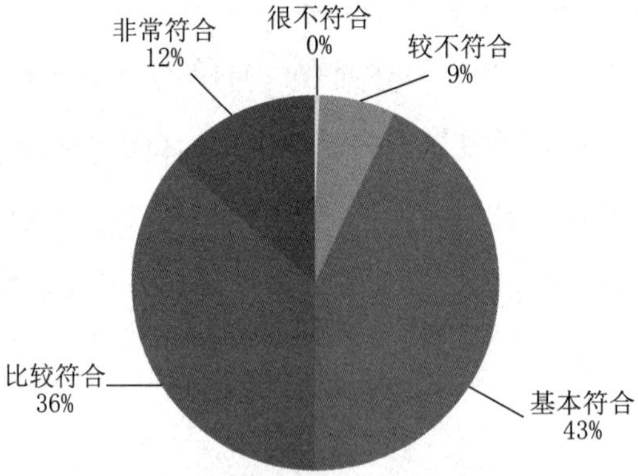

图3-2-3 学科知识百分率比较

原因探析：学科知识的掌握程度有多方面影响因素，主要体现在对学科基本知识、原理和技能的掌握程度，对教材、教学大纲和教学目标的掌握程度，对儿童科普读物和文学作品的了解程度，了解少先队活动的意义和跨学科知识的程度，以及能否指导综合性学科教学活动和能否适应小学教学的要求。

（3）实践知识百分率比较

通过图3-2-4可以看出，总体而言，94%的学生认为自己的实践知识掌握程度达到了高质量发展，6%的学生认为自己的实践知识掌握程度未达到高质量发展。具体表现如下，6%的学生认为自己没有掌握实践知识；44%的认为自己基本掌握了实践知识；50%的学生认为自己掌握了实践知识。

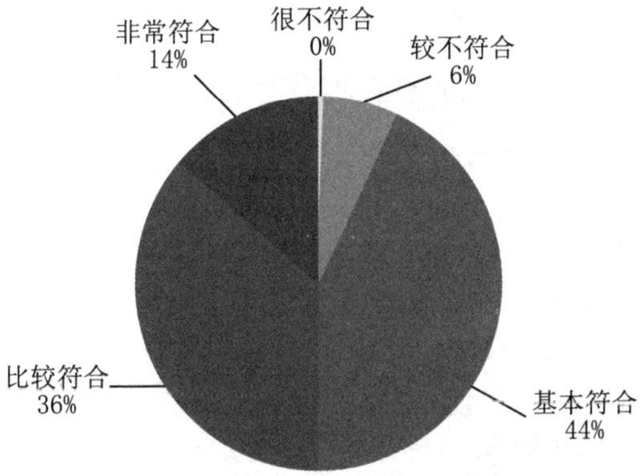

图3-2-4　实践知识百分率比较

原因探析：实践知识的掌握程度有多方面影响因素，主要包括对人才培养的要求和对新兴信息技术的掌握程度，对信息化教学设备的掌握程度，对教学原则和班主任职责的交接程度，对班级管理的掌握程度和有借助各种手段提升教学技能的意识。

（4）通识性知识百分率比较

通过图3-2-5可以看出，总体而言，93%的学生认为自己的通识性知识掌握程度达到了高质量发展，7%的学生认为自己的通识性知识掌握程度未达到高质量发展。具体表现如下，7%的学生认为自己没有掌握通识性知识；41%的认为自己基本掌握了通识性知识；52%的学生认为自己掌握了通识性知识。

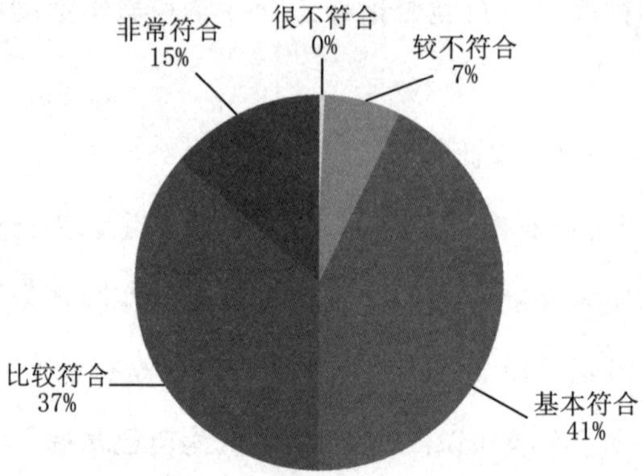

图3-2-5　通识性知识百分率比较

原因探析：通识性知识的掌握程度有多方面影响因素，主要包括对自然科学和人文科学知识的掌握程度，知道如何增加课堂教学的趣味，知道小学生身心发展的影响因素，关注小学生发展的相关政策，了解促进小学生健康成长的相关知识，有相应的艺术欣赏与表现知识。

五、独立样本T检验

在统计学中，我们常常需要对组与组之间的平均水平或均数进行比较，这种情况下常常需要采用T检验来进行判断。所谓的t检验是指对两个数据资料进行正态性检验，即要求该2个数据资料的总体参数（方差）服从正态分布或者近似正态分布。此外，如果两个数据资料的方差齐性是通过方差齐性来判定，那么t检验还要求两个数据资料的总体方差具有正相关性，即两个数据资料的方差齐性越好，那么两者的相关性就越大。[①]

① 杨晓明.SPSS在教育统计中的应用［M］.北京：高等教育出版社，2004.

1.性别与4个维度的独立样本t检验

从表3-2-5可以看出，在莱文检验中Sig值均大于0.05，说明方差齐性适合做t检验。由双侧检验值均大于0.05可看出性别在4个维度上无显著性差异。由均值比较可见，在掌握教育教学知识、学科知识、实践知识和通识性知识4个维度上女生>男生。

原因探析：首先，男生的逻辑思维能力强，而女生则是抽象思维要强一些，在记东西、学习语言方面能力比男生要强。而小学教育专业是偏向文科方向的，需要学生具有较强的抽象思维、语言表达能力、想象力和记忆力，因此女生比男生更具优势。其次，女生的理性思维比男生好，比较容易沟通，具有细心、耐心、和包容性，比男生更适合与小学生沟通。最后，由于时代的发展，女生对自己有清晰的规划，想要提高自己的地位，实现经济独立，所以女生会比男生更加努力学习，为以后找工作打下坚实的基础。

表3-2-5　性别与4个维度的独立样本t检验

独立样本检验	莱文方差等同性检验		平均值等同性t检验						
	F	显著性	t	自由度	Sig.（双尾）	平均值差值	标准误差差值	差值95%置信区间 下限	差值95%置信区间 上限
教育教学知识	1.293	.257	-1.600	240	.111	-1.86636	1.16668	-4.16459	.43187
学科知识	.260	.611	-.408	240	.684	-.59300	1.45440	-3.45802	2.27203
实践知识	1.138	.287	-1.717	240	.087	-1.92092	1.11863	-4.12451	.28266
通识性知识	.014	.907	-.979	240	.328	-1.35889	1.38763	-4.09238	1.37460

2.专升本与4个维度的独立样本t检验

从表3-2-6可以看出，在莱文检验中Sig均大于0.05，说明方差齐性适合做t检验。双侧检验中，教育教学知识、学科知识、实践知识和通识性知识的Sig值均小于0.05，故是专升本的学生与不是专升本的学生在4个维度上有显著性差异。由均值比较可见，在掌握教育教学知识、学科知识、实践知识和通识性知识4个维度上专升本的学生>不是专升本的学生。

表3-2-6　专升本与4个维度的独立样本t检验

独立样本检验	莱文方差等同性检验		平均值等同性t检验						
	F	显著性	t	自由度	Sig.（双尾）	平均值差值	标准误差差值	差值95%置信区间	
								下限	上限
教育教学知识	.101	.751	2.495	240	.013	2.63125	1.05456	.55388	4.70862
学科知识	.400	.528	4.979	240	.000	6.28054	1.26145	3.79562	8.76546
实践知识	.139	.709	2.476	240	.014	2.50558	1.01214	.51177	4.49939
通识性知识	4.119	.044	3.101	240	.002	3.85018	1.24162	1.40432	6.29603

原因探析：首先，专升本的学生在大专的学习中已经为教育教学知识、学科知识、实践知识和通识性知识的学习打下了一定的基础，在一定程度上比不是专升本的学生的专业知识掌握度高。其次，专升本的学生比不是专升本的学生更加珍惜学习的机会，在专科大三的时候就已经有了一定的社会经历，深刻认识到提升自己的重要性。最后，专升本的学生在大三的时候就已经经历过了一次实习，部分学生在4个维度的掌握程度上比不是专升本的学生高。

3.党员与4个维度的独立样本t检验

从表3-2-7可以看出，在莱文检验中Sig值均大于0.05，说明方差齐性适合做t检验。双侧检验中，教育教学知识、学科知识、实践知识和通识性知识的Sig值均大于0.05，故是党员的学生与不是党员的学生在这4个维度上无显著性差异。由均值比较可见，在掌握教育教学知识、学科知识、实践知识和通识性知识4个维度上党员的学生>不是党员的学生。

原因探析：首先，进校就申请入党的同学，肯定是对自己的未来有一定的规划，才能在别人都没反应过来的时候申请入党。其次，能够成为党员的同学一定是有自身优势，毕竟能够成为党员要经历重重关卡，需要得到学校老师和领导的认同。因此，是党员的同学在思想上、学习上或者是对自己的规划上，在一定程度上是比其他学生要好得多的。最后，不是党员的同学，有的是申请被退回来了，而有的是压根没想过入党，因此部分同学在思想觉悟上、以及对自己的规划上就低于是党员的同学。

表3-2-7　党员与4个维度的独立样本t检验

独立样本检验	莱文方差等同性检验		平均值等同性t检验						
	F	显著性	t	自由度	Sig.（双尾）	平均值差值	标准误差差值	差值95%置信区间	
								下限	上限
教育教学知识	.157	.692	1.487	240	.138	4.14496	2.78704	-1.34522	9.63514
学科知识	.020	.888	.956	240	.340	3.31303	3.46650	-3.51563	10.14168
实践知识	.189	.664	.871	240	.385	2.33613	2.68246	-2.94804	7.62031
通识性知识	.796	.373	.743	240	.458	2.46218	3.31530	-4.06862	8.99299

4.户籍与4个维度的独立样本t检验

从表3-2-8可以看出，在莱文检验中Sig值均大于0.05，说明方差齐性适合做t检验。双侧检验中，教育教学知识、学科知识、实践知识和通识性知识的Sig值均大于0.05，故户籍在这4个维度上无显著性差异。由均值比较可见，在掌握教育教学知识、学科知识、实践知识和通识性知识4个维度上农村户籍的学生>城市户籍的学生。

表3-2-8 户籍与4个维度的独立样本t检验

独立样本检验	莱文方差等同性检验		平均值等同性 t 检验						
	F	显著性	t	自由度	Sig.（双尾）	平均值差值	标准误差差值	差值95%置信区间	
								下限	上限
教育教学知识	2.125	.146	.652	240	.515	.79234	1.21614	-1.60334	3.18801
学科知识	.211	.646	-.563	240	.574	-.84991	1.50891	-3.82230	2.12248
实践知识	.022	.882	.068	240	.946	.07961	1.16801	-2.22125	2.38048
通识性知识	.414	.520	-.356	240	.722	-.51380	1.44258	-3.35553	2.32793

原因探析：首先，因为经济压力、生活压力等等，导致农村户籍的学生一开始就知道一份稳定的的工作的重要性，在校努力学习专业知识，提高专业能力，从而减轻就业压力或者是生活压力。其次，相对农村户籍的学生来说，城市户籍的学生经济压力、生活压力等等较小，父母可以给他们提供很好的经济环境与生活环境，所以有一部分城市户籍学生的心理压力较小。最后，农村户籍的学生和城市户籍的学生所接触到的观念是不一样的。

六、单因素方差分析

方差分析（Variance Analysis），也称为变异数分析，是由英国统计学家R.A.Fisher首先提出的一种统计方法，有时也称为F检验。其基本思想是通过计算每个样本的变异系数来考察多组数据之间的显著性。主要用于对多组均数之间的显著性检验和对方差之间的显著性检验。它又可以分为单因素方差分析、双因素方差分析和多因素方差分析。[①]单因素方差分析用

①任毅梅，黄俊红.教育统计与测量［M］.北京：煤炭工业出版社，2001.

于完全随机设计的多个样本均数间的比较，其统计推断是推断各样本所代表的各总体均数是否相等。

1.年级与4个维度的单因素方差分析

由表3-2-9可以看出，表中带*的Sig值均小于0.05，表明年级与专业知识掌握程度差异显著；表中没有带*的Sig值均大于0.05，表明年级与专业知识掌握程度差异不显著。但从均差值这一栏看，在掌握教育教学知识的程度上大二与大四差异显著，大四比大二掌握的好；在掌握学科知识的程度上大二与大三差异显著，大三比大二掌握的好；在掌握实践知识的程度上大二与大四差异显著，大四比大二掌握的好；在掌握通识性知识的程度上大二与大三差异显著，大三比大二掌握的好。总体来看，年级对各维度的掌握程度呈现大四>大三>大二>大一的趋势，年级越高，对各维度的掌握程度越好。

表3-2-9　年级与4个维度的单因素方差分析

因变量	（I）年级	（J）年级	平均值差值（I-J）	标准错误	显著性	95% 置信区间	
						下限	上限
教育教学知识	大一	大二	-2.70232*	.90078	.003	-4.4768	-.9278
		大三	-3.41588*	.98648	.001	-5.3592	-1.4725
		大四	-4.80985*	1.19502	.000	-7.1640	-2.4557
学科知识	大一	大二	-3.88229*	1.06248	.000	-5.9754	-1.7892
		大三	-5.01467*	1.16357	.000	-7.3069	-2.7225
		大四	-9.44143*	1.40954	.000	-12.2182	-6.6647
实践知识	大一	大二	-3.88455*	.84306	.000	-5.5454	-2.2237
		大三	-4.16624*	.92328	.000	-5.9851	-2.3474
		大四	-5.42218*	1.11845	.000	-7.6255	-3.2189
通识性知识	大一	大二	-3.36955*	1.06549	.002	-5.4685	-1.2706
		大三	-3.16825*	1.16686	.007	-5.4669	-.8696
		大四	-6.25127*	1.41353	.000	-9.0359	-3.4667

注：*.平均值差值的显著性水平为0.05。

原因探析：首先，随着年龄的增长，学生的心理更加成熟，从刚进校时的迷茫到毕业时的坚定，通过不断学习专业知识、提高专业能力来达到自己的目标。其次，学校课程的设置，四年的学习生活是对专业知识的系统学习，大一、大二和大三的学生都还没有把学校设置的课程学习完，因此各年级对专业知识的掌握程度存在差异。最后，是来自社会、老师、家人以及朋友的压力。

2.民族与4个维度的单因素方差分析

表3-2-10　民族与4个维度的单因素方差分析

因变量	（I）民族	（J）民族	平均值差值（I-J）	标准错误	显著性	95% 置信区间	
						下限	上限
教育教学知识	汉族	回族	.53659	2.89581	.853	-5.1695	6.2427
		彝族	.83659	1.89428	.659	-2.8960	4.5692
		布依族	.47776	1.50711	.752	-2.4919	3.4475
		苗族	-.63008	1.07309	.558	-2.7446	1.4844
		土家族	.57505	1.27285	.652	-1.9331	3.0832
		仡佬族	.53659	1.89428	.777	-3.1960	4.2692
		侗族	-.35815	1.43991	.804	-3.1954	2.4791
		水族	-2.79675	1.98587	.160	-6.7098	1.1163
		白族	1.13659	2.60511	.663	-3.9967	6.2699
		壮族	-1.96341	4.04740	.628	-9.9387	6.0119
		瑶族	-1.46341	4.04740	.718	-9.4387	6.5119
		畲族	-.96341	2.89581	.740	-6.6695	4.7427
		羌族	-1.96341	4.04740	.628	-9.9387	6.0119
		其他	-.58841	2.09473	.779	-4.7160	3.5392

表 3-2-10（续）

因变量	（I）民族	（J）民族	平均值差值（I-J）	标准错误	显著性	95% 置信区间	
						下限	上限
学科知识	汉族	回族	-1.57317	3.58265	.661	-8.6327	5.4863
		彝族	1.02683	2.34357	.662	-3.5911	5.6448
		布依族	1.92683	1.86457	.303	-1.7472	5.6009
		苗族	.45064	1.32761	.735	-2.1654	3.0667
		土家族	.50375	1.57474	.749	-2.5992	3.6067
		仡佬族	2.82683	2.34357	.229	-1.7911	7.4448
		侗族	.55841	1.78143	.754	-2.9518	4.0687
		水族	-1.96206	2.45688	.425	-6.8033	2.8792
		白族	2.32683	3.22299	.471	-4.0240	8.6776
		壮族	-4.07317	5.00737	.417	-13.9400	5.7937
		瑶族	.92683	5.00737	.853	-8.9400	10.7937
		畲族	1.17683	3.58265	.743	-5.8827	8.2363
		羌族	-3.07317	5.00737	.540	-12.9400	6.7937
		其他	1.42683	2.59156	.582	-3.6798	6.5334
实践知识	汉族	回族	.55488	2.77674	.842	-4.9166	6.0264
		彝族	.20488	1.81639	.910	-3.3743	3.7840
		布依族	.12841	1.44514	.929	-2.7192	2.9760
		苗族	-.31417	1.02897	.760	-2.3417	1.7134
		土家族	.92026	1.22051	.452	-1.4847	3.3252
		仡佬族	.80488	1.81639	.658	-2.7743	4.3840
		侗族	-.11617	1.38070	.933	-2.8368	2.6045
		水族	-.91734	1.90421	.630	-4.6695	2.8348
		白族	-.89512	2.49799	.720	-5.8173	4.0271
		壮族	-2.69512	3.88097	.488	-10.3425	4.9522
		瑶族	-1.69512	3.88097	.663	-9.3425	5.9522
		畲族	3.55488	2.77674	.202	-1.9166	9.0264
		羌族	-1.69512	3.88097	.663	-9.3425	5.9522
		其他	1.55488	2.00859	.440	-2.4030	5.5127

表 3-2-10（续）

因变量	（I）民族	（J）民族	平均值差值（I-J）	标准错误	显著性	95% 置信区间	
						下限	上限
通识性知识	汉族	回族	1.12805	3.43533	.743	-5.6412	7.8973
		彝族	.57805	2.24721	.797	-3.8500	5.0061
		布依族	.26040	1.78790	.884	-3.2626	3.7834
		苗族	-1.28862	1.27302	.312	-3.7971	1.2198
		土家族	-.08349	1.50999	.956	-3.0589	2.8919
		仡佬族	1.17805	2.24721	.601	-3.2500	5.6061
		侗族	-.46406	1.70818	.786	-3.8300	2.9019
		水族	-1.06640	2.35585	.651	-5.7085	3.5757
		白族	.17805	3.09046	.954	-5.9116	6.2677
		壮族	-3.12195	4.80146	.516	-12.5831	6.3392
		瑶族	-4.62195	4.80146	.337	-14.0831	4.8392
		畲族	.37805	3.43533	.912	-6.3912	7.1473
		羌族	2.87805	4.80146	.549	-6.5831	12.3392
		其他	.87805	2.48499	.724	-4.0186	5.7747

由表3-2-10可以看出，表中带*的Sig值均小于0.05，表明民族与专业知识掌握程度差异显著；表中没有带*的Sig值均大于0.05，表明民族与专业知识掌握程度差异不显著。但从均差值这一栏看，在掌握教育教学知识的程度上彝族与水族差异显著；在掌握学科知识的程度上仡佬族与壮族差异显著；在掌握实践知识的程度上畲族与壮族差异显著；在掌握通识性知识的程度上羌族与瑶族差异显著。

原因探析：首先，民族与民族之间的生活环境不一样，有的是民族与民族之间聚集在一起，有的是只有一个民族聚集，还有的是汉族与少数民族聚集在一起，所以各民族间的习俗和氛围也不一样。其次，每个民族的人的性格与生活方式也不一样，导致他们对学习的态度也不一样。最后，各民族的学生聚集到同一个学校或同一个班级，学生之间的交流会相互影响、相互冲突，喜爱的学习科目也不一样。

3.选择原因与4个维度的单因素方差分析

由表3-2-11可以看出，表中带*的Sig值均小于0.05，表明选择原因与专业知识掌握程度差异显著；表中没有带*的Sig值均大于0.05，表明选择原因与专业知识掌握程度差异不显著。但从均差值这一栏看，在掌握教育教学知识的程度上家庭经济因素与就业稳定有保障差异显著;在掌握学科知识的程度上被动调剂的专业与就业稳定有保障差异显著；在掌握实践知识的程度上家庭经济因素与就业稳定有保障差异显著；在掌握通识性知识的程度上被动调剂的专业与家庭经济因素差异显著。

表3-2-11　选择原因与4个维度的单因素方差分析

因变量	(I)您选择小学教育专业的原因	(J)您选择小学教育专业的原因	平均值差值(I-J)	标准错误	显著性	95%置信区间	
						下限	上限
教育教学知识	对教育事业的热爱	就业稳定有保障	.81327	.87987	.356	-.9202	2.5467
		高考分数限制	2.09734	1.18279	.077	-.2329	4.4276
		老师和家长的意见	2.13305	1.18279	.073	-.1972	4.4633
		被动调剂的专业	1.15686	3.24750	.722	-5.2411	7.5548
		家庭经济因素	3.49020	3.95838	.379	-4.3082	11.2886
		其他	1.13305	1.58009	.474	-1.9799	4.2460
学科知识	对教育事业的热爱	就业稳定有保障	1.58884	1.07547	.141	-.5300	3.7076
		高考分数限制	3.30532*	1.44574	.023	.4571	6.1536
		老师和家长的意见	3.66246*	1.44574	.012	.8142	6.5107
		被动调剂的专业	6.68627	3.96947	.093	-1.1340	14.5066
		家庭经济因素	6.01961	4.83838	.215	-3.5125	15.5517
		其他	2.80532	1.93136	.148	-.9997	6.6103

表 3-2-11（续）

因变量	（I）您选择小学教育专业的原因	（J）您选择小学教育专业的原因	平均值差值（I–J）	标准错误	显著性	95% 置信区间	
						下限	上限
实践知识	对教育事业的热爱	就业稳定有保障	1.31222	.83951	.119	-.3417	2.9661
		高考分数限制	1.69958	1.12854	.133	-.5238	3.9229
		老师和家长的意见	2.23529*	1.12854	.049	.0120	4.4586
		被动调剂的专业	3.23529	3.09854	.297	-2.8692	9.3398
		家庭经济因素	4.73529	3.77681	.211	-2.7054	12.1760
		其他	2.52101	1.50761	.096	-.4491	5.4912
通识性知识	对教育事业的热爱	就业稳定有保障	1.52142	1.03854	.144	-.5246	3.5675
		高考分数限制	2.52801	1.39610	.071	-.2225	5.2785
		老师和家长的意见	2.52801	1.39610	.071	-.2225	5.2785
		被动调剂的专业	4.81373	3.83316	.210	-2.7380	12.3655
		家庭经济因素	.81373	4.67224	.862	-8.3911	10.0185
		其他	3.02801	1.86504	.106	-.6463	6.7023

注：*. 平均值差值的显著性水平为0.05。

原因探析：首先，并不是所有小学教育专业的学生都是自己自愿选择或者喜欢这个专业而报考，而是由各种各样的因素影响他们的选择。其次，每个学生都是独特的人，而大学里面的学习大多数时间是靠自己自律，老师不会在每天管着学生学习，学生自己控制自己学习。最后，兴趣是最好的老师，而很多学生才进入校园就失去了学习的兴趣。

4.知识提升与4个维度的单因素方差分析

由表3-2-12可以看出，表中带*的Sig值均小于0.05，表明知识提升与专业知识掌握程度差异显著；表中没有带*的Sig值均大于0.05，表明知识提升与专业知识掌握程度差异不显著。但从均差值这一栏看，在掌握教育教学知识与获得知识提升的选择上实践知识与其他差异显著；在掌握学科知识与获得知识提升的选择上教育学与通识性知识差异显著；在掌握实践知识与获得知识提升的选择上实践知识与通识性知识差异显著；在掌握通识性知识与获得知识提升的选择上实践知识与心理学差异显著。

表3-2-12　知识提升与4个维度的单因素方差分析

因变量	（I）您想获得哪方面知识的提升	（J）您想获得哪方面知识的提升	平均值差值（I-J）	标准错误	显著性	95% 置信区间	
						下限	上限
教育教学知识	专业知识	教育学	.64338	.99761	.520	-1.3221	2.6088
		心理学	-.37045	1.36786	.787	-3.0653	2.3244
		教育科学知识	-1.34353	1.23256	.277	-3.7719	1.0848
		自然科学知识	.57955	1.46290	.692	-2.3026	3.4617
		通识性知识	-2.49188	1.58884	.118	-5.6221	.6384
		实践知识	1.57955	1.31622	.231	-1.0136	4.1727
		其他	-2.54545	2.03908	.213	-6.5628	1.4718
学科知识	专业知识	教育学	.39144	1.23982	.752	-2.0512	2.8341
		心理学	-.88409	1.69995	.604	-4.2333	2.4651
		教育科学知识	-1.95717	1.53181	.203	-4.9751	1.0607
		自然科学知识	.14238	1.81807	.938	-3.4395	3.7243
		通识性知识	-4.31981*	1.97459	.030	-8.2100	-.4296
		实践知识	.05682	1.63578	.972	-3.1659	3.2796
		其他	-2.53409	2.53414	.318	-7.5267	2.4586
实践知识	专业知识	教育学	.63419	.95305	.506	-1.2435	2.5118
		心理学	-1.59773	1.30675	.223	-4.1722	.9768
		教育科学知识	-1.55157	1.17750	.189	-3.8714	.7683
		自然科学知识	.04345	1.39754	.975	-2.7099	2.7968
		通识性知识	-2.11201	1.51786	.165	-5.1024	.8784
		实践知识	2.23864	1.25742	.076	-.2387	4.7159
		其他	-.27273	1.94799	.889	-4.1106	3.5651

表 3-2-12（续）

因变量	（I）您想获得哪方面知识的提升	（J）您想获得哪方面知识的提升	平均值差值（I-J）	标准错误	显著性	95% 置信区间	
						下限	上限
通识性知识	专业知识	教育学	-.16248	1.18204	.891	-2.4913	2.1663
		心理学	-1.99545	1.62073	.219	-5.1886	1.1976
		教育科学知识	-1.16084	1.46043	.427	-4.0381	1.7164
		自然科学知识	-.36898	1.73335	.832	-3.7839	3.0460
		通识性知识	-1.61688	1.88257	.391	-5.3258	2.0921
		实践知识	3.22727*	1.55955	.040	.1547	6.2998
		其他	.70455	2.41605	.771	-4.0554	5.4645

注：*. 平均值差值的显著性水平为0.05。

原因探析：首先，大一到大四年级的学生的专业知识掌握程度是不一样的，每个年级学习的课程也不一样。第二，大一到大四年级的学生的心理成熟程度也不一样，大四的学生即将踏入社会，与刚进校的大一新生的认知程度肯定是不一样的。最后，经过不断地学习，学生才会知道自己欠缺什么知识，但学习程度不一样，学生的选择也不一样。

4.工资期望与4个维度的单因素方差分析

由表3-2-13可以看出，表中带*的Sig值均小于0.05，表明工资期望与专业知识掌握程度差异显著；表中没有带*的Sig值均大于0.05，表明工资期望与专业知识掌握程度差异不显著。从均差值这一栏看，在掌握教育教学知识与对工资的期望上3000～4000元与4000～5000元差异显著；在掌握学科知识与对工资的期望上3000～4000元与4000～5000元差异显著；在掌握实践知识与对工资的期望上3000～4000元与4000～5000元差异显著；在掌握通识性知识与对工资的期望上3000～4000元与4000～5000元差异显著。

表3-2-13　知识提升与4个维度的单因素方差分析

因变量	（I）您对工资的期望是	（J）您对工资的期望是	平均值差值（I-J）	标准错误	显著性	95% 置信区间	
						下限	上限
教育教学知识	2000～3000元	3000～4000元	2.57143	3.42220	.453	-4.1704	9.3133
		4000～5000元	.36232	3.27003	.912	-6.0797	6.8044
		5000～6000元	1.64063	3.27535	.617	-4.8119	8.0931
		6000元及以上	1.61176	3.25718	.621	-4.8050	8.0285
学科知识	2000～3000元	3000～4000元	.14286	4.26091	.973	-8.2512	8.5370
		4000～5000元	-1.43478	4.07144	.725	-9.4556	6.5861
		5000～6000元	.07813	4.07806	.985	-7.9558	8.1120
		6000元及以上	-.32941	4.05545	.935	-8.3187	7.6599
实践知识	2000～3000元	3000～4000元	2.76190	3.26855	.399	-3.6772	9.2010
		4000～5000元	.07246	3.12320	.982	-6.0803	6.2253
		5000～6000元	1.83333	3.12828	.558	-4.3295	7.9961
		6000元及以上	1.09804	3.11093	.724	-5.0306	7.2267
通识性知识	2000～3000元	3000～4000元	.47619	4.06673	.907	-7.5354	8.4878
		4000～5000元	-1.71014	3.88590	.660	-9.3655	5.9452
		5000～6000元	-.31771	3.89222	.935	-7.9855	7.3501
		6000元及以上	-1.08627	3.87063	.779	-8.7115	6.5390

注：*.平均值差值的显著性水平为0.05。

原因探析：首先，人与人之间的选择是不一样的，有的人追求高水平、高质量的生活，而有的人只想平平淡淡一辈子，选择不一样，对工资的期望也不一样。第二，有的人毕业后想成为一名小学教师，而有的人选择创业，选择其他的高薪工作。第三，小学教育专业的学生来自各个地区，生活水平不一样，对期望薪资的选择也不一样。

七、线性回归

回归分析（regression）是研究一个因变量或多个变量与一个自变量是否存在某种线性关系或非线性关系的一种统计学分析方法，确定自变量和因变量关系的密切度。如果自变量的值与因变量的值之间存在着线性关系，就称为线性回归；如果自变量的值与因变量的值之间存在着非线性关系，就称为非线性回归。[①]一元线性回归分析是在排除其他影响因素或假定其他影响因素确定的条件下，分析某一个因素（自变量）是如何影响另一具体事物（因变量）的过程。

1.人口学变量与总值回归

将人口学变量（性别、是否专升本、是否党员、户籍、民族、年级、您选择小学教育专业的原因、您目前最想获得哪方面知识的提升、您对工资的期望、您对自己的毕业规划）与高质量发展总值进行线性回归比较，如表3-2-14和表3-2-15所示。

（1）模型摘要

表7-1-1显示相关系数R=.398，R2=.158，调整的R2=.122，估计标准误差为20.55405。这些数据表明因变量高质量发展总值与自变量人口学变量之间存在线性关系。

表3-2-14 模型摘要

模型摘要[b]				
模型	R	R方	调整后R方	标准估算的错误
1	.398[a]	.158	.122	20.55405

注：a.预测变量（常量）：您对自己的毕业规划是，年级，性别，户籍，是否党员，民族，您选择小学教育专业的原因，您对工资的期望是，您目前最想获得哪方面知识的提升，是否专升本。b.因变量：高质量发展总值。

①时立文.SPSS统计分析从人门到精通［M］.北京：清华大学出版社，2012.

（2）回归系数表

由表3-2-15中未标准化的回归系数可知，设X1=性别，X2=是否专升本，X3=是否党员，X4=户籍，X5=民族，X6=年级，X7=您选择小学教育专业的原因，X8=您目前最想获得哪方面知识的提升，X9=您对工资的期望是，X10=您对自己的毕业规划是，拟合结果为Y=143.600+5.596X1-1.795X2-11.667X3-1.377X4+.343X5+7.687X6-2.193X7-.483X8+1.730X9+.159X10。所以，常数项与回归系数都具有统计学意义，自变量与因变量的线性关系显著，具有积极作用。

表3-2-15　回归系数表

模型		未标准化系数		标准化系数	t	显著性
		B	标准错误	Beta		
1	（常量）	143.600	29.400		4.884	.000
	性别	5.596	4.387	.078	1.276	.203
	是否专升本	-1.795	5.670	-.027	-.317	.752
	是否党员	-11.667	10.844	-.068	-1.076	.283
	户籍	-1.377	4.637	-.018	-.297	.767
	民族	.343	.407	.054	.841	.401
	年级	7.687	1.952	.338	3.938	.000
	您选择小学教育专业的原因	-2.193	.867	-.162	-2.530	.012
	您目前最想获得哪方面知识的提升	-.483	.660	-.049	-.733	.464
	您对工资的期望是	1.730	1.448	.079	1.195	.233
	您对自己的毕业规划是	.159	.533	.021	.298	.766

注：a.因变量：高质量发展总值。

2.四维度与总值回归

将四维度（教育教学知识、学科知识、实践知识、通识性知识）与高质量发展总值进行线性回归比较，如表3-2-16和表3-2-17所示。

（1）模型摘要

表3-2-16　模型摘要表

模型	R	R方	调整后R方	标准估算的错误
1	1.000[a]	1.000	1.000	.00000

注：a.预测变量（常量）：通识性知识，教育教学知识，实践知识，学科知识。

表3-2-16显示相关系数R=1.000，R2=1.000，调整的R2=1.000，估计标准误差为.00000。这些数据表明因变量高质量发展总值与自变量通识性知识、教育教学知识、实践知识、学科知识之间存在线性关系。

（2）回归系数表

表3-2-17　回归系数表

模型		未标准化系数		标准化系数	t	显著性
		B	标准错误	Beta		
1	（常量）	-2.132E-14	.000		.000	1.000
	教育教学知识	1.000	.000	.253	247060442.956	.000
	学科知识	1.000	.000	.313	278928222.884	.000
	实践知识	1.000	.000	.242	221948865.066	.000
	通识性知识	1.000	.000	.300	327280047.694	.000

注：a.因变量：高质量发展总值。

由表3-2-17中标准化的回归系数可知，设X1=教育教学知识，X2=学科知识，X3=实践知识，X4=通识性知识，拟合结果为Y=.253X1+.313X2+.242X3+.300X4。所以，常数项与回归系数都具有统计学意义，自变量与因变量的线性关系显著，具有积极作用。

八、聚类分析

聚类分析也称为群分析，是研究样品（或指标、变量）分类问题的一种多元统计分析方法。它是一种在无先验知识条件下，按照对象间的相似性将对象归类的方法。即对对象的各种属性进行分析，找出它们之间的共同属性，将它们归为一类。如果不知道应该将样品或标分为几类，可以根据样品或变量之间的相似程度来进行归组并类。①

1.每个聚类中的个案数目

从表3-2-18聚类个案数量可以看出，第一类人已经掌握了本专业的专业知识，第二类人基本掌握了本专业的专业知识，第三类人没有掌握本专业的专业知识。

表3-2-18　每个聚类中的个案数目

每个聚类中的个案数目		
聚类	1	106.000
	2	59.000
	3	77.000
有效		242.000
缺失		.000

表3-2-18显示，本研究分为3类人，第一类的总数有106人，第二类人有59人，第三类人有77人，无缺失个案数，各个项目的效度均比较高。

2.聚类成员

表8-2得出结论：第一类人的编号为：1、6、7、8、10、12、14、17、

① 冯国生，吕振通.SPSS统计分析与应用［M］.北京：机械工业出版社，2011.

18、23、25、26、27、28、30、34、36、38、40、43、46、47、50、51、53、54、55、56、57、59、63、65、68、72、73、75、77、78、79、81、87、93、94、95、99、102、103、106、107、111、113、114、115、117、119、120、121、122、124、129、133、134、135、137、140、141、143、147、150、152、154、160、161、162、165、166、167、170、171、172、174、175、178、179、180、186、187、188、189、194、196、197、204、209、212、216、217、220、223、227、228、233、235、237、239、241。第二类人的编号为：2、9、15、16、19、20、29、31、32、33、35、42、44、45、58、54、70、71、74、83、92、96、98、109、116、125、127、128、132、145、146、153、159、163、164、169、176、177、181、182、183、184、185、190、191、192、193、195、198、200、201、202、203、205、206、210、211、215、232。第三类人的编号为：3、4、5、11、13、21、22、24、37、39、41、48、49、52、60、61、62、66、67、69、76、80、82、84、85、86、88、89、90、91、97、100、101、104、105、108、110、112、118、123、126、130、131、136、138、139、142、144、148、149、151、155、156、157、158、168、173、199、207、208、213、214、218、219、221、222、224、225、226、229、230、231、234、236、238、240、242。无缺失个案。

3.最终聚类中心

表3-2-19　最终聚类中心

项目	聚类		
	1	2	3
VAR00001	3.32	2.93	4.08
VAR00002	3.85	3.41	4.36

表 3-2-19（续）

项目	聚类		
	1	2	3
VAR00003	3.72	3.14	4.25
VAR00004	3.47	2.85	4.10
VAR00005	3.42	2.90	4.12
VAR00006	3.28	2.42	3.84
VAR00007	3.40	2.83	4.08
VAR00008	3.54	2.83	4.06
VAR00009	3.58	3.03	4.27
VAR00010	3.53	3.03	4.12
……	……	……	……
VAR00031	3.45	2.80	4.30
VAR00032	3.46	2.80	4.18
VAR00033	3.51	2.93	4.18
VAR00034	3.69	3.14	4.27
VAR00035	3.56	3.12	4.16
VAR00036	3.65	3.12	4.08
VAR00037	3.54	2.81	4.27
VAR00038	3.42	2.76	3.92
VAR00039	3.49	2.86	4.12
VAR00040	3.59	2.92	4.21
VAR00041	3.58	2.98	4.38

表3-2-19表示，第一类人认为自己没有掌握教育教学知识、学科知识、实践知识和通识性知识。第二类人认为自己基本掌握了教育教学知识、学科知识、实践知识和通识性知识。第三类人认为自己掌握了教育教学知识、学科知识、实践知识和通识性知识。

九、访谈情况总结

在本次调查研究中，为弥补问卷调查中的不足，分别对小学教育专业的12名师范生进行了访谈。大一到大四每个年级共三名，为了保证访谈结果的客观性，随机对同学们进行抽查，学生的学习成绩有差异，专业知识理解程度也不相同。访谈提纲中，一共设置了4个问题，被访谈者主要回答对小学教育专业师范生的专业知识的认识与看法。

1.访谈提纲

（1）您是否了解什么是师范生专业知识，您学习专业知识的主要目的是什么？

（2）您经常反思自己掌握的专业知识能否满足教学的需要，能否促进融合教育的发展？

（3）您认为阻碍自己的专业知识发展的因素有哪些？

（4）您认为什么方式或方法能够促进自己专业知识的发展？

2.访谈结论

（1）学生基本了解了什么是师范生专业知识，认为学习专业知识的主要目的是就业。在问到觉得自己学习专业知识的目的是什么时，学生1说："学习专业知识是为了提高自己的专业知识技能和更好的就业。"学生2说："是为了更好地用于实践，并且期望在毕业后成为一名优秀的人民教师，实现自我以及社会价值。"学生3说："我并不想学习，也不感兴趣，是学校安排的课程，必须要完成。"学生4说："我从小的梦想就是成为一名人民教师，所以我努力学习专业知识，为祖国伟大的教育事业贡献一点微薄之力。"

（2）学生认为自己掌握的专业知识能满足教学的需要，促进融合教育的发展。在问到自己的专业知识能否满足教学的需要时，学生1说："偶尔反思自己掌握的专业知识能否满足教学的需要，认为自己掌握的专业知识能够促进融合教育的发展。”学生2说：“平时不会反思自己，只有在运用时才会发现自身对于专业知识的学习还存在很多不足之处，不能满足教学的需要，发现问题之后才去反思、学习。”学生3说：“经常反思，因为学生是发展的人，独特的人，具有独立意义的人，而教师是学生学习的促进者也是课题的研究者和创造者，教师要有终身学习的意识，提高自己的教学技能，从而满足教学的需要。”

（3）学生认为阻碍自己的专业知识发展的因素有主观因素和客观因素两个方面。在问到阻碍自己的专业知识发展的原因时，学生1说：“上了大学，没有了高中的紧迫感，玩心重，除了上课时学习，课后没有及时进行复习。”学生2说：“学校的老师也没有真正走进小学课堂，并不了解小学生，小学与大学存在巨大差距，因此学校的教师资源、实践活动和教材很少贴近专业知识。”学生3说：“与教育本质、教育环境、教育趋势、校风、学风等有关。”学生4说：“学校只在大四上学期设置了实习，所以我们平时没有站上小学讲台的机会，所以很少有机会将书本上的知识应用于实践。”学生5说：“自身实践经验不足、学校专业课程设置不当、授课教师经验不足，学校很少设置实践课程，老师也来自各个大学，阻碍了我们专业知识的发展。”

（4）学生认为促进自己专业知识发展的方法要从学校和自身出发，在问到促进自己专业知识发展的方法有哪些时，学生1说：“我认为要找准专业书籍，点对点强化，提高教育教学实践能力。”学生2说：“我认为要树立终身学习的目标，对于自己的专业多领域学习。”学生3说：“我认为要增加实践机会、优化专业课程设置、加强专业教室培训。”学生4说：“我认为要更新观念，转变方式，不断学习，与时俱进。”

十、对策建议

针对以上研究所发现的问题，提出以下可行性的解决策略，具体如下：

1.开设随班就读与融合教育相关课程

通过进行访谈，发现大部分同学并不了解融合教育和随班就读，更别说拥有相关知识。在长期以往的教育实践中，是将残疾学生与正常学生分开进行教育的，但随着教育的发展，教育成为了全体公民的权利，教育的全民性主张所有学生都有进入普通学校接受教育的机会。2021年教育部研究制定了《小学教育专业师范生教师职业能力标准（试行）》，该《标准》不仅对小学教育专业师范生需要掌握的专业知识进行了规定，还要求小学教育师范生了解融合教育以及随班就读的相关知识。而在兴义民族师范学院的课程体系中，课程设置主要是为了提高师范生的知识储备与教学技能，并没有融合教育和随班就读的相关知识，这会使小学教育专业的师范生在该方面的知识匮乏，无法胜任小学教师这一岗位。开设融合教育与随班就读的相关课程，有利于小学教育专业的师范生转变教育观念，实现教书育人的责任与义务，而不会在面对特殊儿童时手足无措。

2.树立“为教而学”的学习观，将课本上的知识转化为教学技能

现代教师应具有全面发展的育人素质和育人能力。①师范生必须坚持知识学习与品德修养的统一，用先进的知识武装头脑，以丰富的知识滋养自身道德和师德；师范生必须坚持理论学习，以实际行动的统一，“纸上得来终觉浅，绝知此事要躬行”。②很多师范学校没有为大一、大二的学生设置实践活动，只有大三的时候才有见习活动，大四才会去实习。虽然学校有设置微格教室给学生进行试讲，但是是分时间段的，一个周只有两个小

①李方.新课程对教师专业能力结构的新要求［J］.教育研究，2010（03）：68-71.

②祝赫.小学教育专业师范生学习力发展现状及提升策略研究——以上海s大学为例［D］.上海：上海师范大学，2022.

时可以进行练习，并且是由六七个人共用一个教室，一个人可能一星期都轮不上一次。在微格教室里试讲，下面坐的都是自己的同学，与真正走进小学课堂是不一样的，毕竟大学生的心理与小学生的心理是不能等同的，无法真正感受小学校园生活，了解小学教师的职责。因此，我认为学校应当在每个年级都设置实践活动，使每个年级的小学教育师范生都有和小学教师与学生接触的机会，将自己在课本上学习到的知识运用到与小学生的相处之中。毕竟时间是遗忘的催化剂，要趁热打铁，现学现用，大一的知识等到大三再实践，很多同学相当于白学。因此小学教育专业的师范生要建立终身学习的观念，要与时俱进，不断创新，学好教育教学知识、学科知识、实践知识和通识性知识。

3.延长教育实习周期，增强学生专业知识的熟练度

通过问卷的调查发现同学们只有一半的学生基本掌握了实践知识，小学教育专业的师范生学习专业知识主要有两个目的，有的是为了提升自己，而有的是为了应付考试，因此在认真程度上是有所区别的。俗话说的好："孰能生巧，巧能生秒。"我们学习知识不去使用就会变得生疏，正如艾宾浩斯遗忘曲线所告诉人们的一样，遗忘的进程很快，并且先快后慢，所以要学会复习。师范生学习了知识，并不代表掌握了，时间久了便会遗忘，因此学校可以延长学生的实习周期和见习周期，使学生对自己学习过的知识进行复习，并熟练运用。大多数高校都是从大二才开始见习，一学期有且仅有一次，一次一星期，大四开始实习，只设置了半年的实习周期。但实习生无法在短期的教育实习和见习中提高专业能力、培养专业情感。延长实习周期，使实习生真正的深入一线课堂教学实践中，提升专业知识与专业技能。[①]在问卷调查中，有6%的小学教育专业的学生认为自己没有掌握实践

①赵丽洁.小学教育专业师范生教育实习现状调查研究——以L省4所高师院校为例［D］.大连：辽宁师范大学，2022.

知识，证明如果要实现小学教育专业师范生专业知识的高质量发展，必须要延长教育实习周期，让学生有更多的时间去接触小学生，理解和消化在书本上学到的知识，从而转化为实践知识，成为真正的属于自己的知识。

4.增强学生的自我调节能力，关注小学教育专业师范生的学习情绪

约翰.M.德克斯（John M.Dirkx）非常重视情感在成人学习中的作用，他认为学习是通过情感抒发，凭借想象思维以解释客观事物的意义。[①]每一位学生都是有学习情绪的，而学生选择小学教育专业的原因是多样的，有的学生是因为对教育事业的热爱，有的是因为就业稳定有保障，有的是因为老师和家长的意见，还有的是因为被动调剂到本专业。所以小学教育专业的部分师范生对本专业的学习情绪不高。消极的情绪会阻碍学生的学习，所以学生要学会调节自己的情绪。师范生刚刚走进大学校园时，从紧张与充实的学习环境走进相对舒适、放松的环境，他们是迷茫的，没有目标的，学校可以多多安排学生走进小学校园，使师范生自己身临其境，与学生相处，体验小学教师的职责，从而提高他们对专业知识的重视程度，激发学习动机，用自己积极的情绪去影响学习活动，主动的学习专业知识，确定自己的目标，并为之奋斗。“耶克斯-多德森定律”表明，动机水平与行为效率的关系呈倒U型曲线。因此小学教育专业的师范生在学习专业知识时，可以利用动机水平与行为效率的关系来进行自我调节，提高自己的专业知识掌握程度。

5.明确小学教育专业师范生立德树人的任务，与教书育人的责任

国家提出教育高质量发展，为实现教育的高质量发展，师德师风的建设是非常有必要的，教师是学科知识的传播者，也是学生思想品德的教育者，因此教学与师德师风二者缺一不可。作为师范生，承担着教书育人的

①石俊杰，徐小明.成人情感学习再探［J］.2017（09）：6-8.

使命，但大部分小学教育专业的师范生都不想走向乡村小学，都想留在城市小学，导致大部分农村小学极度缺乏教师，因此师范院校要注重培养师范生的职业道德，促进个人道德品质的发展，培养师范生从事教育工作的责任感，为社会培养德才兼备的教育人才，为师范生走向乡村教育打下基础，为乡村教育注入活力。小学阶段是小学生道德形成的关键期，教师的一言一行都会影响小学生价值观的形成，因此教师要时刻注意自己的言行举止。教师要时刻谨记自己教书育人的使命，关心爱护每一位学生，公平对待每一位学生，形成民主平等的师生关系，为国家和社会培养德、智、体、美、劳全面发展的社会主义接班人。

6.更新小学教育师范生的专业课程设置，贴近小学教材和新兴技术

课程设置作为教学过程最重要的内容，是高效进行教师教学的抓手和灵魂，是教师开展教学工作重要方式。[①]目前，无论是特岗还是事业编，或者是代课老师的招聘，都要对面试者的教材熟悉程度进行考察，随机抽取内容进行试讲，通过面试才可能成为一名人民教师，这要求小学教育专业的师范生熟悉小学教材，但是小学教育专业的课程设置里面并没有对小学教材进行系统的学习，着不利于小学教育专业师范生的专业发展。无论是城市小学还是乡村小学都配备了多媒体辅助教学，这要求小学教育专业的师范生能够熟练运用多媒体技术，增加课堂教学的趣味，提高学生的学习兴趣。作为师范生，有必要利用慕课、翻转课堂等方式提升自己的教学技能，并且能够掌握信息化教学设备、软件、平台及其他新兴技术的常用操作。贯彻终身学习的理念，不断丰富自己的专业知识，提升自己的专业技能，满足小学教学的需要，做为小学生解疑答惑的老师。

①曲铁华，马艳芬.论教师专业化与职前教师教育课程改革［J］.教育科学，2004（04）：44.

第三节 新时代小学教育专业师范生教育情怀高质量发展研究

师范生作为教育事业发展的后备军，培养师范生的教育情怀对教育行业未来的高质量发展具有重要意义。本研究以师范生的教育情怀的现状为出发点，就“认同之感、热爱之情、坚守之志”三个维度35个项目进行问卷调查，通过SPSS分析发现，97%的同学认为自身教育情怀是影响教师职业能力高质量发展的主要因素。其中，认同之感96%<坚守之志97%<热爱之情98%。

一、人口学变量分析

根据调查研究的目的与任务，本研究以兴义民族师范学院小学教育专业大一至大四共220名学生作为调查对象，向学生发放问卷220份，回收有效问卷211份，回收有效率为96%。基于此，研究者结合访谈提纲对20名学生和老师进行了个别访谈。

表3-3-1 人口学变量统计

性别	户籍	年级	民族	母亲职业
男19人 女192人	城市11人 农村200人	大一 66人 大二 58人 大三 56人 大四 31人	汉族63人 回族5人 苗族43人 彝族8人 水族12人 其他57人 布依族23人	教师4人 医生4人 公务员2人 商人7人 农民122人 其他72人
父亲职业		就业意向		学科方向
医生2人 教师11人 商人4人 农民120人 律师1人 其他72人 公务员1人		小学老师137人 初中老师26人 高中老师4人 大学老师4人 考研26人 公务员2人 创业3人 考编制4人 其他5人		语文100人 数学72人 英语24人 艺术2人 劳动4人 其他4人 道德与法治5人

二、信度检验

信度是指测量结果的稳定性和可靠性，即测量结果是否真实、客观地反映了被测者的稳定性、一惯性的真实特征。[①]

表3-3-2 信度检验

总信度	维度一：认同之感	维度二：热爱之情	维度三：坚守之志
0.948	0.903	0.851	0.872

从表3-3-2可知，本研究的问卷总信度为0.948，各维度信度在0.851～0.903之间，调查数据具有稳定性和可靠性，达到了测试要求。

三、效度检验

效度指测量结果的准确性和有效性的程度，即测量是否达到了预期的

①胡中锋.教育测量与评价［M］.广州：广东高等教育出版社，2010.

目的。[①]本问卷的理论预设结构为3个维度35个项目，与检测的结构完全一致，即测量的数据具有有效性和准确性，因此本问卷效度较高。

表3-3-3 效度检验

皮尔逊相关	认同之感	热爱之情	坚守之志
认同之感	1	0.690**	0.786**
热爱之情	0.690**	1	0.736**
坚守之志	0.786**	0.736**	1

通过皮尔逊相关分析及表3-3-3效度检验结果显示，教育情怀的培养过程中，认同之感、热爱之情及坚守之志的相关系数在0.690～0.786之间，效度较高。即测量的数据具有有效性和准确性。

四、调查结果与原因分析

1.总体维度频数及百分率比较

利用SPSS中的频数分析过程可以产生详细的频数分布表，对数据按组进行归类整理，对各变量的数据特征和观测量的分布状况有一个概况的认识。[②]百分比即各频数占总样本数的百分数。

从图3-3-1总体而言，97%的学生认为自身教育情怀达到了高质量发展水平，3%的学生认为自身教育情怀未达到高质量发展水平。具体情况为：非常符合的频数为1600，比较符合的频数为3410，基本符合的频数为2124，较不符合的频数为247，很不符合的频数为4。可见有97%的师范生认为自身教育情怀得到了较好的发展和提高，有3%的师范生认为自身教育情

①骆方.SPSS数据统计与分析［M］.北京：清华大学出版社，2011.

②时立文.SPSS19.0统计分析从入门到精通［M］.北京：清华大学出版社，2012.

怀的发展结果不理想。

原因分析：首先，本研究抽取的是处于不同学段的师范生，他们接受的教育程度不一致，对教育情怀的内涵也有着不同的理解和认识，年级越高，对自身教育技能的培养也就越重视。其次，随着经济快速发展，教育事业就业趋势日趋严峻，大多数师范生为了提高自身就业竞争力，越来越重视对自身教育情怀内涵方面的培养与技能的学习，然而大一的学生接触相关的课程和知识比较少，还处于新环境的适应期，所以自身教育情怀的养成还不足。最后，高校的课程设置都是由浅入深、循序渐进的，符合大学生的心理发展，但这也导致了大一新生接触的课程较少，对教育情怀的认识和理解不如大二、大三以及大四的学生，对自身的教育情怀的培养也就具有局限性。

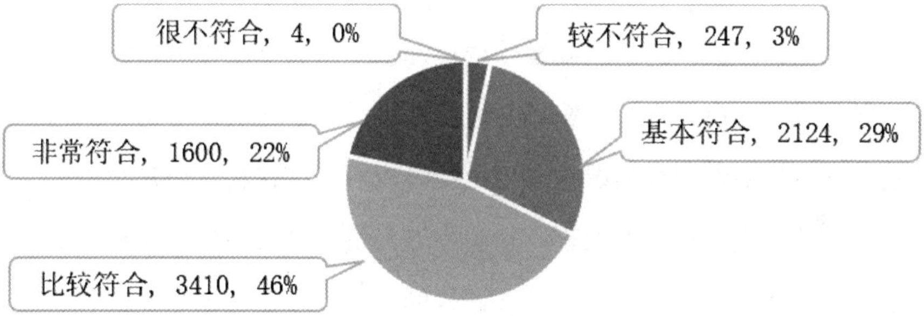

图3-3-1　总体维度频数及百分率比较

2. 各维度频数及百分率比较

（1）维度一：认同之感频数及百分率比较

从图3-3-2总体而言，96%的学生对教育事业的认同之感达到了高质量发展水平，4%的学生对教育事业的认同之感未达到高质量发展水平。具体情况为：非常符合的频数为686，比较符合的频数为1540，基本符合的频数为1003，较不符合的频数为145，很不符合的频数为2。可见，有20%表示自己能够很好地认同教育情怀的内涵以及相关知识；有46%的学生表示自己能够较好地认同教育情怀的内涵及相关知识；有30%的学生表示自己能够基本认同教育情怀的内涵及相关知识；有4%的学生表示自己不能很好认同教育情怀的内涵及相关知识。即有96%的学生表示自己能够基本或者较好地认同教育情怀的内涵及相关知识，有4%的学生对教育情怀内涵及相关知识的认同程度不够，认为自己需要进一步提高对教育情怀内涵相关知识的认同。

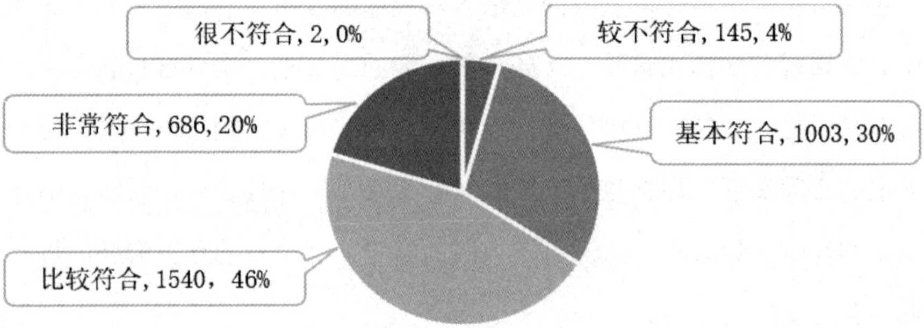

图3-3-2　认同之感频数及百分率比较

原因探析：认同之感主要是体现在师范生对教师工作的情感认同、职业认同、责任使命、道德情操以及愿意从事教育事业的决心上。高校虽然开设了与教育情怀相关的课程，但是课时相对其他课程来说是很少的，而且大部分还都属于隐性类课程，很少有专门讲授教育情怀的课程。一般情况下，教育情怀只是作为其他专业课程的附庸，难以保证老师会讲授到，这就需要学生自己去感悟与体会，对于领悟能力较强的师范生来说这是很容易的，但是还是有一部分师范生无法去体会其中蕴含的教育情怀，所以就导致部分学生对教育情怀的认同度不高，特别是大一的学生，而且高校还缺乏对师范生教育情怀的具体考查办法。

（2）维度二：热爱之情频数及百分率比较

从图3-3-3总体而言，98%的学生对教育事业的热爱之情达到了高质量发展水平，2%的学生对教育事业的热爱之情未达到高质量发展水平。具体情况为：非常符合的频数为464，比较符合的频数为881，基本符合的频数为517，较不符合的频数为35，很不符合的频数为2。可见，有98%的学生在认同教师工作的基础上，热爱上了教育事业，主动生成了爱学生、爱教育的情感趋向，以及主动培养自身教育情怀与教学技能的能力，有2%的学生对教育情怀内涵的了解不够深入，对培养教育情怀的热爱程度也不够，教育情感比较缺乏。

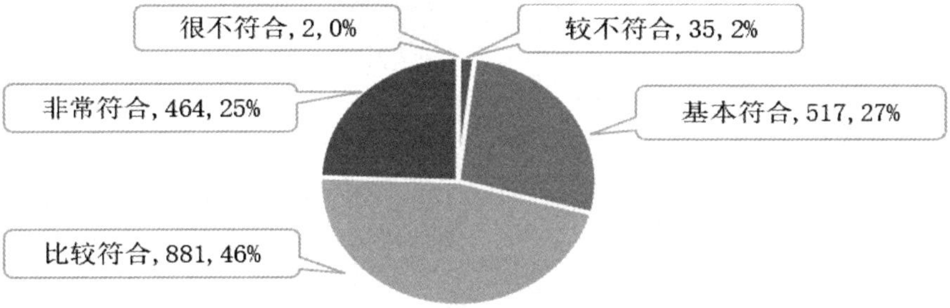

图3-3-3　热爱之情频数及百分率比较

原因探析：一方面，现行很少组织学生一起探讨教育情怀培养和发展等相关问题，学生缺少对教育行业的参与感，对教育行业的问题很少主动关注，学生缺乏对当前教育情怀的认识和热爱。另一方面，随着社会的快速发展，出现了教育行业竞争压力大、教师的薪资待遇较低以及教师地位逐年下降等诸如此类的问题，这就导致了部分学生对教师行业缺乏兴趣，对教育方面内容关注较少，从而缺乏对自身教育热情的培养。

（3）维度三：坚守之志频数及百分率比较

从图3-3-4总体而言，97%的学生对教育事业的坚守之志达到了高质量发展水平，3%的学生对教育事业的坚守之志未达到高质量发展水平。具体情况为：非常符合的频数为450，比较符合的频数为989，基本符合的频数为604，较不符合的频数为67，很不符合的频数为0。可见，有97%的学生认为自己能一直保持对教育事业的热爱，坚持对教育事业的理想信念与从教意愿，保持初心，并不断提高自身教育能力与专业发展的能力，有3%的学生认为自己很难一直保持对教育事业的热爱，缺乏对教育事业的坚守。

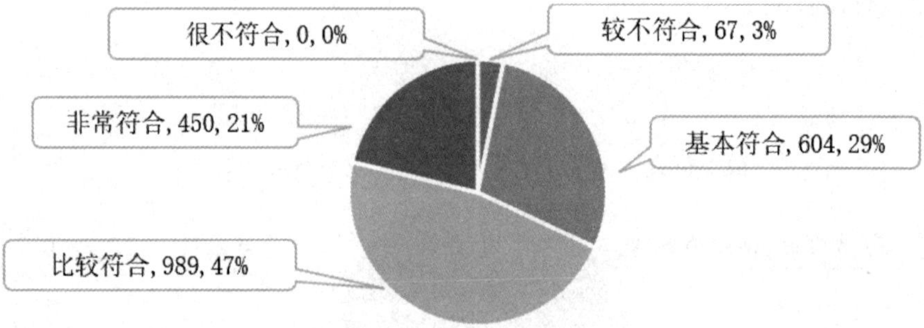

图3-3-4　坚守之志频数及百分率比较

原因分析：一方面，此调查涉及大一到大四的学生，部分学生还未参与见习和实习，只是通过网络和课本知识对教育事业有了一个大概的了解，缺乏对教育事业的深入了解与切身体会，没有真正进入到一线教学课堂体会教学过程，没有产生对教育事业的崇高敬意与热爱，因此，对教育事业的坚守之心不足，对自身教育情怀的持续培养也不够重视；另一方面，社会快速发展的进程中，社会环境比较混杂，存在很多不良风气的事情以及很多诱惑，学生还处于发展中的人，危险来临时不能及时准确地做出判断，导致学生不能坚守自身行为，容易被外界环境影响。

3.独立样本T检验

独立样本t检验是SPSS中用来检验两组数据资料中均数的有效方法，同时检验独立样本的均值和给定的均值之间是否存在显著性差异。分为单样本t检验、两独立样本t检验和两配对样本t检验。[①]

（1）性别与各维度的独立样本t检验

由表3-3-4可知，Sig值均大于0.05，说明性别与各维度的方差比较满足齐性，能做独立样本t检验。同时这三个维度在Sig（双尾）的比较中均值大于0.05，说明男生和女生在这3个方面没有太大的差异；在均值差可看出，在热爱之情和坚守之志这2个维度中女生占优势，尤其在热爱之情方面差异显著，说明女生在教育情怀培养的过程中收获比男生大，而在认同之感方面男生占优势。

原因探析：根据男女生的心理发展规律，一般情况下，男生比女生更容易接受新事物，对外界的探索和求知欲及承受能力有更高的要求，但是对新事物的新鲜感具有一定的期限，新鲜感过后就不再热爱和坚持；而女生是比较内敛和慢热的，对事物能保持持久的热爱，这就使得男生和女生之间有这样的差异。

表3-3-4　性别与各维度的独立样本t检验

维度	莱文方差齐性检验		均值齐性 t 检验	
	F	显著性	显著性（双尾）	均值差
认同之感	0.016	0.901	0.573	1.11047
热爱之情	1.450	0.230	0.056	-2.16228
坚守之志	1.029	0.312	0.998	-0.00384

（2）户籍与各维度的独立样本t检验

由表3-3-5可知，莱文方差齐性检验Sig值均大于0.05，说明户籍与三个维度的方差满足齐性，可做独立样本t检验。在Sig（双尾）值中，认同

①杨新平.教育统计与测评导论［M］.北京：科学出版社，2003.

之感和热爱之情的伴随概率均大于0.05，说明城市和农村的学生在这2个维度方面没有大的差异；但坚守之志的伴随概率小于0.05，农村和城市的学生在坚守之志方面有显著差异。其均值差均小于0，可知来自城市的学生没有来自农村的学生收获大。

表3-3-5　户籍与各维度的独立样本t检验

维度	莱文方差齐性检验		均值齐性 t 检验	
	F	显著性	显著性（双尾）	均值差
认同之感	1.717	0.192	0.087	-4.32000
热爱之情	1.285	0.258	0.110	-2.32818
坚守之志	0.012	0.911	0.010	-4.21864

原因探析：居住条件和学习环境等情况对学生的成长和发展都有着至关重要的影响。城市学生从小就注重自身的全面发展，生长的环境优越，生活丰富多彩而且见多识广，有较强的自我意识，这些得天独厚的条件，使得城市学生的成就动机比农村学生低，对教育问题关注较少。但是，来自农村的学生生活环境比较困苦，学习资源缺乏，会更加珍惜在高校的学习机会，努力汲取知识，而且处于偏远地区更加了解是否具有教育情怀的教师对教育事业的影响，对教育问题也有自己的看法，所以农村学生收获比较高一点。

4. 单因素方差分析

单因素方差分析是指对单因素试验结果进行分析，检验因素对试验结果有无显著性影响的方法。①

①任毅梅，黄俊红.教育统计与测量［M］.北京：煤炭工业出版社，2001.

（1）年级与各维度的方差分析

通过表3-3-5可以看出来，大一和大四Sig值均小于0.05，表明它们之间存在显著性差异，但与大二、大三差异不显著，从均值比较可看出，大三、大四在三个维度上收获比大一要高，大二收获较低，总体趋势是：大四>大三>大二>大一，年级越高，对学生教育情怀要求也越高，学生收获也越高，学生也更加注重自身的培养。

表3-3-5　年级LSD方差分析

维度	（I）年级	（J）年级	均值差（I-J）	显著性
认同之感	大一	大二	-2.86207*	0.041
		大三	-3.83929*	0.007
		大四	-8.77419*	0.000
热爱之情	大一	大二	0.16301	0.845
		大三	-0.78896	0.349
		大四	-2.76246*	0.007
坚守之志	大一	大二	-1.77847	0.052
		大三	-1.64177	0.075
		大四	-5.55767*	0.000

注：*.均值差的显著性水平为0.05。

（2）母亲职业与各维度的方差分析

由表3-3-6可知，母亲职业与各维度的单因素方差分析及LSD比较中，母亲职业为教师和医生的均有显著性差异（Sig值小于0.05，均值有差异），母亲职业为其他职业时差异不显著。但是可以从均值比较中看出，母亲职业是教师的学生在三个维度上的收获比母亲职业是其他的学生要更高，也就是说，母亲从事教育方面工作的学生会受到潜移默化的影响，对教育方面会有自己的理解和想法，对自身的要求更加清晰和严格，收获也越高。具体情况为：教师>医生>商人>公务员>农民>其他职业。

表3-3-6 母亲职业与LSD方差分析

维度	（I）母亲职业	（J）母亲职业	均值差（I-J）	显著性
认同之感	教师	医生	12.0000*	0.038
		公务员	5.0000	0.479
		商人	9.2857	0.070
		农民	6.0491	0.145
		其他	5.3472	0.203
热爱之情	教师	医生	7.0000*	0.035
		公务员	4.5000	0.266
		商人	5.2857	0.072
		农民	2.7377	0.249
		其他	1.9861	0.407
坚守之志	教师	医生	9.0000*	0.016
		公务员	5.0000	0.273
		商人	8.5000*	0.011
		农民	4.7049	0.080
		其他	4.8194	0.076

注：*.均值差的显著性水平为0.05。

原因探析：父母的职业决定了家庭收入、家庭地位以及获得的社会资源等情况，家庭条件好的学生会得到更多的社会资源，接受到的教育也比较全面具体，如母亲是从事教育行业的学生，他会经常受到母亲职业的影响，在潜移默化的过程中对教育行业的认识和了解会更深入，甚至会成为他今后择业的选择；而家庭条件较差的学生接受到教育资源非常有限，了解的社会信息也不全面，对自己发展存在消极作用。

（3）父亲职业与各维度的方差分析

由表3-3-7可知，父亲职业与各维度的单因素方差分析及LSD比较中，Sig值均大于0.05，表明父亲职业与各维度的差异不显著，但从均值比较可以看出，父亲职业是农民和其他的学生对三个维度的需求和发展比父亲职业是其他的学生更高，父亲职业是公务员的学生他们对三个维度的需求和发展低于父亲职业是其他的学生。具体情况是：其他职业>农民>教师>医生>商人>公务员。

表3-3-7 父亲职业与LSD方差分析

维度	（I）父亲职业	（J）父亲职业	平均差（I-J）	显著性
认同之感	教师	医生	1.13636	0.857
		公务员	8.63636	0.171
		商人	3.38636	0.479
		农民	-0.32197	0.901
		其他	-1.26641	0.633
热爱之情	教师	医生	1.18182	0.742
		公务员	4.18182	0.245
		商人	2.68182	0.326
		农民	-1.20985	0.412
		其他	-1.81818	0.23
坚守之志	教师	医生	1.90909	0.641
		公务员	4.90909	0.232
		商人	4.15909	0.182
		农民	0.08409	0.960
		其他	0.24242	0.888

注：*.均值差的显著性水平为0.05。

原因探析：父母的职业决定了家庭收入、家庭地位以及获得的社会资源等情况，家庭条件好的学生会得到更多的社会资源，接受到的教育也比较全面具体，个人教育综合能力较强，对教育方面的发展需求没那么高，而家庭条件比较差的学生以往接受的教育是有限的，个人能力也是有限的，自然对自身教育发展的需求也就很高。

（4）民族与各维度的方差分析

根据表3-3-8可知，在民族与三个维度的单因素方差分析及LSD比较中，Sig值均大于0.05，表明民族与各维度没有显著性差异，但是可以从均值比较看出，回族和彝族的学生在三个维度上的收获比其他民族的学生要少，也就是说，是回族和彝族的学生他们受到的民族文化、习俗以及地域影响比较大，在教育方面的发展低于其他民族的学生，对培养教育情怀的需求和发展意识高于其他民族。具体情况为：回族>彝族>其他民族>水族>布依族>苗族>汉族。

表3-3-8 民族与LSD方差分析

维度	（I）民族	（J）民族	均值差（I-J）	显著性
认同之感	汉族	布依族	0.76605	0.696
		苗族	-0.33001	0.836
		回族	2.60952	0.485
		水族	-2.44048	0.336
		彝族	-2.06548	0.494
		其他	-4.24311	0.053
热爱之情	汉族	布依族	-1.33333	0.241
		苗族	-1.05426	0.254
		回族	4.06667	0.062
		水族	-1.08333	0.461
		彝族	0.54167	0.757
		其他	-1.54386	0.071

表 3-3-8（续）

维度	（I）民族	（J）民族	均值差（I-J）	显著性
坚守之志	汉族	布依族	-0.97999	0.451
		苗族	-0.28535	0.787
		回族	2.06349	0.406
		水族	-2.35317	0.163
		彝族	0.06349	0.975
		其他	-1.19967	0.220

注：*.均值差的显著性水平为0.05。

原因探析：每个民族都有自己独特的风土人情，随着经济的快速发展，少数民族大部分已经被汉化，思想观念和意识逐渐开放，对教育的认识和了解更清晰，但是，对于回族和彝族的学生来说，他们还存在很浓厚的民族气息和宗教信仰，对其他教育思想的加入会存在一定的隔阂，在思想和意识上会存在一定的差异，导致在接受同等教育时他们的收获会比其他民族的学生低，对教育发展需求也就比其他民族的学生高。

（5）学科方向与各维度的方差分析

由表3-3-9可知，学科方向与各维度的单因素方差分析中Sig值均大于0.05，表明学科方向对各维度没有显著性差异。但是从均值比较可以看出，学科方向是数学和艺术的学生在三个维度上需求比其他学科方向要高，学科方向是劳动和其他的学生在三个维度上需求是最低的。数学>艺术>道德与法治>英语>语文>劳动>其他学科方向。

表3-3-9　学科方向与LSD方差分析

维度	（I）学科方向	（J）学科方向	均值差（I-J）	显著性
认同之感	语文	数学	-0.98	0.437
		英语	0.81	0.662
		艺术	-4.44	0.446
		道德与法治	1.06	0.777
		劳动	4.06	0.330
		其他	7.81	0.062
热爱之情	语文	数学	-0.38	0.592
		英语	1.52	0.152
		艺术	2.57	0.443
		道德与法治	-0.63	0.769
		劳动	3.32	0.166
		其他	3.57	0.136
坚守之志	语文	数学	-1.12	0.172
		英语	-0.13	0.909
		艺术	-3.68	0.332
		道德与法治	-0.28	0.908
		劳动	2.82	0.298
		其他	3.82	0.159

注：*.均值差的显著性水平为0.05。

原因探析：每门学科的侧重点和教学目标都存在一定的差异，数学学科更偏向理科，在学习的过程中高校对教育情怀方面的培养不及其他学科方向，这也就导致了数学学科方向的学生更加重视，也更加主动去学习和了解教师教育情怀内涵的相关知识，需求高于其他同学，在主动学习的过程得到的收获也就大于其他学科方向的学生。

（6）就业意向与各维度的方差分析

由表3-3-10可以看出，就业意向与各维度的单因素方差分析中Sig值均大于0.05，表明就业意向对各维度没有显著性差异。但是可以从表中均值比较看出选择当大学老师、初中老师以及高中老师的学生对教育行业的认同、热爱以及坚守的程度高于其他就业意向的同学，也就是说就业意向是教师行业方向的学生在教育能力培养中收获高于就业意向为其他的学生。具体情况为：大学老师>初中老师>高中老师>小学老师>考研>公务员>创业>考编制>其他。

原因探析：每个岗位的对学生能力的要求不同，为了紧跟社会发展的需求，就业意向为公务员、创业以及考编制等这些岗位的学生则会更加偏向注重培养自身的社会综合能力；而选择从事教育行业的学生，他们对教师这个行业充满了热情，相对选择其他行业的学生而言，就会在教师的有关方面发展自己的兴趣爱好，更高要求培养自己的教育教学能力，提升自身的道德教育，努力朝优秀教师队伍靠拢。

表3-3-10　就业意向与LSD方差分析

维度	（I）就业意向	（J）就业意向	均值差（I-J）	显著性
认同之感	小学老师	初中老师	-2.41044	0.169
		高中老师	2.05109	0.621
		大学老师	-2.69891	0.516
		考研	-0.10275	0.953
		公务员	7.05109	0.227
		创业	0.71776	0.88
		考编制	3.55109	0.392
		其他	5.65109	0.13

表 3-3-10（续）

维度	（I）就业意向	（J）就业意向	均值差（I-J）	显著性
热爱之情	小学老师	初中老师	0.04015	0.968
		高中老师	0.29015	0.903
		大学老师	-4.45985	0.061
		考研	0.19399	0.846
		公务员	0.54015	0.871
		创业	1.54015	0.573
		考编制	4.29015	0.072
		其他	3.94015	0.065
坚守之志	小学老师	初中老师	-0.52948	0.643
		高中老师	-0.95255	0.725
		大学老师	-3.45255	0.203
		考研	-0.76025	0.505
		公务员	-0.45255	0.905
		创业	0.88078	0.777
		考编制	2.04745	0.449
		其他	4.54745	0.062

注：*. 均值差的显著性水平为0.05。

5.线性回归分析

回归分析是一种统计分析方法，是一种多用途的工具，可以用来进行多种形式的假设、估计最佳参数，拟合相应的统计关系，并对许多种类的随机误差进行处理，此外，还可以根据拟合的回归关系作预测。[①]

①邓祖新.数据分析方法和SAS系统［M］.上海：财经大学出版社.2006.

（1）人口学变量与总值回归

由表3-3-11回归模型检验可知，相关系数R=0.409，R2=0.167，经调整的R2=0.134，估计标准误差为15.42042，人口学变量与整体均值之间具有显著的线性关系。

表3-3-11 回归模型检验

模型	R	R2	调整后 R2	估算标准误差
1	0.409a	0.167	0.134	15.42042

注：a. 预测变量（常量）：性别，民族，年级，户籍，父亲职业，母亲职业，学科方向，就业意向。

由表3-3-12中未标准化系数可知，设X1=性别，X2=民族，X3=年级，X4=户籍，X5=父亲职业，X6=母亲职业，X7=学科方向，X8=就业意向，拟合结果为Y=90.369+1.389 X1+0.959X2+4.967X3+12.184X4+2.129X5-1.016X6-1.018X7-0.099X8。从方程式可以看出，母亲职业、学科方向、就业意向起到负作用，其他人口学变量起正作用。常数项与回归系数都具有统计学意义，自变量与因变量的线性关系显著。

表3-3-12 回归系数检验

模型 1	非标准化系数		标准化系数	t	显著性
	B	标准误差	贝塔值		
（常量）	90.369	13.711		6.591	0.000
性别	1.389	3.727	0.024	0.373	0.710
民族	0.959	0.450	0.140	2.130	0.034
年级	4.967	1.019	0.316	4.874	0.000
户籍	12.184	4.959	0.164	2.457	0.015

表 3-3-12（续）

模型 1	非标准化系数		标准化系数	t	显著性
	B	标准误差	贝塔值		
父亲职业	2.129	1.192	0.189	1.786	0.076
母亲职业	-1.016	1.330	-0.079	-0.763	0.446
学科方向	-1.018	0.827	-0.096	-1.231	0.220
就业意向	-0.099	0.584	-0.013	-0.170	0.865

注：a. 因变量：高质量发展总值。

原因探析：户籍和年级是师范生教育情怀养成的重要影响因素，城市的学生接受的教育更加全面，文化熏陶更加浓厚，教学环境和资源更加齐全，而农村的学生教学资源远不如城市学生，并且随着年级的增高，接受的教育会更加全面、丰富，学生也就更容易融会贯通，因此，户籍与年级对师范生教育情怀的培养起到正向作用。

（2）各维度与整体均值回归

由表3-3-13回归模型检验可知，相关系数R=1.000，R2=1.000，经调整的R2=1.000，估计标准误差为0.0000。这些数据反应了自变量认同之感、热爱之情、坚守之志与因变量高质量发展总值之间存在的线性关系。

表3-3-13　回归模型检验

模型	R	R^2	调整后 R^2	估算标准误差
1	1.000[a]	1.000	1.000	0.0000

注：a. 预测变量（常量）：认同之感，热爱之情，坚守之志。b. 因变量，高质量发展总值。

由表3-3-14回归系数检验中标准化的回归系数可知，设X1=认同之感，

X2=热爱之情，X3=坚守之志，拟合结果为Y=0.492X1+0.284X2+0.321X3。由此可知，自变量认同之感、热爱之情、坚守之志与因变量高质量发展总值的线性关系显著，常数项与回归系数都具有统计学意义，具有积极作用。

表3-3-14 回归系数检验

模型 1	非标准化系数		标准化系数	t	显著性
	B	标准误差	贝塔值		
（常量）	-7.105E-15	0.000		0.000	1.000
认同之感	1.000	0.000	0.492	0.000	0.000
热爱之情	1.000	0.000	0.284	0.000	0.000
坚守之志	1.000	0.000	0.321	0.000	0.000

注：a.因变量：高质量发展总值。

原因探析：在师范生教育情怀高质量发展的过程中，坚守之志、热爱之情和认同之感三个维度对师范生教育情怀的发展都起到促进作用，因此，高校在培养学生教育情怀方面是可以注重从对教育行业的热爱之情、认同之感以及坚守之志三个方面进行培养，以此厚植师范生的教育情怀。

6.聚类分析

聚类分析是一种多元统计分析方法，用于解决事先不知道应将样品或指标分为几类，需根据样品或变量的相似程度，进行归组并类的问题。聚类分析法有“层次聚类分析方法”和“快速聚类分析法”两种方法。[①]本研究采用快速聚类分析法。

①杨晓明.SPSS在教育统计中应用［M］.北京：高等教育出版社，2004.

表3-3-15　聚类人数分布

每个聚类中的个案数量	
聚类1	34.000
聚类2	98.000
聚类3	79.000
有效	211.000
缺失	0.000

从表3-3-15给出的聚类结果可知，总体有3类人，参与分析的有效观测量为211人，缺失值为0。其中，第一类有34人（4，17，43，46，47，48，73，81，96，100，101，102，105，107，119，121，126，130，131，132，136，140，143，144，147，149，152，155，156，159，166，167，171），他们对教育情怀的认识和理解是比较浅显的，没有进行过深入系统的学习；第三类有79人（1，2，5，10，11，13，15，18，19，20，21，23，24，28，29，30，31，32，35，36，37，42，45，49，50，51，54，55，56，57，58，59，61，63，65，66，67，71，72，75，79，82，90，91，92，93，95，97，98，99，109，110，114，115，116，120，124，129，133，134，135，137，138，139，141，150，153，154，157，158，161，162，168，172，178，203，205），他们开始进行内化学习，将关于教育情怀的内涵的理论知识内化于心，外化于行；剩余为第二类有98人，他们对教育情怀的内涵有了一定的认识基础，并且开始系统的学习。

原因探析：第一类人基本是刚入学的大一新生，刚到学校，对专业知识的学习和自身培养的目标还不够明确，正处于学习生活的适应期；第二类人基本上是大二、大三的学生，他们经过一两年的学习生活，对教育情怀的内涵有了一定的认识，但是没有要把它外化于行的行为意识；第三类人都是大三、大四的学生居多，他们经过四年的学习沉淀，对相关的专业知识的了解和掌握比起其他年级来说，相对全面透彻，对自己的定位也比较清晰，更会全方位的提高自身的教育教学能力以及自身的教育情怀能力，以达到外化为行的效果。

五、开放性问题（访谈）情况总结

为了弥补问卷中封闭性问题不能概括的不足，本研究通过将开放新问题与访谈提纲进行整合，补充了以下3个开放性问题进行研究：

1.开放性问题（访谈）提纲

第一，您认为在提高自身的教育情怀过程中面对的挑战是什么？

第二，您认为影响小学教育专业师范生教育情怀培养的因素有哪些?

第三，您认为在提高师范生教育情怀的过程中有没有必要开设相关课程呢？

2.开放性问题（访谈）结论

（1）缺乏正确的角色定位和认知，对职业认同感和成就感具有一定影响，容易出现消极情绪及降低教学积极性。学生A说：“随着社会竞争压力的不断增加，我对自己未来的就业方向很迷茫，很多时候都在怀疑自己的专业是不是选错了，很困惑。”学生B说：“我现在还处于环境适应期，对专业学习方面还不够了解，只想着走一步看一步，没有长远的打算。”

（2）教育情怀培育结果的评价体系不够健全。学生C说：“学生学习过与教育情怀的内涵相关的知识，但无法对自身的教育情怀培育水平进行评价。”学生D说：“在教师资格的考试中，缺少对考生的职业情感、从教动机以及责任心方面的考察，而且教育情怀的隐性特征也决定这方面难以进行量化考核。”

（3）社会经济快速发展中多元化的信息观念、价值观念以及思维方式对教育情怀的养成有一定的影响。学生E说：“社会上的诱惑比较大，不良现象也很多，导致我很难坚定内心，对我自身教育情怀的养成影响比较大。”学生F说：“网络世界的五彩缤纷容易使我眼花缭乱，产生不好的影响。”

（4）学校对师范生的教育情怀培育的重视程度不够。学生G说：“学校重视智育方面的培养，容易忽视了对学生教育情怀方面的引导。”学生H说：“我很少听说过关于学生教育情怀方面的专题讲座与选修课程。”

（5）家庭环境对教育情怀的养成具有一定的影响。学生Ⅰ说：“家庭中有人从事相关的教育工作的学生，他们也会受到一定的影响。”学生J说：“来自农村的学生和来自城市的学生对教育情怀的认识程度也不一样。”

（6）学校有必要开设相关的课程。学生K说：“我对教育情怀的内涵了解不是很清晰，学校应该开设相关的课程引导我们更深入的认识教育情怀的重要性。”学生L说：“学校应该加强实际调查，了解学生对自身教育情怀的养成情况，并对此做出相关的措施或者开设相关的选修课程和相关讲座。”

六、解决策略

基于当代师范生教育情怀的养成现状，针对以上研究发现的问题，积极探究师范生教育情怀高质量发展的途径，对此，本研究提出以下可行性的解决策略，以此深植师范生的教育情怀。具体如下：

1.明确教育情怀的培育目标，落实各主体培育职责

教育情怀是师范生对待教育事业的情感态度和价值取向，是出自本心的道德自觉，对师范生的成长提供源源不断的动力，指引着价值方向和教育发展的作用。因此，师范生必须具备良好的教育情怀，这是他们成为一名合格教师的重要条件之一，否则他们将来就算走上了教育岗位，也只是成为传授知识的工具人，远远达不到育人的效果，也做不了学生教育路上

的引领者。

首先，高校的课程设置和教学目标不仅是传授学生知识那么简单，更重要的是向学生传递教育情感，所以，每一门课程或者每一节课都可以成为师范生教育情怀培养的落脚点，将师范生的教育情怀养成情况作为主要的培养目标，贯穿整个人才培养过程，合理制定每一学期师范生教育情怀的培养目标并及时检测养成效果，结合专业课程的内容，将教育情怀的培养落实到具体的教学活动中，在教学实践活动中渗透师范生教育情怀，涵养教育情怀。

其次，义务教育阶段和高中作为师范生教育情怀培养的另一载体，要深刻认识自身在师范生教育情怀培养中的重要职责，积极承担培养义务，主动与高校协同培养师范生，建设师范生教育情怀养成的社会环境，提供师范生进校见习、实习的场所。

最后，国家必须重视师范生教学质量和培养质量对教师队伍长远发展的重要意义，特别是对偏远地区师资短缺落后的情况下，引导符合条件的生源申报师范类专业作为工作目标，进而培养他们的从教意识，激发从教热情，引导师范生自觉提高自身教学能力和教育质量，完善自身，从而为教师队伍储备更多的后备力量。

2.丰富教育情怀培养途径，发挥多主体协作优势

师范生教育情怀要想得到高质量的发展，必须打破现在由高校单一主体培养的现状，不断完善教育机制，丰富师范生教育情怀培养的途径，因此，政府、社会、高校、中小学等多方必须协同推进师范生教育情怀的培养。①

首先，国家必须重视师范生教学质量和培养质量对教师队伍长远发展

①高国希，叶方兴.高校课程体系合力育人的理论逻辑［J］.中国高等教育，2017（23）：10-13.

的重要意义，并且出台相关政策，不断健全教育机制，促进高校、社会等多方合作，为培养素质教育能力过硬、教书育人能力强的高素质、高质量教师队伍提供坚强的制度保障，健全学校学科体系，推动形成高水平的师范生培养体系。教育管理部门要想办法给师范生提供见习和实习的岗位，让师范生在实践中提升自身教育能力，感受教育事业的自豪感和荣誉感，引导师范生自觉提高自身教学能力和教育质量，完善自身，从而为教育事业储备更多的后备力量；提升教师的政治地位、社会地位以及职业地位，让教师在工作岗位上有自豪感、获得感以及荣誉感，以此激发更多师范生的从教意愿，使他们乐于从教、想于从教，从而自觉提升自身教育教育能力；搭建教师招聘用人的平台，方便师范生寻求工作，也便于用人单位对师范生进行考察，解决师范生就业难的问题，吸引更多学生报考教育专业，增加教师队伍的后备力量。

其次，高校不仅要建全师范生教育情怀的培养体系，将其持续贯彻师范生四年大学生活，也要从师范生学业与就业的双重现实需求出发，切实实行“双导师制”，[①]同时注重校外资源的运用。一是不定期邀请一线优秀教师或模范教师进校开展专题讲座，深化师范生教育情感，坚定师范生从教意愿。二是健全与对接学校的教育情怀培养机制，加强与实习学校的教育合作，健全推进共同培养机制。[②]谨慎选择实习学校作为师范生实践基地，选择素质高、教学理念先进的实习学校，在富含教育情怀的学校搭建与师范生的沟通桥梁，在教育实践中，体验真正的教学工作。三是宣讲国家发布的相关教育政策，帮助师范生了解教育行业的发展前景，引导师范

①姜华，李西君.师范生“双导师制”培养模式的构建［J］.中国成人教育，2013（20）：56-58.

②谢泉峰，蒋蓉，黄蓝紫.关系视域下的公费师范生留乡任教：现实困境与突破路径——基于S校公费师范生的深度访谈［J］.教师教育研究，2022（4）：86-92.

生积极主动提高自身教育情怀的能力，增强师范生从教的使命感。

最后，中小学以及社会要认识到自身在师范生教育情怀培养中的职责，主动对接高校，建设师范生教育情怀养成的社会环境，提供师范生进校见习、实习的场所。中小学适当开展师范生教育情怀的培养活动，作好对接工作，从源头上提高师范院校的生源。如高中老师对学生要及时做好职业生涯规划的教育活动，引导具有从教意愿的毕业生报考师范类高校，从源头上增加师资的补给。

3.加强对教育情怀的资源开发和课程设置

（1）尽可能挖掘各科教材中蕴含的教育情怀资源

每个专业的相关教材都是根据各专业的性质和特点，以及根据国家的培养目标和课程目标以及课程标准等，从学生的实际需要为出发点编撰的教学内容。一是对现有的课程资源进行充分挖掘与利用。如德育原理、教育管理学、家庭教育学等课堂教材可以作为培养师范生教育情怀的教育资源。二是在研习教材时积极主动去发现关于教育情怀的显性资料，并整合其中蕴含的教育思想、案例以及观点等资料，融合课堂教学过程以形成有利于师范生教育情怀发展的教育资源和教学内容。三是善于提炼教学过程中隐含的教育情怀资源，并融合到课堂教学上，以达到提升学生教育情怀的目的。最后，教师指定阅读教材，让学生自主探究其中蕴含的教育情怀资源，提高自身教育情怀的理论知识。

（2）营造蕴含教育情怀的校园文化

教育情怀的养成，不仅取决于教育者自身蕴含的教育知识、教学能力以及个性发展等主观因素，也取决于教育者所处的社会环境、高校制度以及校园环境等因素。校园文化是培养高校师范生教育情怀的重要隐形要素。良好的校园文化能够发挥润物细无声的作用，对学生教育情怀的培养起到潜移默化的激励作用。苏霍姆林斯基曾提出：“学校的物质基础及学生周围的物质环境是对学生精神世界施加影响的手段，是培养他们的观点、信念和良好习惯的手段。”[①]现实环境是培养师范生教育情怀不可忽视的场地。因此，在师范生教育情怀的培养中，高校要注重营造尊师重教的校园氛围，如选择优秀教师的案例、教育格言以及名言警句等资料建立文化墙和图书角，大力宣传教育政策以及我国教育思想家等资料，充分激发师范生的从教意愿，提升对教育事业的向往与追求。同时，举办相关活动，宣讲立德树人的先进事迹，弘扬尊师文化，为学生树立良好的榜样，丰富师范生精神文化，引导师范生在特定情景中涵养自身的教育情怀，为培养师范生教育情怀奠定基础。

（3）健全评价体系

师范类高校要建立多元评价标准，对师范生的师德规范和教育情怀的方面进行科学有效的评价，由于教育情怀是很难进行量化性评价的，所以在评价教育情怀养成情况时必须注重灵活性和开放性，如在各类考察中增加主观题的比例，着重检测师范生在教育观、教学观等方面的理解、看法以及掌握情况。并且，在评价时要理论结合实际，通过开展技能大赛等活动，主要考察师范生教学设计、备课以及说课能力，检验师范生学习成果，提高师范生教育情怀在实践活动中养成。加强与实习基地合作，让师范生在见习和实习等实践活动中检验自身教学技能、教学态度、教育机智以及教学素养等方面，通过课堂内外等渠道与方法多方位评价师范生的教育情怀的养成情况。

（4）优化与教育情怀相关的课程

课程的教学目标不仅是传授学生知识那么简单，更重要的是向学生传递教育情感，因此，每一门课程或者每一节课都可以成为师范生教育情怀

①孙刚成，翟昕昕.富于生命力的乡村校园环境创设——以帕夫雷什中学为例［J］.课程教学研究，2016（06）：18-22.

培养的落脚点。教育的高质量发展不仅包括教师的高质量发展，也包括教师教育对象的高质量发展。[①]这就需要高校根据国家政策精准定位师范生的培养要求，结合专业课程的内容，设计合理的课程教学与培养目标，将教育情怀的培养落实到具体的教学活动中。针对不同学段师范生的特点设计专业课程，优化课程结构，改善课程比例，增加对应教育情怀课程，把师范生教育情怀培养工作贯彻到教学全过程，用新时代中国特色社会主义思想铸魂。

因此，本研究梳理了两类相关教育情怀课程体系：一是增加与优化线上教师教育类课程，让师范生从多方面了解教师师德、教育哲学、教师发展前景以及名师教学经验等；二是高校积极主动地开设与各类学科中教育情怀相关元素的专题活动，让师范生集体探讨关于教育情怀培养的方式方法，有利于师范生积极主动提高自身的教育情怀的能力，共同成长。

4. 重视师范生的主体性，通过自我教育加强教育情怀养成

事物发展和变化趋势的决定性因素是内因。要想提高师范生教育情怀的养成，除了从国家政策、社会影响以及高校引导等这些外在环境的培养以外，还需要注重师范生教育情怀的自我提升、主动学习的养成意识，才能将课本的理论知识进行提炼，汲取其中营养，从而真正转化为自身内在的教育力量，增强自身教育情怀的养成，不断激励，提高对教师职业的认同感和责任感，加强自身教育修养，达到情怀深的目的。

首先，积极发挥师范生的主体性。在教学过程中，教师既要尊重师范生的主体性，又要适当引导师范生发挥主体性，使其在接受师德教育时对自己道德行为和道德观念有更多的判断与分析，使师范生从传统的被动式学习转变为积极思考与反思的主动接受学习。从某种意义上来说，师范

---

①王鉴.中国特色教师教育高质量发展的制度逻辑［J］.国家教育行政学院学报，2022（7）：33-39.

生是否具有主体性以及主体性表达的程度如何这些都是影响师范生的教育情怀培养成效的关键因素。因此，高校应重视师范生主体性的培养，让师范生在教育过程中能够积极主动地参与教学活动，主动体验教育情感，以及主动学习教师职业的道德规范与要求，不断提高自身教育素养和教育能力，以此深化自身教育情怀。

其次，提高师范生对教师职业的认同感。认同感个人对某职业持赞同或认可，并认为所从事的职业对自身非常有价值与意义，可以实现人生目标，获取快乐和幸福感。对于师范生来说，对教育行业的认同感就是对教育事业有了初步的了解，是他们对教育行业热爱的开始，是他们从教意愿的先决条件。因此，师范生要不断加深对教育事业的认识，关注教师的教育教学活动，了解一线教育行业的现状，在此基础上对教育行业有一个清晰的认知，以此来提升对教师职业的认同感。

最后，要引导师范生自主学习、主动学习，在主动学习的过程中提高自身教育涵养。主动学习是获得知识不可或缺的过程，是师范生教育情感产生和发展的过程，是师范生教育情怀发展的理论基础。第一，充分利用学校资源，如图书资料、教学设施等，在学习专业知识的基础上，主动利用课余时间阅读更多教育名著，丰富自身知识底蕴，培养和提高自身的教育情怀。第二，上课认真听讲，按时完成教师要求的课程作业，主动积极学习专业相关知识，进一步夯实自身的知识基础。第三，主动把握师资力量，积极跟教师交流讨论课堂出现的各种问题或者其他的学术问题，为自己解惑，久而久之自身的思维水平也会达到更高的程度，在教育探索方面也会更有深度。

5. 榜样示范，激发升华师范生的教育情怀

优秀的榜样可以发挥很好的引领示范作用，汲取他们身上的精神力量，努力发展自身。高校可以通过不定期邀请一线优秀教师或者名师进行

教育讲座等活动，与师范生进行集体交流和探讨，通过名师分享的典型教学事例以及教学趣事等活动，引发学生对教育的积极情感，感受师德的高尚，厚植师范生的教育情怀。也让师范生更好体验一线教育的现状，深切感知当代教师所需所困所能，更好地发现自身知识储备、教学手段以及教育技能等方面的不足之处，进一步明确反思当代教育事业想要高质量发展需要什么样的教师，为教育事业添砖加瓦。①

同时，优秀教师与师范生面对面沟通交流的过程中，能让师范生感受到教育名师的教学机智、教学思维以及解决教育难题的办法，受到大量优秀教师怀揣的教育情怀的熏陶，更是在活动中体验到优秀教师所透露出的教育精神和教育情怀，让师范生对教育事业有更深层次的理解，达到丰富自身学以致用的效果。其次，积极主动与身边道德高尚的教育者互动，体会他们对教育的深厚情感，并对比自身对教育行业的情感现状，长久以往会激发自身教育情怀的生成。最后，通过网络学习优秀教师的先进事迹，如学习全国最美乡村教师张桂梅、广东最美乡村教师林冬芳等为教育事业献身的典型事迹报告，让师范生感受教育事业的伟大和崇高，从而增强师范生的从教意愿，提高自身教育情怀的决心。

6. 开展实践教育，厚植师范生的教育情怀

教育部发布《关于大力推进师范生实习支教工作的意见》的文件中要求所有师范生在毕业之前必须到中小学进行为期一学期以上的教育实习。“开展师范生实习支教工作是推动教育改革，强化师范生实践教学，提高教师培养质量的有效措施；是师范生深入教育一线，了解教育现状和国

①马英闵，郑淇，邹锐，楼雨婷，李君．基于乡村名师资源厚植定向师范生教育情怀及实践路径——以长江师范学院为例［J］．科学咨询（科技·管理），2022，（11）：152-154.

情，增强师范生社会责任感与使命感的必要途径。”[①]该文件出台，就是对校外实践教育的最好倡导。所以，在培养师范生教育情怀的时候，要理论联系实际，不仅要关注师范生的知与情，更要关注师范生的教育行为，在实践教学活动中厚植师范生自身的教育情怀。因此，必须开展多样化的实践体验活动，提高教育职业认同感和自豪感，提高师范生自身教育情怀。

首先，师范院校应与地方政府、中小学教育实习基地建立协同培养机制，构建与专业学习、课外实践相衔接、见习和实习相渗透等相关实践活动的教育情怀培养平台，在多方协调一致的互动中，对师范生的教育情怀的养成进行全方位的培养，带领师范生进入教育一线，了解教育事业发展的现实困境及需求，使师范生在实践活动中积累教学经验，加深自身对教育事业的教育情怀。

其次，高校应组织开展师范生暑期“三下乡”、走进“特殊学校”“养老院”等社会实践活动，丰富师范生的道德认识和道德情感，促使师范生在活动中反思当代教育问题，帮助师范生树立献身教育事业的使命感和责任感，陶冶师范生的关爱情怀，对升华自身的师德水准具有重要意义。

最后，举办各种演讲和征活动，增加对教育事业的理解和认同，培养他们对教育事业的自豪感和归属感。

总之，根据师范院校实践育人的要求在教学过程中必须将理论与社会实践紧密结合起来，[②]只有在实践中才能获得深刻的情感认知和情感体验，稳固的道德行为，因此，师范生只有在教育实践活动中才能认识到教育情怀培养的重要性，才能真正理解教育情怀的涵义，才有利于自身教育情怀的提高和高质量发展。

---

①教育部.《关于大力推进师范生实习支教工作的意见》.2007.7.

②董向芸，张学敏.需求转型背景下高等师范生院校社会实践育人功能新探［J］.教师教育学报，2018（3）：118-124.

第四节　新时代小学教育专业师范生教学设计能力高质量发展实证研究

教学设计能力高质量发展对于小学教育专业的师范生来说是必须经历的一个过程，它的影响力对之后从事教育工作的作用也是值得追踪和研究的。本研究以小学教育专业师范生教学设计能力的现状为出发点，就“设计认知、设计依据、设计技术、学情分析、教学过程以及设计评价”等六个维度的32个项目对G省H大学小学教育专业的180位学生进行问卷调查研究，通过利用SPSS分析发现，87.8%的师范生认为教学设计设置合理是影响教师职业能力高质量发展的主要因素。其中，设计依据82%=设计技术82%<教学过程88%<学情分析89%=设计评价89%<设计认知97%。

并由此深层次的刨析存在的问题，结合访谈结论分析研究小学教育专业师范生教

一、人口学变量描述统计

采用合适的方式对数据进行有效的描述，我们称这个过程为描述性统计，它主要指通过图表和数学方法，对数据资料进行整理和分析，并对数据的分布状态、数据特征以及随机变量之间的关系进行估计和描述的方法。

表3-4-1　人口变量学统计

<table>
<tr><th>户籍</th><th>是否专升本</th><th>父亲职业</th><th>民族</th><th>向往的任教科目</th></tr>
<tr><td>农村160人
89.9%
城镇18人
10.1%</td><td>是4人，
2.2%
否174人，
97.6%</td><td>教师3人，
1.7%
公务员1人，
0.6%
医生3人，
1.7%
警察3人，
1.7%
其他168人，
94.4%</td><td>汉族63人，35.4%
苗族36人，20.2%
土家族16人，9%
回族1人，0.6%
水族7人，3.9%
白族5人，2.8%
布依族12人，6.7%
仡佬族11人，6.2%
其他27人，15.2%</td><td>语文84人，
47.2%
数学67人，
37.6%
英语19，
10.7%
音乐1人，
0.6%
美术1人，
0.6%
其他6人，
3.4%</td></tr>
<tr><th>性别</th><th>党员</th><th>母亲职业</th><th>教师资格证学科方向</th><th>普通话水平</th></tr>
<tr><td>男16人
9%
女162人
91%</td><td>是4人，
2.2%
否174人，
97.8%</td><td>教师2人，
1.1%
公务员1人，
0.6%
医生2人，
1.1%
警察3人，
1.7%
其他170人，
95.5%</td><td rowspan="3">语文82人，46.1%
数学67人，37.6%
英语17人，9.6%
历史1人，0.6%
地理1人，0.6%
美术1人，0.6%
其他9人，5.1%</td><td rowspan="3">一甲1人，
0.6%
一乙6人，
3.4%
二甲100人，
56.2%
二乙68人，
38.2%
三乙3人，
1.7%</td></tr>
<tr><th colspan="2">年级</th><th>是否考研</th></tr>
<tr><td colspan="2">2022级54人，30.3%
2021级64人，36%
2020级56人，31.5%
2019级4人，2.2%</td><td>是60人，
33.7%
否118人，
66.3%</td></tr>
</table>

由表3-4-1得出：本次问卷共发放180份，回收178份，回收率98%，有效问卷178份，有效率98%。

二、信度检验

信度是指数据结果的稳定性和可靠性，亦即处理数据的结果是否真实、客观地反映了被测量者的真实水平。[①]从统计学的角度，若信度系数a为正值，那么其最终的数值越靠近1其信度就越高。

表3-4-2 信度检验

维度	总问卷	设计认知	设计依据	设计技术	学情分析	教学过程	设计评价
a系数	.938	.856	.724	.376	.511	.887	.907

由表3-4-2分析结果发现研究的问卷总体系数a为.938，各维度a系数分别为：设计认知.856、设计依据.724、设计技术.376、学情分析.511、教学过程.887、设计评价.907，即问卷具有良好的稳定性与一致性，调查数据具有稳定性和可靠性，测量结果可信，达到了测试的要求。

三、效度检验

表3-4-3 效度检验

皮尔逊相关性	设计认知	设计依据	设计技术	学情分析	教学过程	设计评价
设计认知	1	.052	.079	.170*	.108	.174*
设计依据	.052	1	.471**	.478**	.578**	.572**
设计技术	.079	.471**	1	.374**	.499**	.491**
学情分析	.170*	.478**	.374**	1	.638**	.658**
教学过程	.108	.578**	.499**	.638**	1	.862**
设计评价	.174*	.572**	.491**	.658**	.862**	1

注：**.在置信度（双测）0.01时，相关性是显著的。

①王景英.小学教育统计与测量［M］.北京：人民教育出版社，2002.

效度是指数据测量的有效性和准确性程度，即测量是否达到了预期测量的目的。[①]效度检验一般是通过因子分析进行，即理论预设的维度（内容效度）如果与SPSS主成分因子分析的维度结构（结构效度）一致，则问卷的效度较高。本问卷的理论结构预设为6个维度32个项目，与检测的结构完全一致。测量的数据具有准确性和有效性，即问卷的效度较高。

由表3-4-3可以看出，设计认知、设计依据、设计技术、学情分析、教学过程、设计评价有效性的相关系数在0.052～0.862之间，说明它们的效度较高。即测量的数据具有准确性和有效性。

四、存在问题与原因探析

1. 总体维度百分率比较

频率，即变量值在某个区间中的次数，用SPSS可以方便快捷地产生频率分布表，从而对数据结果进行分类整理，形成各变量的不同水平的频率分布表和常用图形，以便对数据有一个直观的概括认识。[②]百分率即各频数占总样本的百分数。

由图3-4-1可看出：总体而言，82%的同学认为自己的教学设计能力达到了高质量发展，12%的同学还未达到高质量发展水平，具体情况如下：很不符合占总体频率的2%，较不符合占总体频率的10%，基本符合占总体频率的35%，比较符合占总体频率的36%，非常符合占总体频率的17%。这说明教学设计能力各维度的设计被大多数学生认同。

①刘新平，刘存侠.教育统计与测评导论［M］.北京：科学出版社，2003.

②时立文.SPSS19.0统计分析从入门到精通［M］.北京：清华大学出版社，2012.

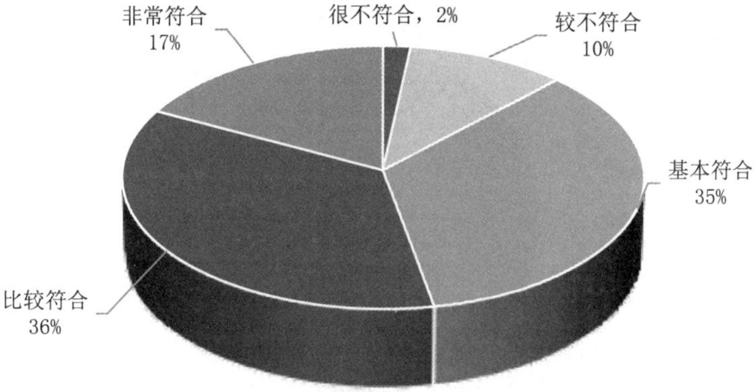

图3-4-4　教学设计能力总体维度百分率比较

原因探析：学生是学习的主体，但是，大部分小学教育专业的师范生所要学习的专业知识，都是围绕着提高自己的能力而展开的，而教学设计能力就是师范生专业能力的具体表现，因此，小学教育专业的师范生，对于教学设计能力的六个维度的设计，已经有了相当程度的认同，他们认为，设计认知，设计依据，设计技术，学情分析，教学过程，以及设计评价，都可以有效地提高自己的教学设计能力。

2.各维度百分率比较

（1）维度一：设计认知百分率比较

由图3-4-5可看出，总体而言，97%的同学认为自己的设计认知达到高质量发展，3%的同学还未达到高质量发展水平，具体情况如下：在维度一设计认知方面，很不符合的百分率为1%，较不符合的百分率为2%，基本符合的百分率17%，比较符合的百分率34%，非常符合的百分率为46%。

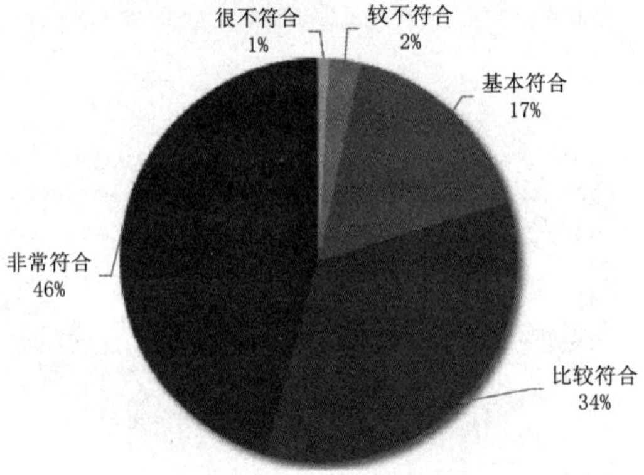

图3-4-5 设计认知总体百分率比较

原因探析：因为师范生是在学校里学习的，所以这无形中就加大了他们对知识的渴望，他们更希望能够提高自己的专业水平，所有的知识都是从最初的认知出发，在学习中不断升华，逐步地追求进步。但是，刚刚进入大学的师范生，因为受到了应试教育的影响，他们对于新知识和新结构化的学习会觉得不太习惯，这也就造成了师范生对设计认知上的一个障碍。

（2）维度二：设计依据百分率比较

由图3-4-6可看出，总体而言，82%的同学认为自己的设计依据达到高质量发展，18%的同学还未达到高质量发展水平，具体情况如下：在维度二设计依据方面，很不符合的百分率为1%，较不符合的百分率为17%，基本符合的百分率为37%，比较符合的百分率为33%，非常符合的百分率为12%。

原因探析：小学教育专业师范生在进入大学阶段后，由于专业知识相对较弱，对专业知识的学习主要是通过理论学习、反复巩固等方式，对于实际性的设计教学接触很少。在进入大学后，也很少会去接触到具有设计依据的内容，在课堂上也很少会接触到如何进行设计教学，所以很多学生对设计依据的认知存在一定的偏差。小学教育专业师范生在进入大学后，学校开设有关设计依据的课程相对较少。学校以理论教学为主，很难进行实践环节，因此就不能使学生将所学到的专业知识进行延伸，而由专业知识衍生出来的设计依据相关课程又较少之甚少，所以很多学生在学习过程中缺乏实际锻炼，对于设计依据的认知存在一定的欠缺。

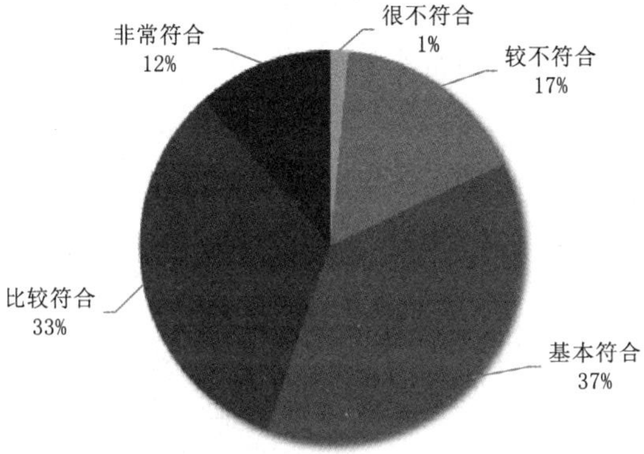

图3-4-6　设计依据总体百分率比较

（3）维度三：设计技术百分率比较

由图3-4-7可看出，总体而言，82%的同学认为自己的设计技术达到高质量发展，18%的同学还未达到高质量发展水平，具体情况如下：在维度三设计技术方面，很不符合的百分率为3%，较不符合的百分率为15%，基本符合的百分率为37%，比较符合的百分率为36%，非常符合的百分率为9%。

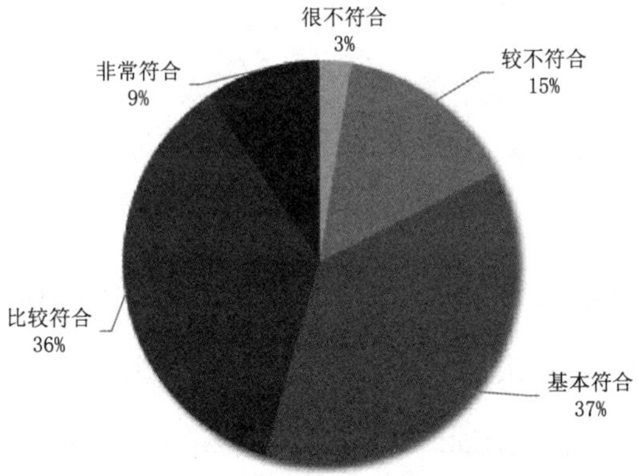

图3-4-7　设计技术总体百分率比较

原因探析：在大学期间，由于个体之间的差异，有的学生自身的学习能力比较强，对于设计的技术要求更加容易掌握，但是学习能力较差的学生，觉得掌握技术实在太难了，从而极易产生厌学心理，实现躺平，对于提升自身的设计技术的能力漠不关心，从而导致师范生对于自身设计技术的提升认知不足，所以就会产生设计技术在提升教学设计能力方面存在问题。

（4）维度四：学情分析百分率比较

由图3-4-8可看出，总体而言，89%的同学认为自己的学情分析达到高质量发展，11%的同学还未达到高质量发展水平，具体情况如下：在维度三设计技术方面，很不符合的百分率为2%，较不符合的百分率为9%，基本符合的百分率为36%，比较符合的百分率为38%，非常符合的百分率为15%。

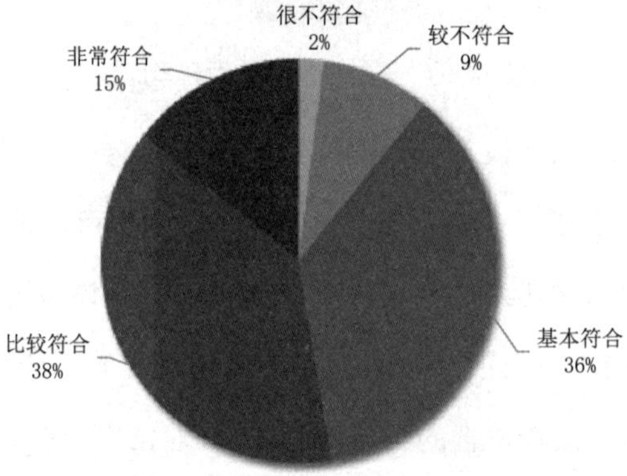

图3-4-8 学情分析总体百分率比较

原因探析：第一，学生躺平现象严重，缺乏学习的动力，尤其是刚进入大学期间，融入一个新的环境，使得大学生放飞自我，从而把学习抛掷脑后；第二，学生自制能力较差的现象严重，大多学生对于学习不感兴趣，缺乏自制能力，对自身的约束不足，一心只想着怎样过得开心快乐，对于老师提出的学习要求更是毫不上心；第三，学生缺乏自学能力，在大学期间，除了教师布置的课时任务，学生不会主动去学习任务以外的知识，以此来丰富自己的知识储备。

（5）维度五：教学过程百分率比较

由图3-4-9可看出，总体而言，88%的同学认为自己的教学过程达到高质量发展，12%的同学还未达到高质量发展水平，具体情况如下：在维度三设计技术方面，很不符合的百分率为2%，较不符合的百分率为10%，基本符合的百分率为43%，比较符合的百分率为34%，非常符合的百分率为11%。

原因探析：首先，师范生在校期间没有足够的机会进行实际的锻炼，在教学过程中没能熟练地掌握过程教学的方法；其次，师范生认知能力的欠缺，对于教学，认为只要能站在讲台上说完整堂课就是真正意义上的教学，殊不知其中包含的知识太多；最后，学校开展理论课偏多，实践课偏少，从而就导致师范生没能得到有效的锻炼，无法把所学的理论知识联系起实际来，限制了师范生的能力发展。

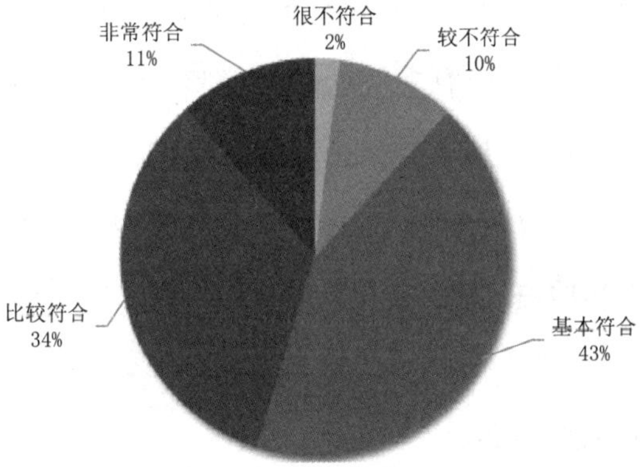

图3-4-9　教学过程总体百分率比较

（6）维度六：设计评价百分率比较

由图3-4-10可看出，总体而言，89%的同学认为自己的设计评价达到高质量发展，11%的同学还未达到高质量发展水平，具体情况如下：在维度三设计技术方面，很不符合的百分率为1%，较不符合的百分率为10%，基本符合的百分率为39%，比较符合的百分率为38%，非常符合的百分率为12%。

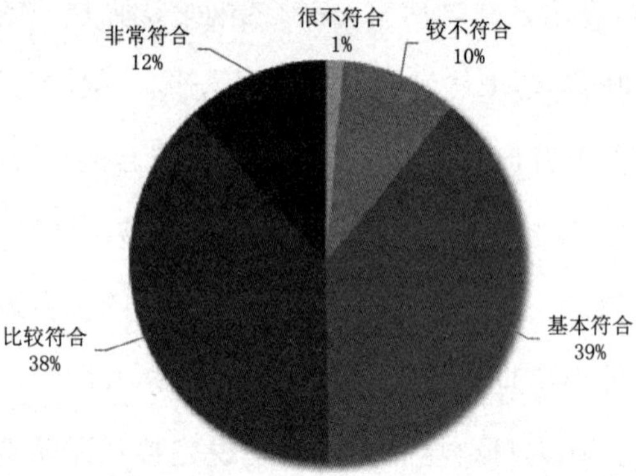

图3-4-10　设计评价总体百分率比较

原因探析：第一，师范生对小学教育专业的认知不足，认为小学教育专业毕业的师范生毕业后找不到一份合适的工作，从而在大学期间所学的知识无用武之地，随之就淡化了学生终身学习理念。第二，师范生没有形成完整的评价系统，没有实际的教学经验，对于评价的方法以及手段都不够深层次的了解，从而就导致师范生评价手段的单一和方法的简略。总之，师范生在学校学习理论知识的同时，更应去学习别人优秀的教学方法，取其精华去其糟粕，最后转化为自身的专业知识与专业能力。

五、独立样本T检验

独立样本T检验的研究也是研究均值的差异情况，是利用来自两个总体的独立样本的差异情况，判断两个总体之间是否存在均值。①

1.性别与6个维度的独立样本t检验

从表3-4-4可以看出，在莱文检验中Sig值均大于0.05，说明方差齐性适合做t检验。由双侧检验值均大于0.05可看出性别在6个维度上无显著性差异。通过性别在各维度的均值比较可知：设计认知中男生平均值19.13

①杨晓明.SPSS在教育统计中的应用［M］.北京：高等教育出版社，2004.

＜女生平均值21.51；设计依据中男生平均值15.50＞女生平均值13.40；设计技术中男生平均值16.62＜17.60；学情分析中男生平均值25.62＞女生平均值25.15；教学过程中男生平均值18.00＞女生平均值17.04；在设计评价中男生平均值21.75＞女生平均值20.91。由均值比较可见男生比女生更加认可设计依据、学情分析、教学过程和设计评价，女生比男生更加认可设计认知、设计技术。

表3-4-4　性别与6个维度的独立样本t检验

独立样本检验	莱文方差等同性检验		平均值等同性 t 检验						
	F	显著性	t	自由度	Sig.（双尾）	平均值差值	标准误差差值	差值 95% 置信区间 下限	差值 95% 置信区间 上限
设计认知	0.184	0.669	-1.947	176	0.053	-2.38117	1.22314	-4.79508	0.03274
设计依据	1.15	0.285	2.294	176	0.023	2.09877	0.91483	0.29331	3.90422
设计技术	0.606	0.437	-0.547	176	0.585	-0.97994	1.79161	-4.51574	2.55586
学情分析	0.224	0.637	0.302	176	0.763	0.47068	1.56098	-2.60998	3.55134
教学过程	0.451	0.503	0.981	176	0.328	0.95679	0.97507	-0.96755	2.88113
设计评价	2.551	0.112	0.735	176	0.463	0.83642	1.13744	-1.40836	3.0812

原因探析：首先，因为专业的特殊性，就读小学教育专业的师范生在很大程度上都是女生居多，这就导致学小学教育专业的学生在男女比例上严重失调，并且小学教育专业大多都属于偏向文科方面的知识，而女生在这方面比男生更加占优势。其次，男生的逻辑思维能力更加活跃，在学习

设计依据、学情分析、教学过程和评价设计这几方面比女生容易得多，而女生则是抽象思维能力更加强一些，在语言方面的能力比男生强，从而女生更加认可设计认知和设计技术。最后，相对男生来说，女生的语言组织能力的压力要比男生的小，所以部分女生在提升自身教学设计能力方面更加认可设计认知和设计技术。

2.户籍与6个维度的独立样本t检验

从表3-4-5可以看出，在莱文检验中Sig值均大于0.05，说明方差齐性适合做t检验。由双侧检验值均大于0.05可看出户籍在6个维度上无显著性差异。通过户籍在各维度中的均值比较可知：设计认知中农村户籍的平均值21.33＞城镇户籍的平均值20.94；设计依据中农村户籍的平均值13.57＜城镇户籍的平均值13.72；设计技术中农村户籍的平均值17.29＜城镇户籍的平均值19.50；在学情分析中农村户籍的平均值25.19小于城镇户籍的平均值25.22；在教学过程中农村户籍的平均值17.05＜城镇户籍的平均值17.77；在设计评价中农村户籍的平均值20.96＜城镇户籍的平均值21.16。由均值比较可见城镇户籍的学生比农村户籍的学生更加认可设计依据、设计技术、学情分析、教学过程和设计评价，农村学生比城镇学生更加认可设计认知。

表3-5-2 户籍与6个维度的独立样本t检验

独立样本检验	莱文方差等同性检验		平均值等同性 t 检验						
	F	显著性	t	自由度	Sig.（双尾）	平均值差值	标准误差差值	差值 95% 置信区间	
								下限	上限
设计认知	0.711	0.4	0.33	176	0.742	0.38681	1.17244	-1.92704	2.70065
设计依据	0.825	0.365	-0.167	176	0.867	-0.14722	0.8807	-1.88531	1.59087

表 3-4-5（续）

独立样本检验	莱文方差等同性检验		平均值等同性 t 检验						
	F	显著性	t	自由度	Sig.（双尾）	平均值差值	标准误差差值	差值 95% 置信区间	
								下限	上限
设计技术	1.38	0.242	-1.303	176	0.194	-2.20625	1.69296	-5.54737	1.13487
学情分析	1.305	0.255	-0.019	176	0.985	-0.02847	1.48126	-2.95179	2.89485
教学过程	0.374	0.542	-0.779	176	0.437	-0.72153	0.92597	-2.54895	1.1059
设计评价	0.467	0.495	-0.183	176	0.855	-0.19792	1.08063	-2.33057	1.93474

原因探析：首先，由于教育资源的分配原由，教育水平的差异，导致农村的教育无法达到与城镇教育的水平，从而就使得城镇的学生受到的教育更加多元化，师范生在提升自身的教学设计能力时需要过硬的专业知识与专业技能。其次，相对农村户籍的学生来说，城镇户籍的学生各种压力小，父母能提供更好的教育环境与生活环境，所以部分城镇的学生认可设计依据、设计技术、学情分析、教学过程以及设计评价能有效提升自身的教学设计能力。最后，农村户籍的学生和城镇的学生所接受的观念不一样，部分学生更加认同设计认知更加能提升自身的教学设计能力。

3.专升本与6个维度的独立样本t检验

从表3-4-6可以看出，在莱文检验中Sig值均大于0.05，说明方差齐性适合做t检验。双侧检验中，设计认知、设计技术、学情分析、教学过程和设计评价的Sig值大于0.05，故是专升本的学生与不是专升本的学生在这5个维度上无显著性差异；设计依据的Sig值小于0.05，故是专升本的学生与不是专升本的学生在这个维度上有显著性差异。通过是否专升本在各位的均值比较可知：在设计认知中专升本的平均值21.00＜不是专升本的平均值

21.31；在设计依据中专升本的平均值19.50＞不是专升本的平均值13.45；在设计技术中专升本的平均值17.75＞不是专升本的平均值17.50；在学情分析中专升本的平均值26.25＞不是专升本的平均值25.17；在教学过程中专升本的平均值19.75＞不是专升本的平均值17.05；在设计评价中专升本的平均值23.50＞不是专升本的平均值20.91。由均值比较可见是专升本的学生比不是专升本的学生更加认可设计依据、设计技术学情分析、教学过程和设计评价。

表3-4-6　专升本与6个维度的独立样本t检验

独立样本检验	莱文方差等同性检验		平均值等同性 t 检验						
	F	显著性	t	自由度	Sig.（双尾）	平均值差值	标准误差差值	差值 95% 置信区间	
								下限	上限
设计认知	1.196	0.276	-0.131	175	0.896	-0.31214	2.39093	-5.0309	4.40663
设计依据	16.637	0	3.478	175	0.001	6.04335	1.73769	2.61383	9.47288
设计技术	0.262	0.609	0.07	175	0.945	0.24133	3.47039	-6.60787	7.09053
学情分析	0.42	0.518	0.356	175	0.722	1.07659	3.02086	-4.88541	7.03859
教学过程	0.103	0.749	1.432	175	0.154	2.6922	1.88	-1.0182	6.40259
设计评价	0.124	0.726	1.176	175	0.241	2.58092	2.19482	-1.7508	6.91265

原因探析：首先，专升本的学生在大专的学习中以及为自身的教学设计能力打下了基础，一定程度上比不是专升本的学生专业能力强一点。其次，专升本的学生比不是专升本的学生更加珍惜学习的机会，在经历专科大三的时候就有了一定的社会阅历，深刻认识到当今社会的就业竞争压

力，认识到提升自身学历的重要性。最后，专升本的学生在大三的时候就已经进行过教育实习，部分学生对教学设计能力的掌握程度比不是专升本的学生都要好。

4.考研与6个维度的独立样本t检验

从表3-4-7可以看出，在莱文检验中Sig值均大于0.05，说明方差齐性适合做t检验。双侧检验中，设计认知、设计依据、设计技术、学情分析和设计评价的Sig值大于0.05，故考研的学生与不是考研的学生在这5个维度上无显著性差异；教学过程的Sig值小于0.05，故考研的学生与不是考研的学生在这个维度上有显著性差异。通过是否考研在各维度中的均值比较可知：设计认知中考研的平均值21.01＜不考研的平均值21.43；设计依据中考研的平均值13.16＜不考研的平均值13.80；设计技术中考研的平均值16.76＜不考研的平均值17.89；学情分析中考研的平均值25.00＜不考研的平均值25.29；教学过程中考研的平均值16.21＜不考研的平均值17.59；设计评价中考研的平均值20.05＜不考研的平均值21.46。由均值比较可见不是考研的学生比是考研的学生更加认可6维度。

表3-4-7　考研与6个维度的独立样本t检验

独立样本检验	莱文方差等同性检验		平均值等同性 t 检验						
	F	显著性	t	自由度	Sig.（双尾）	平均值差值	标准误差差值	差值 95% 置信区间 下限	差值 95% 置信区间 上限
设计认知	0.054	0.816	-0.556	176	0.579	-0.41554	0.74735	-1.89045	1.05938
设计依据	0.257	0.613	-1.141	176	0.256	-0.63842	0.55968	-1.74297	0.46613
设计技术	0.283	0.595	-1.046	176	0.297	-1.13164	1.0816	-3.26621	1.00293

表 3-4-7（续）

独立样本检验	莱文方差等同性检验		平均值等同性 t 检验						
	F	显著性	t	自由度	Sig.（双尾）	平均值差值	标准误差差值	差值 95% 置信区间 下限	差值 95% 置信区间 上限
学情分析	0.934	0.335	-0.314	176	0.754	-0.29661	0.94447	-2.16056	1.56734
教学过程	0.457	0.5	-2.363	176	0.019	-1.37655	0.58242	-2.52598	-0.22712
设计评价	0.099	0.753	-2.08	176	0.039	-1.4161	0.68097	-2.76001	-0.07219

原因探析：首先，因为自己对自身学历的要求，许多学生在大学毕业后就选择提升学历进行考研，师范生在之后的工作中最需要具备的能力就是教学设计能力，而考研的学生就不需要太过于担心提升自身这方面的能力，因为可以通过考研后再提升。其次，考研的同学不面临就业的压力，从而就可以选择暂缓提升自身的教学设计能力。最后，不是考研的学生则会在毕业后面临就业的竞争，所以提升自身的教学设计能力是大部分学生都比较认可的，这样才能在工作竞争中有机会胜出。

5. 党员与6个维度的独立样本t检验

从表3-4-8可以看出，在莱文检验中Sig值均大于0.05，说明方差齐性适合做t检验。由双侧检验值均大于0.05可看出是否是党员在6个维度上无显著性差异。通过比较是否是党员在各维度中的平均值可知：设计认知中是党员的平均值19.33＜不是党员的平均值21.33；设计依据中是党员的平均值14.66＞不是党员的平均值13.57；在设计技术中是党员的平均值17.33＜不是党员的平均值17.51；在学情分析中是党员的平均值25.66＞不是党员的平均值25.18；在教学过程中是党员的平均值17.00＜不是党员的平均值17.12；在设计评价中是党员的平均值20.33＜不是党员的平均值20.98。由均值比较可见是党员的学生比不是党员的学生更加认可设计依据、学情分析，不是党员比是党员的学生更加认可设计认知、设计技术、教学过程、设计评价。

原因探析：首先，在校积极申请入党的同学，一定是对自己的人生有一定的规划设计，才能在别人毫无准备的时候申请入党。其次，能够成为党员的学生有一定的自身优势，况且，要想成为党员要经历重重关卡，不仅要得到同学的认可，更要得到学校老师和领导的认同。那么，是党员的学生在思想上、学习上以及对自己的规划上，在一定程度上要优于其他学生。最后，不是党员的同学，没有足够的机会，只能考自身的努力进行提升自己，所以在提升自身的能力上不是党员比是党员的学生更加努力。

表3-4-8　党员与6个维度的独立样本t检验

独立样本检验	莱文方差等同性检验		平均值等同性 t 检验						
	F	显著性	t	自由度	Sig.（双尾）	平均值差值	标准误差差值	差值 95% 置信区间	
								下限	上限
设计认知	0.173	0.678	-0.73	175	0.467	-2.00575	2.74882	-7.43085	3.41935
设计依据	0.127	0.722	0.528	175	0.598	1.09195	2.06707	-2.98765	5.17156
设计技术	0.178	0.674	-0.046	175	0.963	-0.18391	3.99576	-8.06998	7.70217
学情分析	0.26	0.611	0.137	175	0.891	0.47701	3.47922	-6.38963	7.34365
教学过程	2.751	0.099	-0.055	175	0.956	-0.12069	2.17722	-4.41767	4.17629
设计评价	4.022	0.046	-0.258	175	0.796	-0.65517	2.53655	-5.66134	4.351

六、单因素方差分析

方差分析又称变异数分析，它是英国统计学家R. A. Fisher首先提出的一种统计方法，为此有时也称为F检验。它既可作为多组均数之间的显著性检验，也可作为方差之间的显著性检验。是指对单因素测验结果进行分析，测验因素对测验结果是否存在显著性影响的检测方法。①单因素方差分析用于完全随机设计的多个样本均数间的比较，其统计推断是推断各样本所代表的各总体均数是否相等。

1. 民族与6个维度的单因素方差分析

由表3-4-9可以看出，表中带*的Sig值均小于0.05，表明民族与教学设计能力差异显著；表中没有带*的Sig值均大于0.05，表明民族与教学设计能力差异不显著。但从均值差可以看出，设计认知方面，回族＞白族＞汉族＞仡佬族＞土家族＞苗族＞布依族＞水族。民族为汉族、回族、白族的学生对设计认知的认识较为深刻，而苗族、土家族、水族、布依族的学生对设计认知的认识比较浅薄；设计依据方面，布依族＞仡佬族＞汉族＞苗族＞土家族＞回族＞白族＞水族。布依族和仡佬族的学生对此方面的认识较为深刻，而民族是汉族、苗族、土家族、回族、水族以及白族的学生对此方面的认识较为浅薄；设计技术方面，布依族＞回族＞汉族＞土家族＞白族＞苗族＞仡佬族＞水族。民族是汉族、苗族、土家族、回族、白族以及布依族的学生对此方面的认识较为深刻，而民族是水族以及仡佬族的学生对此方面的认识较为浅薄；学情分析方面，回族＞白族＞汉族＞苗族＞布依族＞土家族＞水族＞仡佬族。回族和白族的学生对此方面的认识较为深刻，而民族为汉族、苗族、土家族、布依族、水族以及仡佬族的学生对此方面的认识较为浅薄；教学过程方面，布依族＞白族＞汉族＞回族＞土

①任毅梅，黄俊红.教育统计与测量［M］.北京：煤炭工业出版社，2001.

家族＞仡佬族＞苗族＞水族。汉族、回族、白族以及布依族的学生对此方面的认识较为深刻，而民族为苗族、土家族、水族以及仡佬族的学生对此方面的认识较为浅薄；设计评价方面，回族＞汉族＞布依族＞土家族＞苗族＞白族＞仡佬族＞水族。汉族、回族以及布依族的学生对此方面的认识较为深刻，而民族为苗族、土家族、水族、白族以及仡佬族的学生对此方面的认识较为浅薄。

表3-4-9　民族与6个维度的单因素方差分析

因变量	（I）民族	（J）民族	平均值差值（I-J）	标准错误	显著性	95% 置信区间	
						下限	上限
设计认知	其他	汉族	0.06132	1.04661	0.953	-2.0048	2.1274
		苗族	-0.28704	1.15272	0.804	-2.5626	1.9886
		土家族	-0.16204	1.4285	0.91	-2.982	2.658
		回族	2.62963	2.75554	0.341	-2.8101	8.0693
		水族	-7.75132*	1.92042	0	-11.5424	-3.9602
		白族	1.76296	2.20443	0.425	-2.5888	6.1147
		布依族	-0.9537	1.5709	0.545	-4.0548	2.1474
		仡佬族	-0.03704	1.61958	0.982	-3.2342	3.1602
设计依据	其他	汉族	-0.35155	0.81292	0.666	-1.9563	1.2532
		苗族	-0.61111	0.89535	0.496	-2.3786	1.1564
		土家族	-0.65278	1.10955	0.557	-2.8431	1.5376
		回族	-1.44444	2.14029	0.501	-5.6696	2.7807
		水族	-3.20635*	1.49164	0.033	-6.151	-0.2617
		白族	-1.57778	1.71223	0.358	-4.9579	1.8023
		布依族	1.22222	1.22015	0.318	-1.1865	3.6309
		仡佬族	0.76768	1.25797	0.543	-1.7157	3.251

表 3-4-9（续）

因变量	（I）民族	（J）民族	平均值差值（I-J）	标准错误	显著性	95% 置信区间	
						下限	上限
设计技术	其他	汉族	2.22708	1.54016	0.15	-0.8134	5.2675
		苗族	0.51852	1.69633	0.76	-2.8302	3.8672
		土家族	1.21991	2.10216	0.562	-2.93	5.3698
		回族	2.74074	4.055	0.5	-5.2642	10.7457
		水族	-7.59259*	2.82606	0.008	-13.1715	-2.0137
		白族	1.00741	3.244	0.757	-5.3966	7.4114
		布依族	2.90741	2.3117	0.21	-1.6561	7.4709
		仡佬族	-0.95623	2.38334	0.689	-5.6612	3.7487
学情分析	其他	汉族	-0.28537	1.37017	0.835	-2.9902	2.4195
		苗族	-0.90741	1.50909	0.548	-3.8865	2.0717
		土家族	-1.69213	1.87013	0.367	-5.384	1.9997
		回族	2.37037	3.60743	0.512	-4.751	9.4918
		水族	-3.91534	2.51413	0.121	-8.8785	1.0478
		白族	1.77037	2.88594	0.54	-3.9268	7.4675
		布依族	-0.96296	2.05655	0.64	-5.0228	3.0969
		仡佬族	-4.26599*	2.12028	0.046	-8.4516	-0.0804
教学过程	其他	汉族	0.53309	0.85926	0.536	-1.1632	2.2294
		苗族	-1.00926	0.94639	0.288	-2.8775	0.859
		土家族	-0.23843	1.1728	0.839	-2.5537	2.0768
		回族	0.07407	2.2623	0.974	-4.3919	4.5401
		水族	-2.06878	1.57667	0.191	-5.1813	1.0437
		白族	1.07407	1.80984	0.554	-2.4987	4.6469
		布依族	1.24074	1.28971	0.337	-1.3053	3.7868
		仡佬族	-0.74411	1.32968	0.576	-3.369	1.8808

表 3-4-9（续）

因变量	（I）民族	（J）民族	平均值差值（I-J）	标准错误	显著性	95% 置信区间	
						下限	上限
设计评价	其他	汉族	0.28537	1.01157	0.778	-1.7116	2.2823
		苗族	-0.9537	1.11413	0.393	-3.1531	1.2457
		土家族	-0.87037	1.38068	0.529	-3.596	1.8552
		回族	0.2963	2.66329	0.912	-4.9613	5.5539
		水族	-2.37037	1.85613	0.203	-6.0346	1.2938
		白族	-0.97037	2.13063	0.649	-5.1765	3.2357
		布依族	0.12963	1.51831	0.932	-2.8677	3.1269
		仡佬族	-1.27946	1.56536	0.415	-4.3696	1.8107

注：*. 平均值差值的显著性水平为0.05。

原因探析：由于每个学生生活的环境以及民族文化的不一样，加上学生的知识的需求不相同，相对而言，不同民族的学生对事物的认知，对知识的理解都不一样，不同民族的学生把各自民族文化融入到教学设计中，这无形中就促使教学设计得到发展，在此基础上结合所学的专业知识，再进行整理重组就会使教学设计能力得到高质量发展，所以不同民族的学生对教学设计能力六个维度的认识各有不同。

2.年级与6个维度的单因素方差分析

由表3-4-10可以看出，表中带*的Sig值均小于0.05，表明年级与教学设计能力差异显著；表中没有带*的Sig值均大于0.05，表明年级与教学设计能力差异不显著。但从均差值这一栏看：设计认知方面，大二＞大三＞大一。年级大二的同学在设计认知方面的认识较为深刻，年级为大一的同学对此方面认识较浅；在设计依据方面，大一＞大三＞大二。年级为大一的同学对此方面认识较为深刻，年级为大二的同学对此方面认识较为浅薄；在设计技术方面，大一＞大三＞大二。年级为大一的同学对此方面认识较为深刻，年级为大二的同学对此方面认识较为浅薄；在学情分析方面，大一＞大二＞大三。年级为大一的同学对此方面认识较为深刻，年级为大三的同学对此方面认识较为浅薄；在教学过程方面，大一＞大二＞大三。年级为大一的同学对此方面认识较为深刻，年级为大三的同学对此方面认识较为浅薄；在设计评价方面大一＞大二＞大三。年级为大一的同学对此方面认识较为深刻，年级为大三的同学对此方面认识较为浅薄；总体来看，大一的同学对这6个维度的教学设计能力发展目标的定位方面认识较为清楚。

原因探析：大一的同学比大二、大三的同学更加对这6维度的教学设计能力发展目标的定位方面认识清楚，由于大一的学生刚进入大学生活，对新的生活以及学习环境充满新鲜感，对知识的渴望比大二、大三的同学更加强烈，学习方法的多样性，知识的提升正是这个年级所追求的，从而就使得大一的学生更加注重专业知识的学习，更加注重提升自身的教学设计能力。

表3-4-10　年级与6个维度的单因素方差分析

因变量	（I）年级	（J）年级	平均值差值（I-J）	标准错误	显著性	95% 置信区间	
						下限	上限
设计认知	大四	大一	1.97222	2.37697	0.408	-2.7192	6.6636
		大二	4.48438	2.36413	0.06	-0.1817	9.1504
		大三	2.375	2.37404	0.319	-2.3106	7.0606
设计依据	大四	大一	3.84259*	1.59294	0.017	0.6986	6.9866
		大二	-0.23438	1.58433	0.883	-3.3614	2.8926
		大三	0.25	1.59098	0.875	-2.8901	3.3901

表 3-4-10（续）

因变量	（I）年级	（J）年级	平均值差值（I-J）	标准错误	显著性	95% 置信区间	
						下限	上限
设计技术	大四	大一	5.07407	3.33915	0.13	-1.5164	11.6645
		大二	-0.42188	3.32111	0.899	-6.9767	6.133
		大三	0.30357	3.33504	0.928	-6.2788	6.8859
学情分析	大四	大一	5.01852	2.95801	0.092	-0.8197	10.8567
		大二	1.26563	2.94203	0.668	-4.541	7.0723
		大三	1.03571	2.95437	0.726	-4.7953	6.8667
教学过程	大四	大一	5.73148*	1.71428	0.001	2.348	9.1149
		大二	2.14063	1.70501	0.211	-1.2245	5.5058
		大三	1.94643	1.71216	0.257	-1.4329	5.3257
设计评价	大四	大一	5.75000*	1.99816	0.005	1.8062	9.6938
		大二	2.03125	1.98737	0.308	-1.8912	5.9537
		大三	0.91071	1.9957	0.649	-3.0282	4.8496

注：*. 平均值差值的显著性水平为0.05。

3. 向往的小学任教科目与6个维度的单因素方差分析

由表3-4-11可以看出，表中带*的Sig值均小于0.05，表明向往的小学任教科目与教学设计能力差异显著；没有带*的Sig值均大于0.05，表明向往的小学任教科目与教学设计能力差异不显著。但从均值差这一栏看，设计认知方面，历史＞地理＞美术＞数学＞音乐＞英语＞语文＞体育。选择任教科目为历史、地理以及美术的学生对此方面的认识较为深刻，而任教科目选择语文、数学、英语、音乐以及体育的学生对此方面的认识较为浅薄；设计依据方面，体育＞地理＞历史＞音乐＞英语＞语文＞数学＞美术。任教科目选择英语、历史、地理、音乐以及体育的学生对此方面的认识较为深刻，而任教科目选择语文、数学以及美术的学生对此方面的认识较为浅薄；设计技术方面，体育＞历史＞美术＞地理＞语文＞英语＞音乐＞数学。任教科目选择体育的学生对此方面的认识较为深刻，而选择语文、数学、英语、历史、地理、音乐以及美术的学生对此方面的认识较为浅薄；学情分析方面，历史＞体育＞地理＞音乐＞美术＞英语＞数学＞语文。任教学科选择英语、历史、地理、音乐、美术以及体育的学生对此方面的认识较为深刻，而选择语文、数学的学生对此方面的认识较为浅薄；教学过程方面，历史＞地理＞音乐＞美术＞英语＞体育＞语文＞数学。任教学科选择英语、历史、地理、音乐以及美术的学生对此方面的认识较为深刻，而选择语文、数学以及体育的学生对此方面的认识较为浅薄；设计评价方面，历史＞地理＞音乐＞美术＞英语＞语文＞数学＞体育。任教科目选择语文、英语、历史、地理、音乐以及美术的学生对此方面的认识较为深刻，而选择数学以及体育的学生对此方面的认识较为浅薄。总体来看，任教科目除选择语文、数学以及英语科目的学生对这6个维度的教学设计能力发展目标的定位方面认识较为清楚。

表3-4-11　向往的任教科目与6个维度的单因素方差分析

因变量	(I)向往任教科目	(J)向往任教科目	平均值差值(I-J)	标准错误	显著性	95% 置信区间	
						下限	上限
设计认知	其他	语文	-1.66667	2.00778	0.408	-5.6302	2.2969
		数学	-0.31746	2.02288	0.875	-4.3108	3.6759
		英语	-1.38889	2.23195	0.535	-5.795	3.0172
		历史	1.58333	3.05623	0.605	-4.45	7.6166

表 3-4-11（续）

因变量	（I）向往任教科目	（J）向往任教科目	平均值差值（I-J）	标准错误	显著性	95% 置信区间	
						下限	上限
设计认知	其他	地理	1	3.34793	0.766	-5.6091	7.6091
		音乐	-1.33333	3.34793	0.691	-7.9425	5.2758
		美术	0.66667	3.34793	0.842	-5.9425	7.2758
		体育	-3.16667	3.86585	0.414	-10.7982	4.4649
设计依据	其他	语文	-0.22368	1.51411	0.883	-3.2127	2.7653
		数学	-0.27778	1.5255	0.856	-3.2893	2.7337
		英语	0.05556	1.68317	0.974	-3.2672	3.3783
		历史	1.5	2.30477	0.516	-3.0498	6.0498
		地理	2.16667	2.52475	0.392	-2.8174	7.1508
		音乐	0.83333	2.52475	0.742	-4.1508	5.8174
		美术	-1.16667	2.52475	0.645	-6.1508	3.8174
		体育	3	2.91533	0.305	-2.7551	8.7551
设计技术	其他	语文	-3.13596	2.92142	0.285	-8.9031	2.6312
		数学	-4.18254	2.94339	0.157	-9.9931	1.628
		英语	-4	3.2476	0.22	-10.4111	2.4111
		历史	-0.58333	4.44696	0.896	-9.3621	8.1954
		地理	-2.16667	4.87141	0.657	-11.7833	7.45
		音乐	-4.16667	4.87141	0.394	-13.7833	5.45
		美术	-1.5	4.87141	0.759	-11.1166	8.1166
		体育	1.66667	5.62501	0.767	-9.4377	12.771
学情分析	其他	语文	-0.97368	2.51816	0.699	-5.9448	3.9974
		数学	-0.44444	2.5371	0.861	-5.4529	4.5641
		英语	1.05556	2.79933	0.707	-4.4706	6.5817
		历史	5.5	3.83313	0.153	-2.067	13.067

表3-4-11（续）

因变量	（I）向往任教科目	（J）向往任教科目	平均值差值（I-J）	标准错误	显著性	95% 置信区间	
						下限	上限
学情分析	其他	地理	2.33333	4.19899	0.579	-5.9559	10.6226
		音乐	2.33333	4.19899	0.579	-5.9559	10.6226
		美术	1.33333	4.19899	0.751	-6.9559	9.6226
		体育	4	4.84857	0.411	-5.5716	13.5716
教学过程	其他	语文	-0.21053	1.58879	0.895	-3.347	2.9259
		数学	-0.44444	1.60074	0.782	-3.6045	2.7156
		英语	0.22222	1.76618	0.9	-3.2644	3.7088
		历史	3.5	2.41844	0.15	-1.2742	8.2742
		地理	1.33333	2.64927	0.615	-3.8966	6.5633
		音乐	0.66667	2.64927	0.802	-4.5633	5.8966
		美术	0.33333	2.64927	0.9	-4.8966	5.5633
		体育	-2	3.05911	0.514	-8.039	4.039
设计评价	其他	语文	0.46053	1.84868	0.804	-3.189	4.11
		数学	-0.03968	1.86258	0.983	-3.7166	3.6372
		英语	1.61111	2.05509	0.434	-2.4458	5.6681
		历史	4.25	2.81405	0.133	-1.3052	9.8052
		地理	2.5	3.08264	0.419	-3.5854	8.5854
		音乐	1.16667	3.08264	0.706	-4.9188	7.2521
		美术	0.83333	3.08264	0.787	-5.2521	6.9188
		体育	-0.5	3.55952	0.888	-7.5269	6.5269

注：*. 平均值差值的显著性水平为0.05。

原因探析：一方面，学生有向往的任教科目后，会对相应的学科要求进行整理分析，从而就树立目标，朝着与之对应的学科进行努力，会学习有关的理论知识，从而促进学生对教学设计的认知。另一方面，语文科目、数学科目以及英语科目是小学教育主要授课科目，不同学科对应的教学设计要求不同，而数学、语文、英语学科的教学设计更偏重整体性，理论性以及可操作性，从而使得向往任教科目为语文科目、数学科目以及英语科目的学生对设计认知、设计依据、设计技术、学情分析、教学过程以及设计评价这6个维度的教学设计能力发展目标的定位方面认识较为清楚。

4. 普通话水平与6个维度的单因素方差分析

由表3-4-12可以看出，表中带*的Sig值均小于0.05，表明普通话水平与教学设计能力差异显著；表中没有带*的Sig值均大于0.05，表明普通话水平与教学设计能力差异不显著。但从均值差一栏看，设计认知方面，三甲＞一甲＞三乙＞二甲＞一乙。普通话水平为三甲的学生对此方面的认识较为深刻，而普通话水平为一甲、一乙、二甲以及三乙的学生对此方面的认识较为浅薄；设计依据方面，三乙＞三甲＞二甲＞一乙＞一甲。可以看出普通话水平为三乙的学生对此方面的认识较为深刻，而普通话为其他水平的学生对此方面的认识较为浅薄；在设计技术方面，三甲＞二甲＞一甲＞三乙＞一乙。所有普通话水平的学生对此方面的认识均认识浅薄；在学情分析方面，三甲＞一甲＞二甲＞一乙＞三乙。从而看出三甲和三乙的学生对此方面的认识较为深刻，而其他普通话水平的学生对此方面的认识较为浅薄；在教学过程方面，三甲＞三乙＞一乙＞一甲＞二甲。可以看出除三甲和三乙的学生对此方面的认识较为深刻外，其他普通话水平的学生对此方面的认识较为浅薄；在设计评价方面，三甲＞一乙＞二甲＞一甲＞三乙。从而可以看出除一乙和三甲的学生对此方面的认识较为深刻外，其他普通话水平的学生对此方面的认识较为浅薄。总体来看，普通话水平不好的学生更加认可这6个维度在教学设计能力的高质量发展中的定位。

表3-4-12　普通话水平与6个维度的单因素方差分析

因变量	（I）普通话水平	（J）普通话水平	平均值差值（I-J）	标准错误	显著性	95% 置信区间	
						下限	上限
设计认知	二乙	一甲	-0.0303	2.79138	0.991	-5.5401	5.4795
		一乙	-1.19697	2.01626	0.554	-5.1768	2.7828
		二甲	-1.14935	0.75295	0.129	-2.6356	0.3369
		三甲	2.13636	3.39387	0.53	-4.5626	8.8354
		三乙	-0.36364	2.79138	0.897	-5.8734	5.1461
设计依据	二乙	一甲	-1.4697	2.0964	0.484	-5.6077	2.6683
		一乙	-1.30303	1.51426	0.391	-4.292	1.6859
		二甲	-0.63976	0.56548	0.259	-1.7559	0.4764
		三甲	-0.30303	2.54888	0.906	-5.3341	4.7281
		三乙	1.86364	2.0964	0.375	-2.2743	6.0016
设计技术	二乙	一甲	-0.78788	3.98846	0.844	-8.6605	7.0847
		一乙	-8.28788*	2.88092	0.005	-13.9744	-2.6014
		二甲	-0.66203	1.07585	0.539	-2.7856	1.4615
		三甲	-0.12121	4.84932	0.98	-9.693	9.4506
		三乙	-0.78788	3.98846	0.844	-8.6605	7.0847
学情分析	二乙	一甲	-0.78788	3.53709	0.824	-7.7696	6.1938
		一乙	-1.78788	2.55489	0.485	-6.8309	3.2551
		二甲	-1.01577	0.95409	0.289	-2.899	0.8675
		三甲	2.04545	4.30053	0.635	-6.4431	10.5341
		三乙	-2.45455	3.53709	0.489	-9.4362	4.5271
教学过程	二乙	一甲	-0.60606	2.20655	0.784	-4.9615	3.7493
		一乙	-0.43939	1.59382	0.783	-3.5854	2.7066
		二甲	-0.77273	0.59519	0.196	-1.9476	0.4021
		三甲	1.72727	2.6828	0.521	-3.5682	7.0227
		三乙	1.72727	2.20655	0.435	-2.6281	6.0827

表 3-4-12（续）

因变量	（I）普通话水平	（J）普通话水平	平均值差值（I-J）	标准错误	显著性	95% 置信区间	
						下限	上限
设计评价	二乙	一甲	-3.09091	2.55128	0.227	-8.1268	1.9449
		一乙	0.07576	1.84283	0.967	-3.5617	3.7132
		二甲	-1.21676	0.68818	0.079	-2.5751	0.1416
		三甲	2.24242	3.10194	0.471	-3.8803	8.3652
		三乙	-3.09091	2.55128	0.227	-8.1268	1.9449

注：*. 平均值差值的显著性水平为0.05。

原因探析：普通话等级证是师范生在校期间需考取的，也是师范生从事教师工作的条件，而师范生的普通话水平都各有差异，这就使得师范生在校期间会巩固这方面的知识。再者，小学生具有向师性，在小学教育中，教师起着榜样的作用，教师的一言一行都时刻影响着学生的身心发展，因此教师的任教水平也时刻影响着学生对老师的评价。由于学生无意识地模仿老师，基于此教师在教育教学中都必须说普通话，对于学生则要从小培养学生的普通话，而普通话也是教师职业能力的体现，许多师范院校都会要求师范生在校期间必须考取普通话等级证，从而就使得普通话水平不是很好的同学就会加强对自身普通话提升，所学的知识就更加广泛，因此普通话水平较差的学生更加认同这6个维度在教学设计能力的高质量发展中的定位。

5. 教资学科方向与6个维度的单因素方差分析

由表3-4-13可以看出，表中带*的Sig值均小于0.05，表明教资学科与教学设计能力差异显著；表中没有带*的Sig值均大于0.05，表明教资学科与教学设计能力差异不显著。但从均值差一栏可以看出，在设计认识方面，地理学科＞数学学科＞英语学科＞语文学科＞体育学科＞历史学科＞

美术学科＞音乐学科。除教资为地理学科的学生对此方面的认识较为深刻外，教资为其他学科的学生对此方面的认识较为浅薄；在设计依据方面，地理学科＞数学学科＞英语学科＞语文学科＞体育学科＞历史学科＞美术学科＞音乐学科。除教资为地理学科的学生对此方面的认识较为深刻外，教资为其他学科的学生对此方面的认识较为浅薄；设计技术方面，音乐学科＞英语学科＞语文学科＞历史学科＞数学学科＞美术学科＞地理学科。除教资为音乐学科的学生对此方面的认识较为深刻外，教资为其他学科的学生对此方面的认识较为浅薄；学情分析方面，音乐学科＞美术学科＞历史学科＞英语学科＞数学学科＞语文学科＞地理学科＞体育学科。教资为历史学科、音乐学科以及美术学科的学生对此方面的认识较为深刻，而教资为语文学科、数学学科、英语学科、地理学科以及体育学科的学生对此方面的认识较为浅薄；教学过程中，音乐学科＞历史学科＞数学学科＞语文学科＞英语学科＞美术学科＞体育学科＞地理学科。除教资为历史学科和音乐学科的学生对此方面的认识较为深刻外，教资为其他学科的学生对此方面的认识较为浅薄；在设计评价方面，音乐学科＞英语学科＞语文学科＞数学学科＞历史学科＞地理学科＞美术学科＞体育学科。教资为语文学科、数学学科、英语学科以及音乐学科的学生对此方面的认识较为深刻，而教资为历史、地理、美术以及体育学科的学生对此方面的认识较为浅薄。总体来看，教资为语文学科、数学学科以及英语学科的学生更加认可这6个维度在教学设计能力的高质量发展中的定位。

原因探析：教师资格证是作为教师的一个身份象征，涉及许多的教育教学的知识，这也是师范生所需具备的。在教师资格证的考取中，会有一个专题板块对师范生的教学设计进行一个整体性的评价，这就使得师范生清楚教学设计有哪些结构，具体会运用到哪些知识，知道怎么来组织教学，实施教学过程等。而小学教育中，语文学科、数学学科以及英语学科是参与升学考试的科目，从而教学设计的质量要求更加严格，因此，教师资格证学科方向是语文学科、数学学科以及英语学科的学生对更加清楚。

表3-4-13 教资学科方向与6个维度的单因素方差分析

因变量	(I)教资学科方向	(J)教资学科方向	平均值差值(I-J)	标准错误	显著性	95%置信区间	
						下限	上限
设计认知	其他	语文学科	-2.27556	1.65862	0.172	-5.5498	0.9987
		数学学科	-0.5816	1.67382	0.729	-3.8859	2.7227
		英语学科	-1.69281	1.93821	0.384	-5.519	2.1334
		历史学科	-3.22222	3.13449	0.305	-9.41	2.9656
		地理学科	0.77778	3.13449	0.804	-5.41	6.9656
		音乐学科	-4.72222	3.67552	0.201	-11.9781	2.5336
		美术学科	-3.55556	3.13449	0.258	-9.7434	2.6323
		体育学科	-2.72222	3.67552	0.46	-9.9781	4.5336
设计依据	其他	语文学科	-2.27556	1.2818	0.974	-7.2694	2.7183
		数学学科	-0.5816	1.19501	1	-5.5644	4.4012
		英语学科	-1.69281	1.28545	1	-6.7524	3.3668
		历史学科	-3.22222	1.23353	0.612	-8.6032	2.1587
		地理学科	0.77778	1.87659	1	-12.9537	14.5092
		音乐学科	-4.72222	1.19928	0.125	-10.2422	0.7977
		美术学科	-3.55556	1.40216	0.72	-10.206	3.0949
		体育学科	-2.72222	2.72732	1	-229.3284	223.8839
设计技术	其他	语文学科	-0.98667	1.25594	0.433	-3.466	1.4927
		数学学科	-1.11458	1.26745	0.38	-3.6167	1.3875
		英语学科	-0.68627	1.46765	0.641	-3.5836	2.211
		历史学科	-1	2.3735	0.674	-5.6855	3.6855
		地理学科	-1.66667	2.3735	0.484	-6.3522	3.0189

表 3-4-13（续）

因变量	（I）教资学科方向	（J）教资学科方向	平均值差值（I-J）	标准错误	显著性	95% 置信区间	
						下限	上限
设计技术	其他	音乐学科	4.16667	2.78318	0.136	−1.3276	9.6609
		美术学科	−1.33333	2.3735	0.575	−6.0189	3.3522
		体育学科	−1.83333	2.78318	0.511	−7.3276	3.6609
学情分析	其他	语文学科	−1.71556	2.12189	0.42	−5.9044	2.4733
		数学学科	−0.77951	2.14134	0.716	−5.0067	3.4477
		英语学科	−0.4183	2.47957	0.866	−5.3132	4.4766
		历史学科	0.11111	4.00999	0.978	−7.805	8.0272
		地理学科	−3.22222	4.00999	0.423	−11.1384	4.6939
		音乐学科	3.61111	4.70213	0.444	−5.6714	12.8936
		美术学科	0.44444	4.00999	0.912	−7.4717	8.3606
		体育学科	−3.38889	4.70213	0.472	−12.6714	5.8936
教学过程	其他	语文学科	−1.10222	1.32176	0.406	−3.7115	1.5071
		数学学科	−1.02951	1.33388	0.441	−3.6627	1.6037
		英语学科	−1.18301	1.54457	0.445	−4.2321	1.8661
		历史学科	1.11111	2.4979	0.657	−3.82	6.0422
		地理学科	−3.55556	2.4979	0.156	−8.4867	1.3756
		音乐学科	2.61111	2.92905	0.374	−3.1711	8.3933
		美术学科	−1.55556	2.4979	0.534	−6.4867	3.3756
		体育学科	−2.88889	2.92905	0.325	−8.6711	2.8933
设计评价	其他	语文学科	0.32889	1.54756	0.832	−2.7261	3.3839
		数学学科	0.09722	1.56174	0.95	−2.9858	3.1803
		英语学科	0.9281	1.80842	0.608	−2.6419	4.4981
		历史学科	−0.11111	2.92461	0.97	−5.8846	5.6624

表 3-4-13（续）

因变量	（I）教资学科方向	（J）教资学科方向	平均值差值（I-J）	标准错误	显著性	95% 置信区间	
						下限	上限
设计评价	其他	地理学科	-0.77778	2.92461	0.791	-6.5512	4.9957
		音乐学科	3.72222	3.4294	0.279	-3.0478	10.4922
		美术学科	-0.77778	2.92461	0.791	-6.5512	4.9957
		体育学科	-3.77778	3.4294	0.272	-10.5478	2.9922

注：*. 平均值差值的显著性水平为0.05。

七、线性回归

回归分析（regression）是研究一个因变量或多个变量与一个自变量是否存在某种线性关系或非线性关系的一种统计学分析方法，确定自变量和因变量关系的密切度。一元线性回归分析是在排除其他影响因素或假定其他影响因素确定的条件下，分析某一个因素（自变量）是如何影响另一具体事物（因变量）的过程，所进行的分析比较理想化，如果把其中某些因素作为自变量，而随着自变量的变化而变化的变量作为因变量，从而研究他们之间的非确定因果关系，做这种分析就称为回归分析。①

1. 人口学变量与总值回归

（1）模型摘要

表3-4-14　模型摘要

模型	R	R 方	调整后 R 方	标准估算的错误
1	.443[a]	.196	.138	19.17481

注：a. 预测变量（常数）：教师资格证选择学科方向，是否党员，户籍，民族，年级，是否考研，性别，普通话水平，是否专升本，父亲职业，母亲职业，向往的小学任教科目。

①卢纹岱.SPSS For Windows 统计分析（第2版）[M].北京：电子工业出版社，2005.

表3-4-14显示相关系数R=0.443，R2=0.196，调整的R2=0.138，估计标准误差为19.17481。数据表明因变量教学设计能力与自变量人口学变量之间存在线性关系。

（2）回归系数

表3-4-15　回归系数（a）

模型		未标准化系数		标准化系数	t	显著性
		B	标准错误	Beta		
1	（常数）	104.777	26.752		3.917	0
	性别	-2.728	5.381	-0.038	-0.507	0.613
	民族	0.49	0.426	0.084	1.15	0.252
	是否专升本	1.936	9.948	0.016	0.195	0.846
	是否党员	3.816	10.289	0.028	0.371	0.711
	年级	9.875	1.836	0.403	5.378	0
	户籍	-2.221	5.05	-0.033	-0.44	0.661
	向往的小学任教科目	0.53	1.358	0.04	0.39	0.697
	是否考研	3.557	3.202	0.082	1.111	0.268
	父亲职业	2.643	2.865	0.08	0.923	0.358
	母亲职业	-4.986	3.447	-0.129	-1.447	0.15
1	普通话水平	-2.729	2.171	-0.095	-1.257	0.211
	教师资格证选择学科方向	-0.597	1.15	-0.052	-0.519	0.604

注：a.因变量：教学设计能力。

由表3-4-15中未标准化的回归系数可知，设X1=性别，X2=民族，X3=是否专升本，X4=是否党员，X5=年级，X6=户籍，X7=向往的小学任教科目，X8=是否考研，X9=父亲职业，X10=母亲职业，X11=普通话水平，X12=教师资格证选择学科方向。

拟合结果为Y=104.777-2.728X1+0.49X2+1.936X3+3.816X4+9.875X5-2.221X6+0.53X7+3.557X8+2.643X9-4.986X10-2.729X11-0.579X12。所以，

常数项与回归系数都具有统计学意义，自变量与因变量的线性关系显著，具有积极作用。

2. 六维度与总值回归

（1）模型摘要

表3-4-16　模型摘要

模型	R	R方	调整后R方	标准估算的错误
1	1.000[a]	1.000	1.000	.00000

注：a. 预测值（常数）：设计评价，设计认知，设计技术，设计依据，学情分析，教学过程。

表3-4-16显示相关系数R=1.000，R2=1.000，调整的R2=1.000，估计标准误差为.00000。这些数据表明因变量教学设计能力与自变量六个维度之间存在线性关系。

（2）回归系数

由表3-4-17中未标准化的回归系数可知，设X1=设计认知，X2=设计依据，X3=设计技术，X4=学情分析，X5=教学过程，X6=设计评价。

表3-4-17　回归系数

模型		未标准化系数		标准化系数	t	显著性
		B	标准错误	Beta		
1	（常数）	.000	.000		.	.
	设计认知	1.000	.000	0.228	.	.
	设计依据	1.000	.000	0.171	.	.
	设计技术	1.000	.000	0.33	.	.
	学情分析	1.000	.000	0.288	.	.
	教学过程	1.000	.000	0.18	.	.
	设计评价	1.000	.000	0.21	.	.

注：a. 因变量：教学设计能力。

拟合结果为Y=.000+0.228X1+0.171X2+0.33X3+0.288X4+0.18X5+0.21X6。所以，常数项与回归系数都具有统计学意义，自变量与因变量的线性关系显著，具有积极作用。

八、聚类分析

聚类分析也称为群分析，是根据事物的特征研究个体分类的方法。聚类分析用于解决事先不知道应将样品或标分为几类，需根据样品或变量的相似程度，进行归组并类的问题。①

1. 聚类成员

表2-8-1得出结论：第一类人的编号为：1、2、3、10、14、18、19、25、26、27、28、30、31、32、33、34、36、37、41、42、43、45、47、48、49、50、52、53、54、55、60、62、63、65、71、72、73、74、80、81、82、86、87、92、93、95、96、97、104、106、109、110、115、117、119、121、123、127、128、132、133、135、137、138、149、161、162、163、166、168、172、178。第二类人的编号为：4、5、6、7、8、9、11、12、13、15、16、17、20、21、22、23、24、29、35、38、39、40、44、46、51、56、57、58、59、61、64、66、67、68、69、70、75、76、77、78、79、80、83、84、85、88、89、90、94、98、99、100、101、103、105、107、108、111、112、113、114、116、118、122、124、125、126、129、130、131、134、136、139、140、141、142、143、144、145、146、147、148、150、151、152、153、154、155、156、157、158、159、160、164、165、167、169、170、171、173、174、175、176、177。

①薛薇.统计分析与SPSS的应用（第2版）［M］.北京：中国人民大学出版社，2008.

第三类人的编号为91、102、120。

2. 每个聚类中的个案数目

表3-4-18 每个聚类中的个案数目

聚类	1	71
	2	104
	3	3
有效		178
缺失		0

表3-4-18显示，本研究分为3类人，第一类的总数有71人，第二类人有104人，第三类人有3人，缺失个案数为0个，各个项目的效度均比较高。

3. 最终聚类中心

表3-8-3表示，第一类人普遍认为在设计认知、设计依据、设计技术、学情分析、教学过程和设计评价发展体系合理。第二类人普遍认为在设计认知、设计依据、设计技术、学情分析、教学过程和设计评价发展体系很不合理。第三类人认为在设计认知、设计依据、设计技术、学情分析、教学过程和设计评价发展体系非常合理。

原因探析：第一类人基本上是大一和大二的学生，他们刚到新的学习环境，对学习的热情比高年级的学生更加强烈，更加渴求学到知识，正处于学习动力强盛时期；第二类人基本上都是大三的学生，这个年级段的学生适应了大学的生活，对知识的渴求日渐低下，学习动力不强，学习目标不清晰，满足于每天的吃喝玩乐，对学习没有更深层次的需求；第三类人基本上是大四的学生，这个年级段的学生经历过教育实习，更加明白有助于提升教学设计能力的方式方法，迫于就业的压力，更加迫切的学习专业知识，巩固自身的专业技术能力。

九、访谈法情况总结

为了弥补问卷调查的不足，在调查问卷研究中，本论文根据文献综述的理论框架以及内容设置了2道开放性问题。

1. 开放式问题

（1）开放性题目

①您认为您在设计认知、设计依据、设计技术、学情分析、教学过程与设计评价上侧重于哪方面？

②您认为提升自身教学设计能力具体在哪些方面进行提升？

（2）开放性问题总结

通过对已回收的178份有效问卷的分析与总结，可以得出以下结论：

①从年级上比较可以得出：大一的学生认为在设计认知上更能提升教学设计能力，大二的学生更偏重设计依据以及设计技术，大三的学生认为学情分析是提升教学设计能力的关键，大四的学生更加关注教学过程以及设计评价，认为这更能促进教学设计的提升。

②从学习中的点点滴滴做起，从自身、学习、学校教育方面、社会环境方面。

2. 访谈问题

为了弥补问卷研究中信息的部分不足，设计访谈提纲，分别对小学教育专业4个年级共6人进行访谈，直观地了解他们对于提升教学设计能力的误区、影响因素以及提升教学设计能力是否有必要开设相关的课程，是否能得到学校的重视，以此作为本研究的参考。

（1）访谈提纲

①您提升自身教学设计能力的主要目的是什么？

②您认为影响自身提升教学设计能力的因素有哪些？

③您认为能提升自身教学设计能力的方式或者方法有哪些？

（2）访谈总结

通过访谈，可以发现：

①提升教学设计能力的主要目的。在问到为什么要提升自身的教学设计能力时，学生A说："想要更好地找到适合本专业的工作，就必须努力提升自身的专业能力，对于我们小学教育专业的师范生而言，教学设计能力的提升就是专业能力的组成部分。"学生B说："教学水平的提高，让我不得不努力的完善自身的专业知识，提升自身的专业技能，所以提升教学设计努力的目的是更好的适应行业的需求。"

②影响提升教学设计能力的因素。在问及影响提升自身教学设计能力的因素时，学生C说："个人思想的局限性、缺乏实际的锻炼，由于我们缺乏教学经验，很难把握好教材，在提升教学设计能力上不敢尝试创新。"学生D说："自身的能力不足和专业知识不够扎实，家庭、学校以及社会环境氛围都是影响教学设计能力提升的因素。"

③提升教学设计能力的方式方法。在问到提升教学设计能力的方法时，学生F说："多听、多读、多看是有效提升教学设计能力的方法，在此基础上还必须进行实践锻炼。还可以让同学以及任科老师对自己的教学设计等资料进行指导，并指出自己的不足，从而更加明确提升的方向。"学生G说："想要提升自身的教学设计能力就需多学习理论知识，把理论知识学扎实，然后运用理论知识与实践结合，多实践，从实践中反思找出不足。此外，还需多培训、多交流以及多听优秀同学的课，把别人的优点结合自身情况进行融合，从而达到一个新的高度。"

十、对策建议

小学教育专业师范生不同年级阶段的教学设计能力情况，分析在师范生中存在提升教学设计能力的因素，通过问卷调查研究，以及各维度对教学设计能力的影响，针对以上问题，对小学教育专业师范生的教学设计能力高质量发展提出以下可行性的解决策略，具体如下：

1. 学生层面

（1）扎实理论知识基础，提升专业素养

已有研究表明，师范生的专业知识是影响师范生教学设计能力的重要因素。在研究中发现小学教育专业的师范生在教学设计上存在若干问题：比如，在专业知识上，师范生缺乏终生学习理念，对专业知识的学习不够透彻，对专业知识的学习缺乏重视；在学习目标上定位不准确，专业素养不突出，缺乏实现目标的实践性描述。这些问题的出现，一方面是因为小学教育专业师范生的专业知识存在短板，另一方面是因为师范生在撰写教学设计时态度不端正，通过访谈可以看出，通过系统的课程理论学习可以丰富教学设计的相关知识，但是怎样把所学的理论知识运用到实际的教育教学中成为了教学设计中遇到的最大的难题。从这些实例中说明，师范生在教育理论学习过程中，未能把所学的专业知识转化为教学设计的可实施的手段。

《小学教育师范生教师职业能力标准（试行）》是师范生在提升教学设计能力的重要参考依据和行动指南。小学教育专业师范生缺乏丰富的教学实践经验，就更应该明确学习专业知识的重要性，端正学习态度，在已有的知识的基础上扎实教育教学理论知识的学习。这里的“扎实”，一是指在校期间认真的上好每一堂专业课，通过课程的学习，领略到教学内容与核心素养之间的关联，设计紧紧围绕核心素养而开展的课程活动；二是认真的渗析教材，关注每一代教材之间的变化，领悟教材内容的设计意图，在教学设计时应做到“参考教材而不依赖教材”，要与时俱进，把新理念、新观点融入到教学设计中，同时要利用好在校宝贵的学习环境以及时间及时巩固更新自己的教育理念，提升自身的专业素养。[①]

（2）研究教师与学生优秀的教学设计，刻意巩固练习

研究中发现，师范生在进行教学设计时，分析教学方法不够透彻，在撰写教学设计时往往只能理解方法的名称，缺乏联系学情的具体分析；在教学过程中，情景导入效果不佳，教学活动的设计没能体现以学生为主体，偏重于以教师为主，而且在课堂小结时对学习的重难点不突出。这些问题绝大程度上是缺乏实际教学经验所造成的，这也是师范生在理论学习阶段进行教学设计不可回避的问题。

拥有一份优秀的教学设计，不代表能达到理想中的教学效果。但是教学设计质量以及教学设计能力是上好一堂课的先决条件，通过对师范生以及笔者自身的学习经验，不难知道，师范生在进行教学设计的过程中，绝大多数都在模仿或照搬别人的教学设计。固然学习他人优秀作品是有必要的，但是我们要做到始于模仿，终于创造，把别人优秀的观点结合自身的主观意见形成自己的作品。但通过调查研究发现，师范生参考的教学设计的相关作品时，参考作品的来源复杂且质量水平不一。一味的借鉴模仿对提升自身的教学设计能力并没有太大的作用，他人的优秀作品固然有可学之处，但是全篇的照抄照搬，对提升教学设计能力未起丝毫作用，应当学习别人优秀的观点再结合自身的情况寻求适合提升自身教学设计能力的途径与方法。

因此师范生在模仿他人优秀的教学设计，可以很大程度上运用“刻意巩固练习”原理，以此达到借鉴的最优化。也就是说，我们首先要弄清楚哪些是优秀的教学设计，哪些教学设计是有缺陷的，要懂得辨别其质量水平，学习学校高级教师、名师的优秀作品，以及身边同学优秀的教学设

①何晓燕.职前教师的数学教学设计能力发展研究［J］.数学教育，2020：108-109.

计，见贤思齐。其次，认真品读这些名师、名友的优秀作品，提炼其中的关键特征，以此达到巩固自身的教学设计能力。最后把优秀的教学设计中的观点运用到自身的教学设计能力的发展中。借鉴的最终目的是提升自己的专业能力，为此，作为师范生应拟定目标，找准学习的榜样，向名师、优秀的同学学习，重点在教学目标的认知、选择教学方法的依据、设计教学过程的技术、包括学情分析以及设计评价等有利于提升教学设计能力的方面进行“刻意巩固练习”。

（3）进行反思训练，抓住有效学习契机

此次研究中，发现师范生对教学设计的理解存在偏差，而且还不愿意深层次的进行反思，缺乏对教学设计的针对性改进方案，课程的教学设计本身就是专业教学与素质教育的有机整合，小学教育专业师范生系统学习教学设计，对个人以后从事教育工作的发展具有重大意义，而教学设计能力是可以通过精心设计、高质量教学或培训以及自身的学习进行改进的。

因此，师范生应把握“反思-实践”的机会，真正落实在校的教学技能培训，重视在校期间学校开设的10～15分钟微格教学练习，关键是 在教学练习中找到学习的共同体。比如小学教育专业的师范生在进行微格教学训练时，一般是5～8人为一组，以不同的学科方向各自准备10～15分钟的授课片段，每组成员依次进行展示，最重要的是每一组在每一位成员授课结束后都会提出对应的建议，以此帮助小组成员了解上课中存在哪些不足，并且指导教师还会根据每一位学生的讲课情况针对性的提出改进意见，有了老师与同伴的介入而形成的针对性反思，才能让自己深刻地认识到在授课中存在哪些不足，从而针对问题进行改正，寻求解决的办法，在团体中获得进步。对于师范生个人而言，多听、多读、多看是有效提升教学设计能力的方法，在此基础上还必须进行实践锻炼；多学习理论知识，把理论知识学扎实，然后运用理论知识与实践结合，多实践，从实践中反思找出不足。并且要走出自身的舒适区域，形成针对性的反思意识，在实践中优化教学设计，从而提升自身的教学设计能力。

（4）改变学习观念，强化构成教学设计的要素

学生的学习观念影响着学生对教学设计的认知，大学期间多数学生的学习状态是“被迫式”学习，并没有真正意义上达到自主、自律的学习，对于大多数学生而言，在大学期间只要能舒舒服服地过好每一天，顺顺利利地毕业就是在校的目标，基于此，师范生应更新学习观念，摒弃“被迫式”学习，通过发挥自身的自主性，自觉学习，通过学习训练的方法系统的掌握教学设计的基本步骤，根据自己的设想形成教学过程。在教学设计过程中能选择学习资源以及教学方法，解决在教学过程中遇到的突发事件，把所学的理论知识运用到实际的教学过程中，从而形成教案与学案。强化自身的专业技能，如普通话水平，钢笔字、毛笔字、粉笔字以及简笔画的基本功。在校学习期间，利用一切能提升自身教学设计能力的方法，如通过微格训练，系统地掌握导入、讲解、提问、演示、板书以及结束等课堂教学基本技能操作要领与应用策略。每位师范生都有自己独有的风格，在条件有限的情况下把自身的优势发挥到极致，完善自身的不足，这就需要加强师范生之间的合作学习，这种合作学习可以在优势互补中发现自己的不足，提升自身优势方面，并且弥补自身相对薄弱方面。

2. 学校层面

开设提升教学设计能力的课程培训，夯实理论知识素养。目前，小学教育专业师范生的教学设计能力虽然得到学校的重视，并通过多种方式来培养师范生的教学设计能力，以此弥补师范生在教学设计上的缺陷与不足，但是没有得到实践的教学锻炼使师范生在教学质量上还是相对薄弱的，师范生之间的自身素质也有一定的差异。基于此情况，师范院校应该为师范生的发展需求开设合理并有效的课程培训，学生通过适当的、针对

性的培训让他们无论在理论上或实践上都能学到有利于提升教学设计能力的方法。学校的课程培训在有条件的情况下尽量形成长期的、惯性的培训机制，能够为每位师范生制定学期、学年的培训计划。

关于培训的内容，要以实际小学学科内容需求为准，要安排有针对性的培训工作，学校的管理部门不仅仅要对师范生所学的理论知识加以强化，还要多给予实践的机会，尽可能安排有从事小学教育相应课程的教师进行授课培训，通过老师与学生的沟通与交流加强了师范生的学习意识，由于担任过小学教育的老师，会把在小学所形成的教学经验传授给师范生，进而师范生可以借鉴学习，运用到教学设计中，形成自身的教学技能。学校的领导可以通过定期的考核对小学教育专业师范生的教学设计能力进行全面综合分析，做到及时发现问题，及时得到解决，尽可能为学生的教学设计能力提供有利的帮助。

第五节　新时代小学教育专业师范生课程教学能力高质量发展实证研究

在小学师资行列中，师范生课程教学能力的大小很大程度上决定着未来师资的水平与质量，对于教学而言，只有当教师拥有高质量的课程教学能力才能有效地进行教学，从而提高学生学习的质量，而课程教学能力在教育教学活动中起着正确规范和正确引导的作用。本研究认为提高师范生课程教学能力主要从课程教学认知、课堂情境创设、课堂教学组织、课堂学习指导和课堂教学评价这五个维度进行培养与提升。通过SPSS分析发现，89%的同学认为自身的课程教学能力是影响教师职业能力高质量发展的主要因素。其中，课程教学认知85%<课堂情景创设87%<课堂教学组织88%<课堂学习指导90%=课堂教学评价90%。

一、人口学变量分析

表3-5-1 人口变量学

<table>
<tr><th>姓别</th><th>户籍</th><th>党员</th><th>专升本</th><th>民族</th><th>理想规划</th><th>学科方向</th></tr>
<tr><td>男13人
8.1%
女147人
91.9%</td><td>城市14人
8.8%
农村146人91.3%</td><td>是2人
1.3%
否158人
98.8%</td><td>是0人
否160人
100%</td><td rowspan="2">汉族57人35.6%
苗族26人16.3%
布依族15人9.4%
仡佬族7人4.4%
白族2人1.3%
水族4人2.5%
回族5人3.1%
侗族9人5.6%
瑶族2人1.3%
土家族17人
10.6%
彝族5人3.1%
仫佬族3人1.9%
其他8人5.0%</td><td rowspan="2">教师129人
80.6%
读硕22人
13.8%
读博2人
1.3%
事业单位3人
1.9%
创业1人
0.6%
务农1人
0.6%
其他2人
1.3%</td><td rowspan="2">语文76人47.5%
数学63人39.4%
英语14人8.8%
科学1人0.6%
生物2人1.3%
体育与健康1人
0.6%
艺术1人0.6%
其他2人1.3%</td></tr>
<tr><td>教师资格证</td><td colspan="3">年级与普通话</td></tr>
</table>

由表3-5-1得出：本次问卷共发出180份，收回160份，回收率88.9%；有效问卷160份，有效率88.9%。

二、信度检验

信度是指测量结果的稳定性和可靠性的程度，即测量的结果是否真实、客观地反映了被测者的实际水平。[①]信度检验信度是指测试结果与其他结果之间的一致性，即各变量值的一致性。信度可以从多个方面来进行测量，其中最常见的是测量的重复性、稳定性和一致性。信度理论是由美国

①胡中锋.教育测量与评价［M］.广州：广东高等教育出版社，2006.

著名心理学家Kahneman首先提出的，他将其定义为：A.测量工具的内在一致性；B.测量工具在不同时间内是否一致。

表3-5-2　信度检验

维度	总信度	课堂教学认知	课堂情景创设	课堂教学组织	课堂学习指导	课堂教学评价
a系数	0.963	0.878	0.862	0.861	0.846	0.840

由表3-5-2得出总问卷数有160份，有效问卷数量有160份，占了100%，问卷总信度为0.963，各维度a系数在0.840到0.878之间，测量结果具有稳定性和可靠性，达到了测试的要求。a系数值越接近1，则说明其信度越高。

三、效度检验

表3-5-3　效度检验

皮尔逊相关	课程教学认知	课堂情景创设	课堂教学组织	课堂学习指导	课堂教学评价
课程教学认知	1	0.798	0.790	0.760	0.794
课堂情景创设	0.798	1	0.791	0.784	0.774
课堂教学组织	0.795	0.791	1	0.788	0.772
课堂学习指导	0.760	0.784	0.788	1	0.798
课堂教学评价	0.791	0.774	0.772	0.798	1

效度是指测量结果的准确性和有效性的程度，即测量是否达到了预期目的。[①]检验效度一般是通过因子分析进行，即理论预设的维度（内容效度），如果与SPSS主成分因子分析的维度结构（结构效度）一致，则问卷的效度较高。

由表3-5-3可以看出，课程教学认知、课堂情景创设、课堂教学组织、课堂学习指导、课堂教学评价的相关系数在0.760～0.798之间，说明它们的效度比较高。

四、维度项目分布

此问卷从课程教学认知、课堂情景创设、课堂教学组织、课堂学习指导、课堂教学评价这五个维度分为31个项目去研究，每个维度都有不同的项目。如表3-5-4所示，课程教学认知有8个项目1～8；课堂情景创设有6个项目9～14；课堂教学组织有7个项目15～21；课堂学习指导有5个项目22～26，课堂教学评价有5个项目27～31。

表3-5-4　维度项目分布

维度	项目
课程教学认知	1-8
课堂情景创设	9-14
课堂教学组织	15-21
课堂学习指导	22-26
课堂教学评价	27-31

①朱德全，宋乃庆.教育统计与测评技术［M］.重庆：西南师范大学出版社，2008.

五、研究结果与原因探析

（一）课程教学能力总体维度百分率比较

从图3-5-1可以看出，总体而言，89%的同学认为自身的课程教学能力达到了高质量发展，11%的同学认为自身的课程教学能力未达到高质量发展。具体表现如下：37%的学生认为自己比较符合；而认为自己完全符合的学生达到了11%，同时也有11%的学生认为与自己不太相符；几乎接近0%的学生认为与自己很不相符。

原因探析：在当前小学教育专业课程教学能力的培养过程中，课程的设置并未起到应有的作用，原因主要包括以下几个方面： 课程体系结构不合理，教育课程体系并未体现出新课程的理念；不注重专业性与示范性的关系，未能体现出各自的特性；课程教学是具有实践性的，而在教育课程中的实践性课程并不多，且实践性课程一般都是在大三这一阶段才开设；理论与实践教学没有得到充分地融合。

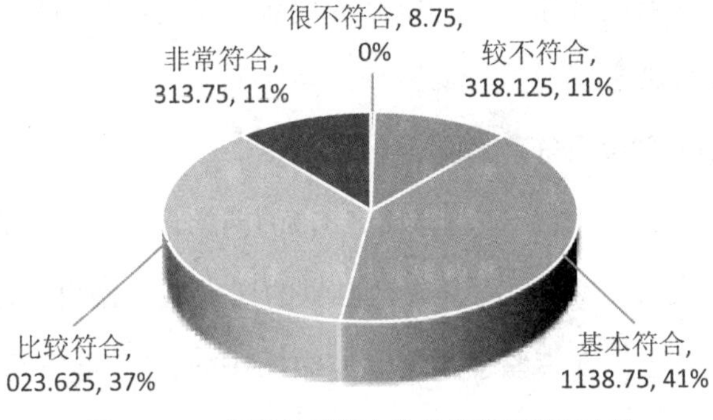

图3-5-1　课程教学能力总体维度百分率比较

（二）各维度百分率计较

1. 课程教学认知百分率比较

从图3-5-2可以看出，总体而言85%的同学认为自身的课程教学认知达到了高质量发展，15%的同学认为自身的课程教学认知未达到高质量发展。具体表现如下：认为自己很不符合的学生占2%；认为自己较不符合的学生占13%；认为自己基本符合的学生占40%；认为自己比较符合的学生占35%；认为自己非常符合的学生占10%。

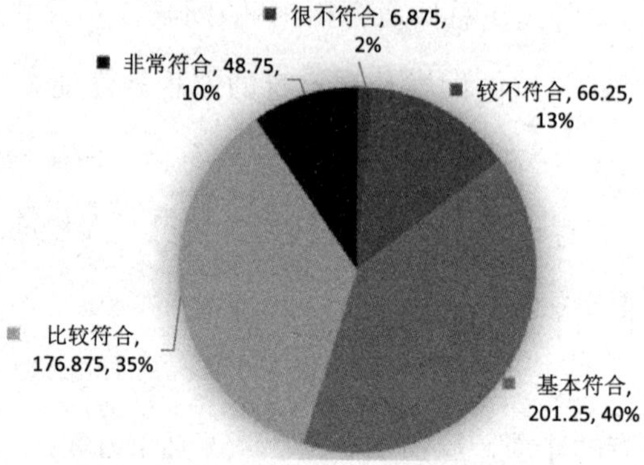

图3-5-1 课程教学认知百分率比较

原因探析：现行小学教育专业的教育课程体系在一定程度上没有很好的有效提现体现新课程理念，导致学生的理论与实践没有得到充分地融合；必修课门数过多，课时比例大，且大都是学科专业知识，导致学生的理论与实践出现断裂现象，轻师范性的现象；学科课程占比例大，活动课程少，校本课程缺乏。

2. 课堂情景创设百分率比较

从图4-5-2-2可以看出，总体而言87%的同学认为自身的课堂情景创设达到了高质量发展，13%的同学认为自身的课堂情景创设未达到高质量发展。具体表现如下：在课堂情景创设方面，10%的学生非常符合；38%的学生比较符合；39%的学生基本符合；13%的学生较不符合；接近0%的学生很不符合。

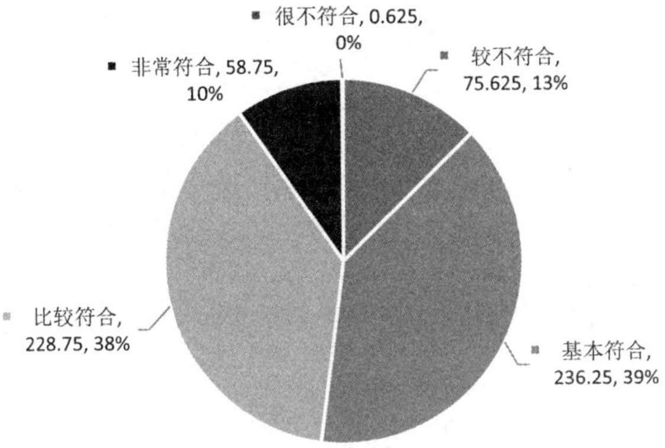

图3-5-3 课堂情景创设百分率比较

原因探析：在当前的小学教育专业师范生的培养过程中，在实践性教育课程设置方面比较不合理；学校对于学生的实践性教学能力的培养没有足够的重视，比较偏重于学生对理论的掌握，忽略了学生综合实践能力的培养，理论课程与实践性课程比例失调，理论性课程占比远大于实践性课程。

3. 课堂教学组织百分率比较

从图3-5-4可以看出，总体而言88%的同学认为自身的课堂教学组织达到了高质量发展，12%的同学认为自身的课堂教学组织未达到高质量发展。具体表现如下：在课堂教学组织方面，认为自己非常符合的学生占11%；认为自己比较符合的学生占38%；认为自己基本符合的学生占39%；认为自己较不符合的学生占12%；近乎0%的学生认为自己很不符合。

原因探析：现行的小学教育专业对师范生培养的综合实践活动课程不够完整，缺乏培养师范生实践能力的教学教育基地，简而言之，便是实践性教育资源不足；大部分学生不会自主或很少参与学校举办的实践活动；教师给学生尝试和感受课堂教学组织的机会很少，甚至有的教师不给学生机会感受；由于学生自身性格内向的原因，会影响学生参与实践课程的效率。

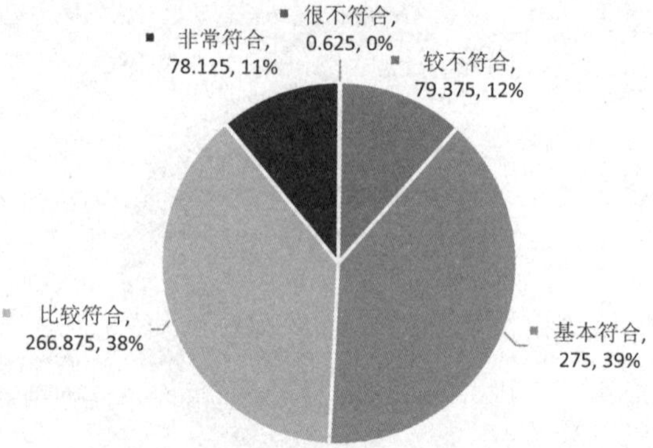

图3-5-4 课堂教学组织百分率比较

4. 课堂学习指导百分率比较

从图3-5-5可以看出，总体而言90%的同学认为自身的课堂学习指导达到了高质量发展，10%的同学认为自身的课堂学习指导未达到高质量发展。具体表现如下：在课堂学习指导方面，认为自己非常符合的学生占12%；认为自己比较符合的学生占35%；认为自己基本符合的学生占43%；认为自己较不符合的学生占10%；很不符合为0。

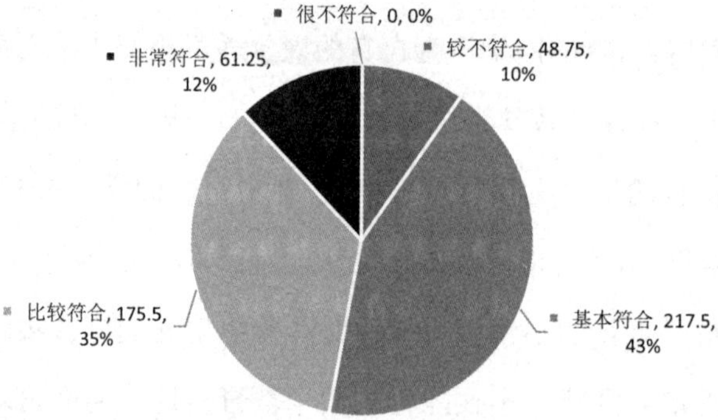

图3-5-5 课堂学习指导百分率比较

原因探析：现行的小学教育专业师范生课堂学习指导能力的培养在一定程度上没有做出有效的教学措施；因个人性格内向以及自身表达能力的弱势所导致；教师针对培养师范生课堂学习指导能力的实践性课程的教学

方法的不合理；学校不重视培养师范生的课堂学习指导能力，偏重于理论上的教学。

5. 课堂教学评价百分率比较

从表3-5-6可以看出，总体而言90%的同学认为自身的课堂教学评价达到了高质量发展，10%的同学认为自身的课堂教学评价未达到高质量发展。具体表现如下：在课堂教学评价方面，认为自己非常符合的学生占13%；认为自己比较符合的学生占35%；认为自己基本符合的学生占42%；认为自己较不符合的学生占10%；近乎0%的学生认为自己很不符合。

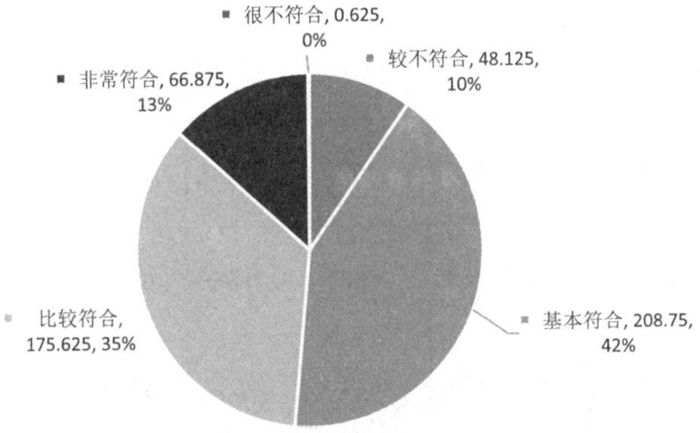

图3-5-6　课堂教学评价百分率比较

原因探析：在目前的小学教育专业师范生课堂教学评价培养方面，由于学校对学生的实践能力培养的重视度不够，所开设的课程较少，导致部分学生未能得到锻炼；在课程开设方面存在重学术性、轻师范性的现象，导致学生出现理论与实践断裂现象。

（三）独立样本t检验

在统计数据资料中，经常需要进行组与组之间平均水平或均数的比较。对于两组数据资料的均数做显著性检验可以用t检验，它要求该2组资料部分服从正态分布或近似正态分布，并且要求两组的方差具有齐同性。①

1. 性别与五个维度的独立样本t检验

表3-5-5 性别与五个维度的独立样本t检验

独立样本检验	Levene 的变异数相等测试		针对平均值是否相等的 t 测试						
	F	显著性	T	df	Sig（双尾）	平均差异	标准误差	95% 差异数的信赖区间	
课程教学认知	.006	.937	.939	158	.349	1.37049	1.45994	-1.51304	4.25401
课堂情景创设	1.568	.212	-.227	158	.821	-.25275	1.11574	-2.45644	1.95095
课堂教学组织	.197	.658	.831	158	.407	1.04448	1.25707	-1.43835	3.52731
课堂学习指导	.462	.498	-.177	158	.860	-.16850	.95120	-2.04721	1.71022
课堂教学评价	.877	.350	.455	158	.649	.43537	.95584	-1.45251	2.32325

从表3-5-5可以看出，在莱文检验中Sig值均大于0.05，说明方差齐性适合做t检验。由双侧检验值均大于0.05可看出性别在5个维度上无显著性差异。通过性别在各维度的均值比较可知：课程教学认知中男生平均值28.6154＞女生平均值27.2449；课堂情景创设中男生平均值20.4615＜女生平均值20.7143；课堂教学组织中男生平均值25.3846＞女生平均值24.3401；课堂学习指导中男生平均值17.3077＜女生平均值17.4762；课堂教学评价中男生平均值18.0000＞女生平均值17.5646。由均值比较可见男

①杨晓明.SPSS在教育统计中的应用［M］.北京：高等教育出版社，2004.

生对课程教学认知、课堂教学组织和课堂教学评价的掌握程度比女生的掌握程度高，女生对课堂情景创设和课堂学习指导的掌握程度比男生的掌握程度高。

原因探析：由于女生的想象力比男生的想象力更丰富，且女生的语言表达和亲和力比男生的强，所以会出现女生在课堂情境创设和学习指导方面的掌握程度高于男生，而男生在教学当中更注重学习的效率和质量，因此男生对课程教学认知、课堂教学组织和课堂教学评价的掌握程度比女生高。

2. 户籍与五个维度的独立样本t检验

从表4-6-2可以看出，在莱文检验中Sig值均大于0.05，说明方差齐性适合做t检验。由双侧检验值均大于0.05可看出户籍在5个维度上无显著性差异。通过性别在各维度的均值比较可知：课程教学认知中城市户籍平均值27.8571＞农村户籍平均值27.3082；课堂情景创设中城市户籍平均值19.5000＜农村户籍平均值20.7089；课堂教学组织中城市户籍平均值24.0000＜农村户籍平均值24.4658；课堂学习指导中城市户籍平均值16.1429＜农村户籍平均值17.5890；课堂教学评价中城市户籍平均值16.6429＜农村户籍平均值17.6918。由均值比较可见农村户籍的学生比城市户籍的学生更加认可课堂情景创设、课堂教学组织、课堂学习指导和课堂教学评价，城市户籍的学生比农村户籍的学生更加认可课程教学认知。

表3-5-6 户籍与五个维度的独立样本t检验

独立样本检验	Levene 的变异数相等测试		针对平均值是否相等的 t 测试						
	F	显著性	T	df	Sig（双尾）	平均差异	标准误差	95% 差异数的信赖区间	
课程教学认知	.352	.554	.388	158	.699	.54892	1.41490	-2.24564	3.34349

表 3-5-6（续）

独立样本检验	Levene 的变异数相等测试		针对平均值是否相等的 t 测试						
	F	显著性	T	df	Sig（双尾）	平均差异	标准误差	95% 差异数的信赖区间	
课堂情景创设	.857	.356	-.852	158	.396	-.91683	1.07654	-3.04309	1.20943
课堂教学组织	.591	.443	-.383	158	.703	-.46575	1.21757	-2.87058	1.93907
课堂学习指导	.908	.342	-1.585	158	.115	-1.44618	.91260	-3.24866	.35629
课堂教学评价	.082	.775	-1.139	158	.256	-1.04892	.92106	-2.86810	.77025

原因探析：由于城市与农村的文化存在较大的差异，以及经济发展程度的差距原因，使得城市户籍的师范生的见识、认知和格局比农村户籍的师范生广，从而导致城市户籍的师范生对课程教学认知的掌握程度高于农村户籍的师范生；而农村户籍的学生由于学习环境以及教育教学设施落后的影响，导致农村户籍的学生比城市户籍的学生更加期待不一样的教学方法，从而更加努力的学习，并且农村户籍的学生动手能力和想象力强于与城市户籍的学生。从而使农村户籍的学上对课堂情景创设、课堂教学组织、课堂学习指导和课堂教学评价的掌握程度高于城市户籍的学生。

3. 党员与五个维度的独立样本t检验

从表3-5-7可以看出，在莱文检验中Sig值均大于0.05，说明方差齐性适合做t检验。由双侧检验值均大于0.05可看出党员在5个维度上无显著性差异。通过党员在各维度的均值比较可知：课程教学认知中党员平均值25.0000＜非党员平均值27.3861；课堂情景创设中党员平均值19.5000＜非党员平均值20.7089；课堂教学组织中党员平均值22.5000＜非党员平均值24.4494；课堂学习指导中党员平均值16.5000＜非党员平均值17.4747；课堂教学评价党员平均值18.0000＞非党员平均值17.5949。由均值比较可见是党员的学生比非党员的学生更加认可课堂教学评价，非党员的学生比是党员的学生更加认可五个维度。

表3-5-7　党员与五个维度的独立样本t检验

独立样本检验	Levene 的变异数相等测试		平均值等同性 t 检验						
	F	显著性	T	df	Sig（双尾）	平均差异	标准误差	95% 差异数的信赖区间	
课程教学认知	.002	.969	-.664	158	.508	-2.38608	3.59523	-9.48698	4.71483
课堂情景创设	.174	.677	-.441	158	.660	-1.20886	2.74255	-6.62565	4.20793
课堂教学组织	.000	.998	-.630	158	.530	-1.94937	3.09420	-8.06070	4.16197
课堂学习指导	.729	.395	-.417	158	.677	-.97468	2.33811	-5.59266	3.64329
课堂教学评价	.150	.699	.172	158	.863	-.40506	2.35189	-4.24015	5.05027

原因探析：由于党员必须履行的八项义务包括勇于批评，且是党员的学生与非党员的同学对事物的处理看法的标准不同，使得是党员的学生对于课堂教学评价的掌握强于非党员的学生，并没有硬性要求履行党员所必须履行的提高理论素质和业务本领，从而使非党员的学生有更多的时间学习本专业的技能，便导致非党员的学生对课程教学认知、课堂情景创设、课堂教学组织和课堂学习指导的掌握程度高于是党员的学生。

（四）单因素方差分析

方差分析又称变异数分析，它是英国统计学家R. A. Fisher首先提出的一种统计方法，为此有时也称为F检验。它既可作为多组均数之间的显著性检验，也可作为方差之间的显著性检验。可分为单因素方差分析、双因素方差分析和多因素方差分析。单因素方差分析用于完全随机设计的多个样本均数间的比较，其统计推断是推断各样本所代表的各总体均数是否相等。①

1. 考取教师资格证级别与五个维度的单因素方差分析

由表3-5-8可以看出，表中没有带*的Sig值均大于0.05，表明考取教师资格证级别与五个维度的差异不显著。但从均值差比较来看，在课程教学认知方面，教师资格证级别为初中＞教师资格证级别为高中；在课堂情景创设方面，教师资格证级别为初中＞教师资格证级别为高中；在课堂教学组织方面，师资格证级别为初中＞教师资格证级别为高中；在课堂学习指导方面，师资格证级别为初中＞教师资格证级别为高中；在课堂学习评价方面，师资格证级别为初中＞教师资格证级别为高中。由此可知之，教师资格证级别为初中的同学在课程教学认知、课堂情景创设、课堂教学组织、课堂学习指导和课堂学习评价的掌握程度较为深刻，教师资格证级别为高中的同学对课程教学认知、课堂情景创设、课堂教学组织、课堂学习指导和课堂学习评价的掌握程度较浅。

①任毅梅，黄俊红.教育统计与测量［M］.北京：煤炭工业出版，2001.

表3-5-8　考取教师资格证级别与五个维度的单因素方差分析

因变数	(I)考取教师资格证级别	(J)考取教师资格证级别	平均差异(I-J)	标准错误	显著性	95%信赖区间	
						下限	上限
课程教学认知	小学	初中	2.22260	1.50728	.142	-.7546	5.1998
		高中	-4.02740	3.57331	.261	-11.0854	3.0306
课堂情景创设	小学	初中	1.36416	1.15587	.240	-.9189	3.6472
		高中	-1.21918	2.74022	.657	-6.6316	4.1933
课堂教学组织	小学	初中	.27169	1.31132	.836	-2.3184	2.8618
		高中	-.56164	3.10876	.857	-6.7020	5.5787
课堂学习指导	小学	初中	1.21461	.98551	.220	-.7320	3.1612
		高中	-.45205	2.33636	.847	-5.0668	4.1627
课堂学习评价	小学	初中	.55365	.99475	.579	-1.4112	2.5185
		高中	-.36301	2.52994	.878	-5.0210	4.2950

原因探析：由于调查研究的对象是小学教育专业的师范生，而考取初、高中教师资格证对本专业没有限制条件，故此，考取小学教师资格证和初中教师资格证的学生较多，从而使教师资格证级别为初中的同学比教师资格证级别为高中的同学更深刻。

2. 普通话证书级别与五个维度的单因素方差分析

由表3-5-9可以看出，表中没有带*的Sig值均大于0.05，表明普通话证书级别与五个维度的差异不显著。但从均值差比较来看，在课程教学认知方面，普通话证书级别为二乙＞普通话证书级别为一乙；在课堂情景创设方面，普通话证书级别为二乙＞普通话证书级别为一乙；课堂教学组织方面，普通话证书级别为二乙＞普通话证书级别为一乙；课堂学习指导方面，普通话证书级别为二乙＞普通话证书级别为一乙；课堂学习评价方面，普通话证书级别为二乙＞普通话证书级别为一乙；普通话证书级别为二乙的同学在课程教学认知、课堂情景创设、课堂教学组织、课堂学习指导和课堂学习评价的掌握程度较为深刻，普通话证书级别为一乙的同学对课程教学认知、课堂情景创设、课堂教学组织、课堂学习指导和课堂学习评价的掌握度较浅。

原因探析：由于环境的影响，大部分学生的普通话只能过二乙、二甲，很少有学生能通过一乙，更别说一甲，大部分学生的普通话只能停留在二乙和二甲级别。所以导致出现考取普通话证书级别在二乙的同学对课程教学认知、课堂情景创设、课堂教学组织、课堂学习指导和课堂学习评价的掌握程度高于普通话证书级别为一乙的同学。

表3-5-9　普通话证书级别与五个维度的单因素方差分析

因变数	（I）考取教师资格证级别	（J）考取教师资格证级别	平均差异（I-J）	标准错误	显著性	95% 信赖区间	
						下限	上限
课程教学认知	二甲	一乙	-4.08868*	1.63859	.014	-7.3252	-.8521
		二乙	.76587	.88830	.390	-.9887	2.5204
课堂情景创设	二甲	一乙	-3.02453*	1.25451	.017	-5.5024	-.5466
		二乙	.25729	.68009	.706	-1.0860	1.6006
课堂教学组织	二甲	一乙	-3.02453*	.95515	.024	-5.6633	-.3858
		二乙	.25729	.72178	.979	-1.5065	2.0211
课堂学习指导	二甲	一乙	-3.80755*	1.40857	.008	-6.5897	-1.0253
		二乙	.38336	.76361	.616	-1.1249	1.8916
课堂学习评价	二甲	一乙	-3.40755*	1.05447	.002	-5.4903	-1.3248
		二乙	.15609	.57164	.785	-.9730	1.2852

注：*. 平均值差异在0.05层级显著。

3. 年级与五个维度的单因素方差分析

由表3-5-10可以看出，表中没有带*的Sig值均大于0.05，表明年级与五个维度的差异不显著。但从均值差比较来看，在课程教学认知方面，大二＜大三；在课堂情景创设方面，大二＜大三；在课堂教学组织方面，大二＜大三；在课堂学习指导方面大二＜大三；在课堂学习评价方面，大二＞大三。由此可知，大二的学生对课程教学认知、课堂情景创设、课堂教学组织、课堂学习指导的掌握程度较为浅薄，大三的学生对课程教学认知、课堂情景创设、课堂教学组织、课堂学习指导的掌握程度较为深刻；大二的学生对课堂学习评价的掌握程度较为深刻，大三的学生对课堂学习评价的掌握程度较为浅薄。

表3-5-10　年级与五个维度的单因素方差分析

因变数	（I）年级	（J）年级	平均差异（I-J）	标准错误	显著性	95% 信赖区间	
						下限	上限
课程教学认知	大一	大二	-3.51163*	1.05383	.001	-5.5931	-1.4301
		大三	-2.62032*	.88472	.004	-4.3678	-.8728
课堂情景创设	大一	大二	-2.96179*	.78344	.000	-4.5092	-1.4144
		大三	-2.71335*	.65772	.000	-4.0125	-1.4142
课堂教学组织	大一	大二	-2.43106*	.92712	.010	-4.2623	-.5998
		大三	-1.37361	.77834	.080	-2.9110	.1638
课堂学习指导	大一	大二	-1.61711*	.70409	.023	-3.0078	-.2264
		大三	-.90748	.59110	.127	-2.0750	.2601
课堂学习评价	大一	大二	-1.03654	.70867	.146	-2.4363	.3632
		大三	-1.33468*	.59495	.026	-2.5098	-.1596

注：*.平均值差异在0.05层级显著。

原因探析：随着年级的增高，学生对知识和经验的积累越来越多，以及学校后期所开设的实践性课程，使得年级越高的学生对课程教学认知、课堂情景创设、课堂教学组织、课堂学习指导的掌握程度越深刻；由于时代的发展，年轻学生的活跃度比相对于老生而言较高，性格较开放，所以会出现大二的学生对于课堂学习评价的掌握度高于大三的掌握度。

4. 民族与五个维度的单因素方差分析

由表3-5-11可以看出，表中没有带*的Sig值均大于0.05，民族与五个维度的差异不显著。但从均值差比较来看，在课程教学认知方面，白族＞其他＞土家族＞布依族＞侗族＞彝族=仫佬族＞水族＞苗族＞仡佬族＞回族＞瑶族；在课堂情景创设方面，仫佬族＞白族＞土家族＞布依族＞其他＞侗族＞水族＞苗族＞彝族＞仡佬族＞回族＞瑶族；在课堂教学组织方面，土家族＞白族＞其他＞彝族＞仫佬族＞水族＞侗族＞苗族＞瑶族＞布依族＞仡佬族＞回族；在课堂学习指导方面，仫佬族＞白族＞其他＞土家族＞彝族＞布依族＞仡佬族＞侗族＞苗族＞水族＞瑶族＞回族；在课堂学习评价方面，白族＞仫佬族＞土家族＞其他＞布依族＞彝族＞仡佬族＞侗族＞苗族＞瑶族＞水族＞回族。由此可知，对课程教学认知方面的掌握程度从白族、其他、土家族、布依族、侗族、彝族、仫佬族、水族、苗族、仡佬族、回族、瑶族依次变得薄弱，有意思的是，民族为彝族和仫佬族的学生对课程教学认知方面的掌握程度竟然是相同的。对课堂情景创设方面的掌握程度从仫佬族、白族、土家族、布依族、其他、侗族、水族、苗族、彝族、仡佬族、回族、瑶族依次变得薄弱；对课堂教学组织方面的掌握程度从土家族、白族、其他、彝族、仫佬族、水族、侗族、苗族、瑶族、布依族、仡佬族、回族依次变得薄弱；对课堂学习指导方面的掌握程度从仫佬族、白族、其他、土家族、彝族、布依族、仡佬族、侗族、苗族、水族、瑶族、回族；对课堂学习评价方面的掌握程度从白族、仫佬族、土家族、其他、布依族、彝族、仡佬族、侗族、苗族、瑶族、水族、回族依次变得薄弱。

表3-5-11 民族与五个维度的单因素方差分析

因变数	(I)民族	(J)民族	平均差异(I-J)	标准错误	显著性	95% 信赖区间	
						下限	上限
课程教学认知	汉族	苗族	.24831	1.22008	.839	-2.1628	2.6595
		布依族	1.75088	1.49608	.244	-1.2057	4.7075
		仡佬族	.16040	2.06479	.938	-3.9201	4.2409
		白族	4.51754	3.70891	.225	-2.8121	11.8472
		水族	.51754	2.66668	.846	-4.7524	5.7875
		回族	-.78246	2.40462	.745	-5.5345	3.9696
		侗族	1.23977	1.84921	.504	-2.4147	4.8942
		瑶族	-.98246	3.70891	.791	-8.3121	6.3472
		土家族	1.78225	1.42471	.213	-1.0333	4.5978
		彝族	1.01754	2.40462	.673	-3.7345	5.7696
		仫佬族	1.01754	3.05387	.739	-5.0176	7.0527
		其他	2.14254	1.94647	.273	-1.7041	5.9892
课堂情景创设	汉族	苗族	.06343	.89824	.944	-1.7117	1.8386
		布依族	1.07368	1.10145	.331	-1.1030	3.2504
		仡佬族	-.57393	1.52014	.706	-3.5781	2.4302
		白族	3.14035	2.73057	.252	-2.2559	8.5366
		水族	.39035	1.96326	.843	-3.4895	4.2702
		回族	-2.25965	1.77033	.204	-5.7582	1.2389
		侗族	.47368	1.36142	.728	-2.2168	3.1642
		瑶族	-3.35965	2.73057	.221	-8.7559	2.0366
		土家族	2.49329*	1.04890	.019	.4204	4.5662

表 3-5-11（续）

因变数	（I）民族	（J）民族	平均差异（I-J）	标准错误	显著性	95% 信赖区间	
						下限	上限
课堂情景创设	汉族	彝族	-.05965	1.77033	.973	-3.5582	3.4389
		仫佬族	4.47368*	2.24832	.048	.0305	8.9169
		其他	1.01535	1.43303	.480	-1.8166	3.8473
课堂教学组织	汉族	苗族	.32186	1.02112	.753	-1.6961	2.3398
		布依族	-.28070	1.25212	.823	-2.7552	2.1938
		仡佬族	-.80451	1.72809	.642	-4.2196	2.6106
		白族	3.05263	3.10411	.327	-3.0818	9.1871
		水族	1.30263	2.23183	.560	-3.1080	5.7132
		回族	-1.94737	2.01250	.335	-5.9245	2.0298
		侗族	1.05263	1.54766	.497	-2.0059	4.1112
		瑶族	.05263	3.10411	.986	-6.0818	6.1871
		土家族	3.11146*	1.19239	.010	.7550	5.4679
		彝族	2.25263	2.01250	.265	-1.7245	6.2298
		仫佬族	1.38596	2.55588	.588	-3.6651	6.4370
		其他	2.80263	1.62906	.087	-.4168	6.0220
课堂学习指导	汉族	苗族	-.25911	.77316	.738	-1.7870	1.2688
		布依族	.76140	.94806	.423	-1.1122	2.6350
		仡佬族	.75188	1.30845	.566	-1.8339	3.3377
		白族	2.89474	2.35032	.220	-1.7500	7.5395
		水族	-.35526	1.68986	.834	-3.6948	2.9843
		回族	-1.30526	1.52379	.393	-4.3166	1.7061
		侗族	.33918	1.17183	.773	-1.9766	2.6550
		瑶族	-.60526	2.35032	.797	-5.2500	4.0395
		土家族	1.54180	.90283	.090	-.2424	3.3260
		彝族	.89474	1.52379	.558	-2.1166	3.9061

表 3-5-11（续）

因变数	（I）民族	（J）民族	平均差异（I-J）	标准错误	显著性	95% 信赖区间	
						下限	上限
课堂学习指导	汉族	仫佬族	3.89474*	1.93522	.046	.0703	7.7192
		其他	2.14474	1.23346	.084	-.2929	4.5824
课堂学习评价	汉族	苗族	0.00000	.78545	1.000	-1.5522	1.5522
		布依族	1.06667	.96313	.270	-.8367	2.9700
		仡佬族	.14286	1.32925	.915	-2.4840	2.7698
		白族	2.50000	2.38768	.297	-2.2186	7.2186
		水族	-1.00000	1.71672	.561	-4.3926	2.3926
		回族	-1.20000	1.54802	.439	-4.2592	1.8592
		侗族	.11111	1.19046	.926	-2.2415	2.4637
		瑶族	-.50000	2.38768	.834	-5.2186	4.2186
		土家族	1.76471	.91718	.056	-.0479	3.5773
		彝族	.40000	1.54802	.796	-2.6592	3.4592
		仫佬族	2.33333	1.96598	.237	-1.5519	6.2186
		其他	1.62500	1.25307	.197	-.8514	4.1014

原因探析：由于地域文化存在差异，不同民族的学生对课程教学能力的各维度能力的学习于接受力不同；各民族的民俗文化各不相同，导致各民族学生的学习能力以及表达能力也会有所不同，如此会影响各民族学生对课程教学能力的各维度能力的学习与掌握程度不同。学校对实践性课程安排的不合理，导致不同民族的学生对于课程教学能力的理解与掌握不够深刻。

5. 未来理想规划与五个维度的单因素方差分析

由表3-5-12看出，表中没有带*的Sig值均大于0.05，表明未来理想规划与五个维度的差异不显著。但从均值差比较来看，在课程教学认知方面，读硕＞读博＞创业＞务农＞其他＞事业单位；在课堂情境创设方面，务农＞其他＞读硕＞创业＞读博＞事业单位；在课堂教学组织方面，务农＞读硕＞读博＝创业＞其他＞事业单位；在课堂学习指导方面，读博＞务农＞其他＞读硕＞创业＞事业单位，在课堂学习评价方面，其他＞读博＞创业＞读硕＞务农＞事业单位。未来理想规划为读硕、读博、创业、务农、其他、事业单位的学生依次对课程教学认知的掌握程度逐渐降低；未来理想规划为务农、其他、读硕、创业、读博、事业单位的学生依次对课堂情境创设的掌握程度逐渐降低；未来理想规划为务农、读硕、读博、创业、其他、事业单位的学生依次对课堂教学组织的掌握程度逐渐降低；未来理想规划为读博、务农、其他、读硕、创业、事业单位的学生依次对课堂学习指导的掌握程度逐渐降低；未来理想规划为其他、读博、创业、读硕、务农、事业单位的学生依次对课堂学习指导掌握程度逐渐降低。

表3-5-12　未来理想规划与五个维度的单因素方差分析

因变数	(I) 未来理想规划	(J) 未来理想规划	平均差异 (I-J)	标准错误	显著性	95% 信赖区间	
						下限	上限
课程教学认知	教师	读硕	.97376	1.16979	.406	-1.3373	3.2848
		读博	.29550	2.33433	.899	-4.3162	4.9072
		事业单位	-1.50450	1.98981	.451	-5.4355	2.4265
		创业	-1.00450	2.59859	.700	-6.1383	4.1292
		务农	1.29550	2.33433	.580	-3.3162	5.9072
		其他	1.29550	2.33433	.580	-3.3162	5.9072
课堂情景创设	教师	读硕	.10458	.88929	.907	-1.6523	1.8615
		读博	-.44324	1.77460	.803	-3.9491	3.0626
		事业单位	-1.10039	1.51269	.468	-4.0888	1.8881

表 3-5-12（续）

因变数	（I）未来理想规划	（J）未来理想规划	平均差异（I-J）	标准错误	显著性	95% 信赖区间	
						下限	上限
课堂情景创设	教师	创业	-.24324	1.97550	.902	-4.1460	3.6595
		务农	2.15676	1.77460	.226	-1.3491	5.6626
		其他	1.55676	1.77460	.382	-1.9491	5.0626
课程教学组织	教师	读硕	.87192	1.00703	.388	-1.1176	2.8614
		读博	.56757	2.00954	.778	-3.4025	4.5376
		事业单位	-1.43243	1.71295	.404	-4.8165	1.9517
		创业	.56757	2.23703	.800	-3.8519	4.9870
		务农	1.16757	2.00954	.562	-2.8025	5.1376
		其他	.36757	2.00954	.855	-3.6025	4.3376
课程教学指导	教师	读硕	.81512	.74163	.273	-.6500	2.2803
		读博	2.68468	1.47993	.072	-.2391	5.6084
		事业单位	-1.74389	1.26151	.169	-4.2361	.7483
		创业	-.81532	1.64747	.621	-4.0700	2.4394
		务农	2.28468	1.47993	.125	-.6391	5.2084
		其他	1.48468	1.47993	.317	-1.4391	4.4084
课程教学评价	教师	读硕	.33843	.76357	.658	-1.1701	1.8469
		读博	1.32973	1.52371	.384	-1.6805	4.3400
		事业单位	-.55598	1.29883	.669	-3.1219	2.0100
		创业	.97973	1.69621	.564	-2.3713	4.3307
		务农	-.27027	1.52371	.859	-3.2805	2.7400
		其他	1.52973	1.52371	.317	-1.4805	4.5400

注：*.平均值差异在0.05层级显著。

原因探析：由于选择创业、务农和事业单位的学生已经为以后做出一定的规划和决定，因此对教师行业会不太重视，导致不同未来规划的学生对课程教学能力的掌握度出现差异；选择读硕、读博的同学对未来有更高的追求，对于课程教学认知、课堂教学组织、课堂学习指导和课堂学习评价的学习更为重视。

6. 学科方向与五个维度的单因素方差分析

由表3-5-13可以看出，表中没有带*的Sig值均大于0.05，表明学科方向与五个维度的差异不显著。但从均值差比较来看，在课程教学认知方面，体育与健康＞科学＞生物＝其他＞艺术＞英语＞数学；在课堂情境创设方面，科学＝体育与健康＞其他＞艺术＞英语＞生物＞数学；在课堂教学组织方面，科学＞体育与健康＞英语＞艺术＞数学＞生物＞其他；在课堂学习指导方面，科学＞体育与健康＞艺术＞英语＞生物＝其他＞数学；在课堂学习评价方面，生物＞体育与健康＞科学＞其他＞艺术＞英语＞数学。由此可知，学科方向为体育与健康、科学、生物、其他、艺术、英语、数学的学生对课程教学认知的掌握程度依次降低，有趣的是学科方向为生物和其他的学生对课程教学认知的掌握程度是一样的；学科方向为科学、体育与健康、其他、艺术、英语、生物、数学的学生对课堂情境创设的掌握程度依次降低，除科学和体育与健康对课堂情境创设的掌握程度是相同的；学科方向为科学、体育与健康、英语、艺术、数学、生物、其他的学生对课堂教学组织的掌握程度依次逐渐降低；学科方向为科学、体育与健康、艺术、英语、生物、其他、数学对课堂学习指导的掌握程度逐渐降低，学科方向为其他和生物的学生对课堂学习指导的掌握程度相同；学科方向为生物、体育与健康、科学、其他、艺术、英语、数学的学生对课堂学习评价掌握程度依次降低。

表3-5-1　学科方向与五个维度的单因素方差分析

因变数	（I）学科	（J）未来理想规划	平均差异（I-J）	标准错误	显著性	95% 信赖区间	
						下限	上限
课程教学认知	语文	数学	-.05438	.88153	.951	-1.7960	1.6873
		英语	1.00476	1.43817	.486	-1.8366	3.8462
		科学	2.67143	3.62492	.462	-4.4903	9.8332
		生物	2.00476	2.98022	.502	-3.8832	7.8928
		体育与健康	6.33810*	2.98022	.035	.4501	12.2261
		艺术	1.17143	3.62492	.747	-5.9903	8.3332
		其他	2.00476	2.98022	.502	-3.8832	7.8928
课堂情景创设	语文	数学	.01659	.67489	.980	-1.3168	1.3500
		英语	.27143	1.10105	.806	-1.9039	2.4468
		科学	3.87143	2.77521	.165	-1.6115	9.3544
		生物	.20476	2.28163	.929	-4.3030	4.7126
		体育与健康	3.87143	2.28163	.092	-.6364	8.3792
		艺术	.37143	2.77521	.894	-5.1115	5.8544
		其他	.87143	2.28163	.703	-3.6364	5.3792
课堂学习指导	语文	数学	.10876	.76227	.887	-1.3973	1.6148
		英语	.92381	1.24361	.459	-1.5332	3.3808
		科学	5.15714	3.13452	.102	-1.0357	11.3500
		生物	-.00952	2.57703	.997	-5.1010	5.0819
		体育与健康	2.99048	2.57703	.248	-2.1010	8.0819
		艺术	.65714	3.13452	.834	-5.5357	6.8500
		其他	-1.34286	2.57703	.603	-6.4343	3.7486
课堂学习指导	语文	数学	-.41244	.58012	.478	-1.5586	.7337
		英语	.10476	.94643	.912	-1.7651	1.9746
		科学	1.57143	2.38548	.511	-3.1415	6.2844
		生物	2.23810	1.96121	.256	-1.6367	6.1129
		体育与健康	1.90476	1.96121	.333	-1.9700	5.7795
		艺术	.57143	2.38548	.811	-4.1415	5.2844
		其他	.90476	1.96121	.645	-2.9700	4.7795

注：*. 平均值差异在0.05层级显著。

原因探析：由于在小学教育这个专业中，女生远远多于男生，女生的语言天赋强于男生，对艺术的喜爱也比男生强烈，故选英语、艺术、语文类课程的学生较多，使得选这些学科的学生对相应的课程教学要求的学习效率更高，掌握程度也就越深刻；由于科学、生物和体育与健康课程要求互动环节比较多，如此会致使学生更极力、有效地去掌握课程教学组织和课程学习评价的能力。

（五）回归分析

回归分析（regression）是研究一个或多个因变量与一个自变量是否存在某种线性关系或非线性关系的一种统计学分析法，确定自变量和因变量关系的密切度。

1. 人口学变量与总值回归

（1）模型摘要

表3-5-14　模型摘要

模型摘要				
模型	R	R 平方	调整后 R 平方	标准偏斜度错误
1	.394a	.156	.105	17.06656

注：a. 预测值（常数）：学科方向，民族，年级，是否党员，性别，未来理想规划，户籍，普通话证书级别，考取教师资格证级别。

表3-5-14显示相关系数R=0.394，R2=0.156，调整的R2=0.105，估计标准误差为17.06656。这些数据表明因变量课程教学能力与自变量学科方向，民族，年级，是否党员，性别，未来理想规划，户籍，普通话证书级别，考取教师资格证级别之间存在线性关系。

（2）回归系数表

由表3-5-15中未标准化的回归系数可知，设X1=姓别，X2=户籍，X3=

是否党员，X4=考取教师资格证级别，X5=普通话证书级别，X6=年级，X7=民族，X8=未来理想规划，X9=学科方向，拟合结果为：Y=119.269-8.923X1+2.748X2+10.056X3+0.434X4-7.972X5+5.713X6-0.570X7-0.447X8-0.319X9.所以，常数项与回归系数都具有统计意义，自变量与因变量的线性关系显著。户籍、是否党员、考取教师资格证级别和年级起积极作用，而性别、普通话证书级别、民族、未来理想规划和学科方向起消极作用。

原因探析：在现行的小学教育专业师范生的培养，考取教师资格证会大大提高学生的学习动力；城市户籍的学生与农村户籍的学生见识广度与深度不同，农村户籍的学生为求学而不断提高自身，城市户籍的学生见识更为广阔，深知工作竞争力的强度，因此不断加强己身；党员的自律性强；随着年级的增长，学生对未来的工作越来越渴望，所以会更加努力；民族的文化众多，以及未来理想和学科方向的不确定性，会影响学生求学的积极性。

表3-5-15　回归系数表

模型		非标准化系数		T	显著性
		B	标准错误		
1	（常数）	119.269	29.380	4.060	.000
	性别	-8.923	5.187	-1.720	.087
	户籍	2.748	4.963	.554	.581
	是否党员	10.056	12.597	.798	.426
	考取教师资格证级别	.434	4.231	.103	.918
	普通话证书级别	-7.972	2.634	-3.027	.003
	年级	5.713	1.588	3.598	.000
	民族	-.570	.247	-2.307	.022
	未来理想规划	-.447	.721	-.621	.536
	学科方向	-.319	.627	-.510	.611

2. 各维度与总值回归

（1）模型摘要

表3-5-16　模型摘要

模型摘要				
模型	R	R 平方	调整后 R 平方	标准偏斜度错误
1	1.000a	1.000	1.000	.00000

注：a.预测值（常数）：课堂教学评价，课堂教学组织，课堂情景创设，课堂学习指导，课程教学认知　b.应变数：课程教学能力。

表3-5-16显示相关系数R=1.000，R2=1.000，调整的R2=1.000，估计标准误差为0.00000。这些数据表明因变量课程教学能力与自变量课程教学认知、课堂情景创设、课堂教学组织、课堂学习指导和课堂教学评价之间存在线性关系。

（2）回归系数表

由表3-5-11中标准化的回归系数可知，设X1=课程教学认知，X2=课堂情景创设，X3=课堂教学组织，X4=课堂学习指导，X5=课堂教学评价，拟合结果为：Y=0.280X1+0.213X2+0.241X3+0.182X4+0.183X5。所以，常数项与回归系数都具有统计学意义，自变量与因变量的线性关系显著。课程教学认知、课堂情景创设、课堂教学组织、课堂学习指导和课堂教学评价起积极作用。

表3-5-17　回归系数表

模型		非标准化系数		标准化系数	T	显著性
		B	标准错误	Beta		
1	（常数）	1.066E-14	.000		.000	1.000
	课程教学认知	1.000	.000	.280	73966375.60	.000
	课堂情景创设	1.000	.000	.213	56860826.28	.000
	课堂教学组织	1.000	.000	.241	64260854.82	.000
	课堂学习指导	1.000	.000	.182	48965330.14	.000
	课堂教学评价	1.000	.000	.183	48972550.17	.000

注：a.应变数：课程教学能力。

（六）聚类分析

聚类分析也称为群分析，他是研究样品（或指标、变量）分类问题的一种多元统计分析方法。聚类分析用于解决事先不知道应将样品分为几类，需根据样品或变量的相似程度，进行归组并类的问题。

1. 聚类成员

表4-9-1得出结论：第一类人的编号为：5、8、16、25、26、27、29、37、44、60、61、65、69、70、71、74、76、78、80、83、91、92、95、96、97、98、99、100、103、109、124、135、137.第二类人的编号为：3、4、33、35、43、52、55、58、75、84、85、86、88、89、93、94、101、102、104、105、106、107、110、112、114、119、120、121、122、123、125、127、128、129、131、132、136、139、140、141、144、145、146、147、148、149、150、155、156、160。第三类人的编号为：1、2、6、7、9、10、11、12、13、14、15、17、18、19、20、21、22、23、24、28、30、31、32、34、36、38、39、40、41、42、45、46、47、48、49、50、51、53、54、56、57、59、62、63、64、66、67、68、72、73、77、

79、81、82、87、90、108、111、113、115、116、117、118、126、130、133、134、138、142、143、151、152、153、154、157、158、159。

2. 每个聚类中的个案数目

表3-5-18　每个聚类中的个案数目

每一个丛集中的观察值数目		
丛集	1	33.000
	2	50.000
	3	77.000
有效		160.000
遗漏		0.000

表3-5-18显示本研究分为三类人，第一类有33人，第二类有50人，第三类有77人，缺失个案数为0，各项目的效度均比较高。

3. 最终聚类中心

表4-9-3表示，第一类人普遍认为自身不符合课程教学认知、课堂情景创设、课堂教学组织、课堂学习指导、课堂学习评价的发展要求，同时自身也存在着很多不足。第二类人普遍认为自己基本符合课程教学认知、课堂情景创设、课堂教学组织、课堂学习指导、课堂学习评价的发展要求。第三类人认为自身符合课程教学认知、课堂情景创设、课堂教学组织、课堂学习指导、课堂学习评价的发展要求。

（七）开放性问题及访谈情况总结

1. 开放性问题

为了弥补问卷的不足，本研究通过将开放性问题与访谈提纲进行整合，设计出以下3个问题进行研究：

（1）开放性问题（访谈提纲）

①您认为学校开设的实践性课程是否存在缺陷？有什么建议？

②请您谈谈学校开设实践性课程所占总课程的比重。

③作为师范生，您认为应当如何提升自身的课程教学能力？

2. 开放性问题访谈结果

通过对开放性问题访谈结果总结得出现行学校对小学教育专业师范生课程教学能力的培养方面存在以下问题：

（1）学校开设实践性课程的有效性不高，重视程度不够，课程设置体系不合理，理论课程多，实践课程少。在访谈中，A同学说："教师的授课方式比较传统化，我们并未得到太多的机会实践操作，通常都是老师在台上讲课，我们在台下听，并且大多数同学在台下并没有认真听，甚至可以说是没有听，几乎是在做自己的事。"所以学校应当重视实践性课程的设置以及改变固有的教学风格，重视学生实践能力的培养，学生自身也要重视课堂教学技能的学习。帮助学生进一步提高社会适应能力。

（2）学校开设的实践性课程过少，在访谈中B同学说："我们学校虽开设了实践性课程，但并不多，并且开设时间太晚，大一、大二没有开设。"学校应适当提前开设实践性课程，以便于帮助学生更早的将理论与实践结合，提高学生的实践能力。

（3）在访谈中，C同学说："理论是为实践而服务的，而实践又离不开理论知识的支撑，作为师范生的我们应当不断学习理论，加强自身对理论知识的掌握，多参加相应的实践活动，提升自身的实践能力，在实践课程中汲取课程教学的经验。"由此可知，提升自身的课程教学能力不仅需要外部条件，更重要的是需要自身努力。

六、对策建议

笔者通过对以上数据的精确分析得出，目前教育教学中教师教学的方式和实践性课程体系并不符合小学教育专业师范生课程教学能力的科学培养，据此，提出以下几项措施、对策来提高现行小学教育专业师范生课程教学能力培养的教学质量。

1. 了解专业特点，设置符合本专业特点的课程

准确抓住专业特点，明确小学教育专业师范生的培养目标，是进一步优化和提升培养小学教育专业师范生课程教学能力的前提和基础。只有根据职业特点和社会需求，才能明确本专业的培养目标，从而优化培养师范生的教育教学体系。除此之外，让学生全面了解自身所学的专业，才能让其明白日后所要学习和掌握的知识和能力是什么，同时也为课程教学活动提供方向。

在教学教法方面，由于小学教育专业是以培养小学教师为主的，因此在课程体系上不能延用培养中学教师等其他专业的传统模式，应当从小学师资需求出发，根据专业特征，打造符合培养小学教师特点的课程体系。课程体系上必须体现出小教专业的特点：即体现出综合性教育与专业教育相结合的特点，对于小学教师而言，执教学科的广度较大，即同一名老师可同时担任一门主课和其他副课，这就要求学校设置课程时应当重视综合性教育，培养全能型小学教师，这也是与其他师范类专业不同的一点。第二点是师范生培养的课程体系应突出师范性；如何在课程体系的实施过程中突出师范性，求得最佳教学效果。这就需要教师在教学时结合实践性操作，让学生们亲身体验并感受小学教师教学的风格及教法。

2. 增加实践性课程，扩大实践基地，拓宽学生实践能力培养渠道

由于小学教师是一个以实践为主的特殊职业，因此在培养师范生的过程中应重视师范生实践能力的培养，谈到实践能力的培养，从校内因素来

看，必然离不开学校所开设的实践性课程，因此，学校应当根据自身文化特点以及小教专业的特色的需要建立准确合理的实践性课程体系，以保证师范生的实践能力得到培养与提升，从而进一步帮助学生步入社会打造良好的基础。从校外因素来看，应当扩大实践基地，拓宽师范生实践能力培养的渠道。例如与校外的学校签订实训合作协议，在校内建立健全的教育基础设施等，校内的教育基础设施主要有微格教，以及校外教育见习、实习、毕业论文的撰写等内容。以提高师范生课堂实践能力的素质。

学校的基础教育设施虽然有，但数量不多，并不能满足培养师范生课程教学能力的需要，并且校内的微格教室设施不健全，不足以用来培养师范生的健全的课程实践能力和教学能力，只能起到提供给师范生一个可以讲课的地方而已，只能培养师范生部分实践能力和教学能力。因此，强化教学基础设施是极为重要的。除此之外，在微格教师进行教学，很少有老师来进行指导，只能自导自演，或者小组内成员自评，让几个没有经验的师资预备军来点评和指正。这样的教学是存在很大的弊端，很多时候师范生进入微格教室后并不会认真实践，只是在敷衍，从而导致时间浪费，但未学到知识与经验。因此，此类教学应当做出调整。

3. 妥善处理理论课与实践课的关系

理论与实践是相辅相成的，理论知识服务于实践，而实践又需要理论知识来支撑才能有进展。有关专家认为，在职前培养中提高师范生的教学技能技巧和初步的科研能力应成为师资培养的重要组成部分，而师范生的这种技巧和能力形成有赖于实践课的加强。①目前，当下的小学教育专业虽然有教育实践课程，但起到的效果并不佳，出现这样的结果，很大程度上是源于实践课程没有得到有效的运用。

①刘济远.我国小学教育专业本科课程体系探究［D］.长沙：湖南师范大学，2004.

在小学教育专业里，大部分师范生对理论知识已尽数掌握，但由于没有得到有效的实践，就导致了师范生的课程教学能力差，对其以后进入社会没有什么帮助，同时也不能提高小学教育师资力量的质量，教育行业也很难得到快速的发展。由此可知，在课程设置过程中，一定要重视理论课与实践课的结合，从而达到强化师范生理论功底的同时，还增强了师范生的实践能力。

4. 结合新课改理念，转变教学风格，培养应用型人才，提高教育实践成效

根据新课改理念的要求，要培养全能型小学教育教师，首先要了解小学教师所教的对象与高年级学生的差异，因此要帮助师范生对“学会”与“会教”的关系的理解。“学会”是“会教”的前提，但“会教”不是“学会”的必然发展。[①]因此，在培养小学教育专业师范生时，要有目的地进行有效教学，不是一昧地教授知识而不注重实践教学；对于师范生的实践能力培养，教师也一昧的延用传统的教学模式，很多时候，教师的授课方法都是在进行个人表演秀，自己在讲台上讲，不给学生展现的机会，或者说很少给机会。这种上课方式在大学课堂其实很常见，这对于其他专业的学生可能不会有太大的影响，但对于小学教育专业的师范生而言就大有影响了。教师是一个很常见但又特殊的职业，不仅要求教师有知识涵养，有亲和力，有爱心，有创造性能力等，还要具备为学生有效传授知识经验的能力。因此，对于小学教育专业师范生的培养要从多方面入手，不能只倾向于某一方面，要综合性的来培养，且教师的授课方式也应随着专业人才培养的目标做出合理的改变，与学生互换角色。此外，在教育见习以及教育实习的过程中，其实很少有学生能够充分的得到磨练，很多时候学生

①刘济远.我国小学教育专业本科课程体系探究［D］.长沙：湖南师范大学，2004.

就是在打苦工，帮忙批改作业，负责监看指导孩子们学习、做题。除此之外，就很少有上台讲课的机会，当然，不可置疑的是，批改作业和指导学生学习，也是作为师范生所要掌握的，但是，若一直如此做下去，师范生没有得到上台授课的实践，这实习就没太大的意义，也就失去了它应有的作用。故此，对于实习等实践性课程的实施和课时安排必须合理， 才能培养师范生的“会教”的能力，从而提升师范生的职业素养。在校外如此，在校内也是如此，要将理论与实践相结合，根据当前的课改理念，适当的对教学方式做出改变，以学生为主体，让学生体验当教师的感觉以及感受教与被教这两种状态的不同情感。

5. 以生为本，合理处理课程教法

由于大学的学习环境以及学生的生活方式和大学以前的完全不同，很多学生就会逐渐的放纵自己，渐渐地便迷失自我，没有了学习的方向和学习的原动力，以至于形成一些不良的学习习惯，在这过程中，学生是没有认真学习有用的知识和和掌握有利于自身发展的实践能力。因此，以学生本体为出发点，培养学生自治的学习态度也极为重要。当然，教师的这一角色也是极为重要的，从教师的教学教法出发，教师的教学方法也不能一成不变，对不同类型的课程的教学，均要以最适合培养师范生课程教学能力发展为根本目标进行培养教学，不能延用老套的传统的教学模式，要跟进时代的潮流，根据新课改理念的要求来制定最合理、有效的教学方案，来培养新一代小学教育师范生。进一步提升师范生的专业素质和能力。从而使得小学教育专业师范生的课程教学能力得到高质量的发展，帮助学生对以后进入社会工作岗位打好基础，同时也能提升国家基础教育的师资力量。

附录 调查问卷

附录1 新时代小学教育专业师范生师德规范能力高质量发展研究调查问卷

亲爱的同学：

您好！非常感谢您参与此次问卷调查，本次问卷仅用于研究，感谢您的参与支持！

一、个人基本信息（在相应的方框内打√）

性别	男□ 女□
民族	汉族□ 布依族□ 苗族□ 壮族□ 侗族□ 回族□ 其他□
年级	大一□ 大二□ 大三□ 大四□
户籍	农村□ 城市□
就业意向	小学教师□ 初中教师□ 高中教师□ 高职教师□ 公务员□ 考研□ 创业□ 其他□
学科方向	小学语文□ 小学数学□ 小学英语□ 其他□
普通话等级	一甲□ 一乙□ 二甲□ 二乙□ 三甲□ 三乙□

二、请根据实际情况在相应的框内打√（1= 很不符合、2= 较不符合、3 基本符合、4= 比较符合、5= 非常符合）

项目	内容	很不符合	较不符合	基本符合	比较符合	非常符合
1	您已经学习贯彻习近平新时代中国特色社会主义思想，如马克思主义中国化最新成果是党和人民实践经验和集体智慧的结晶，是中国特色社会主义理论体系的重要组成部分，是全党全国人民为实现中华民族伟大复兴而奋斗的指南	1	2	3	4	5
2	您已经深入掌握习近平总书记关于教育的重要论述，以及中国共产党为人民谋幸福，为民族谋复兴，为世界谋大同的实践史的“四史内容”	1	2	3	4	5
3	您已经形成对中国特色社会主义的思想认同、政治认同、理论认同和情感认同	1	2	3	4	5
4	您在教书育人实践中自觉践行国家：富强民主文明和谐；社会：自由平等公正法治；个人：爱国敬业诚信友善的社会主义核心价值观	1	2	3	4	5
5	您有坚定职业理想信念，立志献身于小学教育事业	1	2	3	4	5
6	您立志成为一个教育为人民服务，为党和国家培养社会主义建设者和接班人，有理想信念的好老师	1	2	3	4	5
7	您立志做一个“捧着一颗心来，不带半根草去”有道德情操和道德信仰的老师	1	2	3	4	5
8	您立志成为一名扎实学识、博学多识老师	1	2	3	4	5
9	您立志成为一个和蔼可亲，有仁爱之心的老师	1	2	3	4	5
10	您已经完全掌握了立德树人要求的教师必须以德立身，坚持德育为先，促进学生全面发展的内涵	1	2	3	4	5
11	您已经形成了树人坚持以育人为本，通过合适的教育来塑造人、改变人、发展人的立德树人的理念	1	2	3	4	5
12	您能够掌握全面贯彻党的教育方针，坚持教育为社会主义现代化建设服务，为人民服务把立德树人作为教育的根本任务	1	2	3	4	5
13	您能够很好地在教育实践中实施素质教育	1	2	3	4	5
14	您能依据德智体美劳全面发展的教育方针开展教育教学	1	2	3	4	5
15	您能根据课标要求培育发展学生的核心素养	1	2	3	4	5
16	您在学习的过程中具有依法执教意识	1	2	3	4	5
17	您学习掌握遵守宪法、民法典、教育法、教师法、未成年人保护法等法律法规	1	2	3	4	5

续表

项目	内容	很不符合	较不符合	基本符合	比较符合	非常符合
18	您能在教育实践中能履行应尽义务	1	2	3	4	5
19	您在教书育人的过程中能够自觉维护学生与自身的合法权益	1	2	3	4	5
20	您能掌握教师职业道德规范内涵与要求；如爱岗敬业、爱国守法、关爱学生、教书育人、为人师表、终身学习	1	2	3	4	5
21	您能在教育实践的过程中遵守《新时代中小学教师职业行为十项准则》	1	2	3	4	5
22	您能在教育实践的过程中分析解决相关道德问题	1	2	3	4	5
23	您在育人的过程中愿意终身从事教师这一职业	1	2	3	4	5
24	在育人的过程中把从教当做一件快乐的事	1	2	3	4	5
25	您认为教学天然是一项道德事业，教师必须是道德的人	1	2	3	4	5
26	您作为未来的教师，常常感到责任重大而发奋学习	1	2	3	4	5
27	您作为准教师熟悉相关国家教育法律法规的条文规定	1	2	3	4	5
28	您有科学的信仰以及较高的政治素养，在大是大非面前能够保持头脑清醒	1	2	3	4	5
29	您认同党和国家政策方针，并且能够积极贯彻执行，有与之匹配的政治实践能力	1	2	3	4	5
30	您能够以情感人、感染、激励引导学生肩负起新时代的使命和担当	1	2	3	4	5
31	您善于把控自身的言论，能够做到严于律己	1	2	3	4	5
32	您能够做到课上课下一致，网上网下一致，自己弘扬主旋律	1	2	3	4	5
33	您有堂堂正正的人格，能够感染学生	1	2	3	4	5
34	您能自觉做学生为学、为事、为人的表率，促进学生长成全面发展的人，成为学生喜爱的老师	1	2	3	4	5
35	您有仁爱之心，关心学生，帮助学生解决实际问题	1	2	3	4	5

问卷到此结束，再次感谢您的帮助，若您对此研究感兴趣，请联系QQ（563531874）。

附录2 新时代小学教育专业师范生专业知识高质量发展研究调查问卷

亲爱的同学：

非常感谢您抽空填写这份调查问卷，本问卷采取匿名的方式作答，谢谢。

一、个人基本资料（请把符合您条件的选项打√）

性别	□男 □女	是否专升本	□是 □否
是否党员	□是 □否	户籍	□农村 □城市
民族	□汉族 □回族 □彝族 □布依族 □苗族 □土家族 □仡佬族 □侗族 □水族 □白族 □壮族 □瑶族 □畲族 □羌族 □其他		
年级	□大一 □大二 □大三 □大四 □其他		
您选择小学教育专业的原因	□对教育事业的热爱 □就业稳定有保障 □高考分数限制 □老师和家长的意见 □被动调剂的专业 □家庭经济因素 □其他		
您目前最想获得哪方面知识的提升	□专业知识 □教育学 □心理学 □教育科学知识 □自然科学知识 □通识性知识 □实践知识 □其他		
您对工资的期望是	□2000～3000元 □3000～4000元 □4000～5000元 □5000～6000元 □6000元及以上		
您对自己的毕业规划是	□语文老师 □数学老师 □英语老师 □体育老师 □音乐老师 □美术老师 □科学老师 □研究生 □公务员 □创业 □其他		

二、小学教育专业师范生的专业知识发展状况（请把符合您条件的选项打√；1= 很不符合，2= 较不符合，3= 基本符合，4= 比较符合，5= 非常符合）

项目	内容	很不符合	较不符合	基本符合	比较符合	非常符合
1	您具备的教育学和心理学知识能够帮助学生形成健康的品格，提高他们的学习能力	1	2	3	4	5

续表

项目	内容	很不符合	较不符合	基本符合	比较符合	非常符合
2	您能在教育的过程中以学生为主，关心爱护每一位学生	1	2	3	4	5
3	您知道小学生的认知会由无意注意向有意注意发展	1	2	3	4	5
4	您能熟练运用讲授法、讨论法、探究法等教学方法	1	2	3	4	5
5	您能运用“教育机智”解决教育教学实践中的问题	1	2	3	4	5
6	您掌握了主科课程的课程标准和教学知识	1	2	3	4	5
7	您知道怎样让小学低中高学段的学生养成良好的行为习惯	1	2	3	4	5
8	您能为随班就读的特殊儿童提供针对性的教育与服务	1	2	3	4	5
9	您知道小学科学课程有利于保护学生的好奇心	1	2	3	4	5
10	您知道融合教育具有一切为了每一位学生的发展的意义和让每个孩子健康成长的作用	1	2	3	4	5
11	您掌握了主教学科的基本知识、基本原理和基本技能	1	2	3	4	5
12	您了解小学学科的教材，能够建立起新旧知识之间的联系	1	2	3	4	5
13	您了解兼教学科的基本知识、基本原理和基本技能	1	2	3	4	5
14	您具有一定的综合运用学科知识的能力	1	2	3	4	5
15	您熟悉常见的儿童科普读物和文学作品，能够帮助小学生提高写作能力和语言构建能力	1	2	3	4	5
16	您具有一定的阅读理解能力、语言表达能力	1	2	3	4	5
17	您知道小学少先队活动能够促进学生德育的发展	1	2	3	4	5
18	您能够适应小学综合性教学的要求，了解多学科知识	1	2	3	4	5
19	您知道小学学科之间的内容具有相关性	1	2	3	4	5
20	您具有一定的跨学科知识，能够进行全科教学	1	2	3	4	5
21	您具有深厚的人文底蕴，能够指导综合性学科教学活动	1	2	3	4	5
22	您知道信息时代对人才培养的新要求	1	2	3	4	5
23	您掌握了信息化教学设备技术的常用操作	1	2	3	4	5

续表

项目	内容	很不符合	较不符合	基本符合	比较符合	非常符合
24	您有用慕课、翻转课堂等方式提升教学技能的意识	1	2	3	4	5
25	您具有安全、合法的使用信息与技术的意识	1	2	3	4	5
26	您能熟练运用希沃白板和多媒体辅助课堂教学	1	2	3	4	5
27	您能够将启发式教学、因材施教等教学原则融会贯通	1	2	3	4	5
28	您知道班主任的职责是使学生在生活上和学习上都能得到成长	1	2	3	4	5
29	您知道有效管理班级的途径	1	2	3	4	5
30	您能根据学生的特点制定一套人性化的班级管理制度	1	2	3	4	5
31	您具有相应的自然科学和人文科学知识，能够培养小学生的创新思维和实践能力	1	2	3	4	5
32	您了解我国农村义务教育发展不平衡的现状，有走向乡村教学的想法	1	2	3	4	5
33	您具有相应的艺术欣赏与表现知识，能够促进小学生美育方面的发展	1	2	3	4	5
34	您能用玩游戏、讲故事等方式增加课堂教学的趣味	1	2	3	4	5
35	您知道影响小学生身心发展的因素	1	2	3	4	5
36	您知道家庭、学校和社会都是小学生青春期和性教育的主体	1	2	3	4	5
37	您会关注国家发布的小学生生存、发展与保护的政策	1	2	3	4	5
38	您在网站上了解过随班就读的相关政策	1	2	3	4	5
39	您知道小学学科整合能够促进素质教育的发展，减轻教学负担，提高教学质量	1	2	3	4	5
40	您掌握了各种应对侵犯和伤害小学生安全的防护知识	1	2	3	4	5
41	您知道培养学生的独立意识的方法	1	2	3	4	5

非常感谢您此次对我们的支持与配合！如有问题请联系QQ1487473770。

附录3 新时代小学教育专业师范生教育情怀高质量发展研究调查问卷

亲爱的同学：

您好！这是一份关于师范生教育情怀高质量发展的问卷，旨在了解新时代师范生的教育情怀的发展现状，问卷采取匿名，对您的隐私不会有任何的影响，在调查期间收集到的所有信息会绝对保密，感谢您在百忙之中参与此次问卷调查。

一、个人基本信息（请把符合您条件的选项打“√”）

性别	□男 □女
民族	□汉族 □布依族 □苗族 □回族 □水族 □彝族 □其他
年级	□大一 □大二 □大三 □大四
户籍	□城市 □农村
党员	□是 □否
父亲职业	□教师 □医生 □公务员 □商人 □农民 □其他
母亲职业	□教师 □医生 □公务员 □商人 □农民 □其他
学科方向	□语文 □数学 □英语 □艺术 □道德与法治 □科学 □体育与健康 □劳动 □其他
就业意向	□小学教师 □初中教师 □高中教师 □大学教师 □考研 □公务员 □创业 □考编制 □打工 □务农 □其他

二、请根据实际情况在相应的序号上打“√”（1表示很不符合，2表示较不符合，3表示基本符合，4表示比较符合，5表示非常符合）

序号	题目	很不符合	较不符合	基本符合	比较符合	非常符合
1	您愿做先进文化的传播者、党执政的坚定支持者、中学生健康成长的指引者与引路人	1	2	3	4	5

续表

序号	题目	很不符合	较不符合	基本符合	比较符合	非常符合
2	您具有终身学习和自主发展的意识，并且认为教育行业能够实现自我的人生价值和社会价值	1	2	3	4	5
3	您能够积极承担相应的教学任务，并对每位学生认真负责	1	2	3	4	5
4	您具备创设并激发学生兴趣和促进学生思考的教学情境的能力	1	2	3	4	5
5	您具备在教学过程中不断反思来总结教学方法，逐渐形成自己独特的教学风格的能力	1	2	3	4	5
6	您具备在教学过程中了解学生学习兴趣的能力，并以此进行针对性教学	1	2	3	4	5
7	您能够在教学活动中不断探索和研究，对教学方法和内容进行不断创新的能力	1	2	3	4	5
8	您能够对教学实践活动过程中的内容进行有效的自我反思	1	2	3	4	5
9	您能够利用各种学习资源，通过闲暇时间来进行自我提升	1	2	3	4	5
10	您具备综合运用各种教学方法，融合现代教育技术的教学方式，展开各项教学活动的能力	1	2	3	4	5
11	您具备运用多种创造性语言来评价学生的能力	1	2	3	4	5
12	您了解各种教育评价方法的优劣及用途，熟悉学生学业评价和品德评价的内容和方法	1	2	3	4	5
13	您能够在教学中不断更新自我，以身作则，树立好榜样	1	2	3	4	5
14	您能够在教学和日常生活中时刻注意自己的言谈举止，做到言行一致	1	2	3	4	5
15	您能够在教学过程中不断提高对教师道德的认识，规范自己的行为，注重日常的师德修养和提升	1	2	3	4	5
16	您能够在教学过程中渗透正确的教育教学观，让学生形成良好的道德行为	1	2	3	4	5
17	您非常热爱学生，知道教育对学生成长、社会进步的重要意义	1	2	3	4	5

续表

序号	题目	很不符合	较不符合	基本符合	比较符合	非常符合
18	您在教学过程中会尊重和爱护每一位学生，不歧视、不讽刺学生	1	2	3	4	5
19	您能在教学过程中尊重学生的人格，公平对待每一位学生，乐于倾听学生的烦恼，及时给予学生帮助	1	2	3	4	5
20	您能够时刻关注学生的思想动向和情绪变化，及时给予学生正确的价值导向和人生指导	1	2	3	4	5
21	您能够包容学生的过错和不足，并耐心予以鼓励教育，注重学生的个性发展	1	2	3	4	5
22	您非常热爱教育事业，能为教育事业奉献自己的精力和时间	1	2	3	4	5
23	您对未来的教育工作充满了信心和期待	1	2	3	4	5
24	您非常了解和认同教师职业道德规范提出的要求，并愿意遵守其中的各项指标	1	2	3	4	5
25	您认为从事教育行业，可以给自身带来成就感和自豪感	1	2	3	4	5
26	您具有非常明确的教育理想，并有为此矢志不渝奋斗终生的意识	1	2	3	4	5
27	您时刻践行社会主义核心价值观，是社会主义核心价值观的带头践行者和传播者	1	2	3	4	5
28	您始终坚定对马克思主义的信仰，对社会主义和共产主义的信念，始终把立德树人作为自己的根本任务	1	2	3	4	5
29	您非常喜欢教育事业，并期待将来自己可以从事教育行业	1	2	3	4	5
30	您不会受父母意愿、教师工资等各种外界因素的影响，仍然愿意长期从教、终身从教	1	2	3	4	5
31	您时刻进行自我实践与反思，撰写教学日志和教学体会，不断提升自己的专业能力，提高自我发展意识	1	2	3	4	5
32	您积极参加学校组织的各项科研活动和教学培训	1	2	3	4	5

续表

序号	题目	很不符合	较不符合	基本符合	比较符合	非常符合
33	您始终秉承终身学习的理念，不断接受“源头活水”的滋养，持续丰富自己的专业底蕴	1	2	3	4	5
34	您会积极与其他教育者交流教学心得，彼此分享经验，有助于提高教学质量，促进自身的发展	1	2	3	4	5
35	您会经常进行课题研究，以此来提升自己的专业素养，提高自己的洞察能力、评判能力和创新能力	1	2	3	4	5

三、简答题

1. 您认为在提高自身的教育情怀过程中面对的挑战是什么？
2. 您认为影响小学教育专业师范生教育情怀培养的因素有哪些？
3. 您认为在提高师范生教育情怀的过程中有没有必要开设相关课程呢？

附录4　新时代小学教育专业师范生教学设计能力高质量发展研究调查问卷

亲爱的同学：

您好！非常感谢您在百忙之中抽空填写这份调查问卷，本问卷采取匿名的方式作答，请您根据自己的实际情况作答，谢谢您的配合。

一、个人基本资料（请把符合您条件的选项打√）

性别	□男 □女
民族	□汉族 □苗族 □土家族 □回族 □水族 □壮族 □白族 □布依族 □仡佬族 □其他
是否专升本	□是 □否
是否党员	□是 □否
年级	□大一 □大二 □大三 □大四
户籍	□城市 □农村
向往的小学任教科目	□语文 □数学 □英语 □历史 □地理 □音乐 □美术 □体育 □其他
是否考研	□是 □否
父亲职业	□教师 □公务员 □医生 □警察 □其他
母亲职业	□教师 □公务员 □医生 □警察 □其他
普通话水平	□一甲 □一乙 □ 二甲 □二乙 □三甲 □三乙
教师资格证选择学科方向	□语文学科 □数学学科 □英语学科 □历史学科 □地理学科 □音乐学科 □美术学科 □体育学科 □其他

二、请根据实际情况在相应的框内打√（1= 很不符合、2= 较不符合、3= 基本符合、4= 比较符合、5= 非常符合）

项目	内容	很不符合	较不符合	基本符合	比较符合	非常符合
1	您认为提升师范生的教学设计能力是非常有必要的	1	2	3	4	5
2	您认为师范生应具备理解教材、分析学情、组织教学过程以及课后反思能力	1	2	3	4	5
3	您认为师范生应养成终生学习的习惯	1	2	3	4	5
4	您认为师范生在师范院校应注重自身专业知识的学习	1	2	3	4	5
5	您认为小学教育专业是面向小学全学科的专业	1	2	3	4	5
6	您能熟悉拟任教学科的课程标准和教材	1	2	3	4	5
7	您理解教材的编写逻辑和体系结构	1	2	3	4	5
8	您能合理掌握不同学段目标与内容的递进关系	1	2	3	4	5
9	您具有依据课标进行教学的意识和习惯	1	2	3	4	5
10	您具备钢笔字、毛笔字、粉笔字、简笔画等基本功	1	2	3	4	5
11	您具备普通话与相关学科实验操作等教学功底	1	2	3	4	5
12	您能通过微格训练学习，系统掌握导入、讲解、提问、演示、板书、结束等课堂教学基本技能操作要领与应用策略	1	2	3	4	5
13	您能依据单元内容进行整体设计	1	2	3	4	5
14	您能科学合理地依据教学目标及内容设计作业，并实施教学	1	2	3	4	5
15	您能了解分析小学生学习需求的基本方法	1	2	3	4	5
16	您能根据小学生已有的知识水平、学习经验和兴趣特点分析学生的兴趣特点	1	2	3	4	5
17	您能根据实际分析教学内容与学生已学知识的联系，预判学生学习的疑难处	1	2	3	4	5
18	您能根据学生的兴趣爱好进行教学把控	1	2	3	4	5
19	您认为根据学生的理解能力进行分层布置作业是有必要的	1	2	3	4	5

续表

项目	内容	很不符合	较不符合	基本符合	比较符合	非常符合
20	您能在教学过程中融入爱国主义思想	1	2	3	4	5
21	您能时刻关注学生的学习压力，并掌握缓解学生学习压力的方法	1	2	3	4	5
22	您能预测教学内容、学习环境、教师行为所引起的效果	1	2	3	4	5
23	您能根据自己的设想所形成教学过程	1	2	3	4	5
24	您能根据实际的教学内容把控教学进度	1	2	3	4	5
25	您能根据学生的整体水平设计教学计划	1	2	3	4	5
26	您能应对教学过程中出现的突发问题	1	2	3	4	5
27	您能准确把握教学内容，理解本课（单元）在教材中的地位以及与其他课（单元）的关系	1	2	3	4	5
28	您能根据课程标准要求和学情分析确定恰当的学习目标和学习重点	1	2	3	4	5
29	您能根据课程标准要求和学情分析来设计学习活动	1	2	3	4	5
30	您能选择适当的学习资源和教学方法	1	2	3	4	5
31	您能合理安排教学过程和环节，科学设计评价内容与方式，形成教案与学案	1	2	3	4	5
32	您能根据教学要求和学生兴趣进行教学设计	1	2	3	4	5

再一次感谢您的支持与配合！如果您对本研究感兴趣，请联系课题组，QQ：2804099403。

附录5 新时代小学教育专业师范生课程教学能力高质量发展研究调查问卷

亲爱的同学：

您好！非常感谢您在百忙之中抽空填写者一份问卷，本问卷采取匿名的方式填写，且仅供研究之用，只要是您的真实想法就是最好的，谢谢您的配合。

——新时代小学教育专业师范生课程教学能力高质量发展研究小组

一、请在以下信息与您相符合的选项方框上打“√”（单选，可补充）

姓别	男□ 女□	户籍	城市□ 农村□
是否为党员	是□ 否□	是否专升本	是□ 否□
考取教师证级别	小学□ 初中□ 高中□		
普通话证书级别	一甲□ 一乙□ 二甲□ 二乙□ 三甲□ 三乙□		
年级	大一□ 大二□ 大三□ 大四□		
民族	汉族□ 苗族□ 布依族□ 壮族□ 仡佬族□ 白族□ 水族□ 羌族□ 回族□ 侗族□ 瑶族□ 蒙古族□ 土家族□ 毛南族□ 满族□ 彝族□ 仫佬族□ 其他：		
未来理想	教师□ 读硕□ 读博□ 事业单位□ 公务员□ 创业□ 打工□ 务农□ 其他：		
学科方向	语文□ 数学□ 英语□ 科学□ 历史□ 地理□ 生物□ 物理□ 化学□ 体育与健康□ 艺术□ 其他：		

二、请您在以下您认为符合的数字选项上打“√”或划“○”（1=很不符合；2=较不符合；3=基本符合；4=比较符合；5=非常符合）

项目	内容	很不符合	较不符合	基本符合	比较符合	非常符合
1	您已了解什么是课程教学	1	2	3	4	5
2	您能熟练地运用教育原理进行教学	1	2	3	4	5

续表

项目	内容	很不符合	较不符合	基本符合	比较符合	非常符合
3	您能够独立完整的完成一堂具有自己特色课	1	2	3	4	5
4	您了解小学生学习知识的发展特点	1	2	3	4	5
5	您能及时解决好课堂上的突发教育事故	1	2	3	4	5
6	您已掌握小学生养成良好学习习惯的知识技能	1	2	3	4	5
7	您具备老师应有的担当和责任	1	2	3	4	5
8	您具有备作为一名教师所需的职业道德规范	1	2	3	4	5
9	您了解情境创设的教学要求	1	2	3	4	5
10	您具备情景创设教学的专业能力素养	1	2	3	4	5
11	您能通过学生的课堂表现创设合适的情境进行有效的教学	1	2	3	4	5
12	您能创设富有趣味、具有代表性的情景来激发学生的求知欲	1	2	3	4	5
13	您能充分利用好身边的一切教学资源	1	2	3	4	5
14	您能迅速有效的引导学生进入上课的最佳状态	1	2	3	4	5
15	您了解教学组织的教学要求	1	2	3	4	5
16	您能及时解决好课堂上的突发教育事故并组织学生有序上课	1	2	3	4	5
17	您能根据知识点的不同来设计有效的教学	1	2	3	4	5
18	您已能够组织完成一堂具有“三全育人”五步教学法特色的课	1	2	3	4	5
19	您能管理好一个班级	1	2	3	4	5
20	您能有效的组织学生完成各类活动	1	2	3	4	5
21	您了解自身的学习情况，有明确的学习方向和目标	1	2	3	4	5
22	您有很强的学习意识	1	2	3	4	5
23	您能有效的指导学生学习，为学生创设一定的探究性学习问题情景	1	2	3	4	5
24	您能在实施探究性学习教学过程中落实教学目标，引导探究、指出误区、把握探究的方向，以及排除学生无法自己解决的困难	1	2	3	4	5

续表

项目	内容	很不符合	较不符合	基本符合	比较符合	非常符合
25	您能在教学过程中有效的指导学生学习	1	2	3	4	5
26	您了解教学评价的教学要求	1	2	3	4	5
27	您能通过学生的诊断性考试来判断出学生的水平并能采取相应的措施使教学计划有效的实施	1	2	3	4	5
28	您能通过形成性评价在教学过程中调节和完善教学活动	1	2	3	4	5
29	您能通过期末测评大概判断出学生在本学年的学习情况并为下学年做好教学计划	1	2	3	4	5
30	您能根据不同的评价结果分析原因并能提出有效的建议或实施有效的措施	1	2	3	4	5
31	您能通过评价结果对自己进行一个自我完善	1	2	3	4	5

问卷到此结束，再次感谢您的帮助，若您对此研究感兴趣，请联系QQ：673045535。